DRC

国务院发展研究中心 研究丛书2015
Development Research Center of the State Council

丛书主编 ▪ 李 伟

支撑未来中国经济增长的新战略性区域研究

侯永志 张永生 刘培林 等著

RESEARCH ON CHINA'S
NEW STRATEGIC REGIONS

中国发展出版社
CHINA DEVELOPMENT PRESS

图书在版编目（CIP）数据

支撑未来中国经济增长的新战略性区域研究/侯永志，张永生，刘培林等著. 北京：中国发展出版社，2015.8

（国务院发展研究中心研究丛书.2015／李伟主编）

ISBN 978 – 7 – 5177 – 0363 – 1

Ⅰ.①支…　Ⅱ.①侯…　②张…　③刘…　Ⅲ.①中国经济—经济增长—研究Ⅳ.①F124

中国版本图书馆 CIP 数据核字（2015）第 169208 号

书　　　名：支撑未来中国经济增长的新战略性区域研究
著作责任者：侯永志　张永生　刘培林　等
出 版 发 行：中国发展出版社
　　　　　　（北京市西城区百万庄大街 16 号 8 层　100037）
标 准 书 号：ISBN 978 – 7 – 5177 – 0363 – 1
经　销　者：各地新华书店
印　刷　者：北京科信印刷有限公司
开　　　本：710mm×1000mm　1/16
印　　　张：16.75
字　　　数：200 千字
版　　　次：2015 年 8 月第 1 版
印　　　次：2015 年 8 月第 1 次印刷
定　　　价：45.00 元

联 系 电 话：(010) 68990642　68990692
购 书 热 线：(010) 68990682　68990686
网 络 订 购：http://zgfzcbs.tmall.com//
网 购 电 话：(010) 68990639　88333349
本 社 网 址：http://www.develpress.com.cn
电 子 邮 件：fazhanreader@163.com

"支撑未来中国经济增长的新战略性区域研究"
课题组

顾问组

张军扩　国务院发展研究中心副主任　　研究员
侯云春　国务院发展研究中心原副主任　研究员
李泊溪　国务院发展研究中心发展部　　研究员
李善同　国务院发展研究中心发展部　　研究员

负责人

侯永志　国务院发展研究中心发展部部长　　研究员
张永生　国务院发展研究中心发展部副部长　研究员
刘培林　国务院发展研究中心发展部副部长　研究员

协调人

韩元林　国务院发展研究中心发展部副部长（挂职）
　　　　（西藏自治区政府副秘书长、政府研究室主任）
刘云中　国务院发展研究中心发展部　　研究员
卓　贤　国务院发展研究中心发展部　　副研究员

其他成员

刘　勇　国务院发展研究中心发展部　　　研究员
陶平生　国务院发展研究中心办公厅　　　处长
王　辉　中国经济年鉴社　　　　　　　　副社长
杜平贵　国务院发展研究中心发展部（挂职）室主任
　　　　（青海省人民政府办公厅处长）

宣晓伟　国务院发展研究中心发展部　　研究员

孙志燕　国务院发展研究中心发展部　　副研究员

何建武　国务院发展研究中心发展部　　副研究员

陈　波　国务院发展研究中心人事局　　副研究员

龙海波　国务院发展研究中心办公厅　　助理研究员

贾　坤　国务院发展研究中心发展部　　助理研究员

兰宗敏　国务院发展研究中心信息中心　助理研究员

赵俊超　国务院发展研究中心办公厅　　副研究员

赵　勇　中国社会科学院　　　　　　　博士后

邹学森　北京大学地球与空间科学学院　实习生

张　平　上海理工大学管理学院　　　　实习生

马韫璐　上海理工大学管理学院　　　　实习生

推进高端智库建设　引领中国经济新常态

国务院发展研究中心主任、研究员　李伟

去年，中央提出我国经济发展进入"新常态"的重要判断。认识新常态，适应新常态，引领新常态，成为当前和今后一个时期我国经济发展的大逻辑。

一年来，面对错综复杂的国际国内环境，在经济下行压力加大、经济发展结构性矛盾凸显的形势下，党中央、国务院带领全国各族人民和干部群众，全面贯彻党的十八大和十八届三中、四中全会以及中央经济工作会议精神，坚持稳中求进的工作总基调，加强和创新宏观调控，深入推进改革开放，力求实现稳增长、促改革、调结构、惠民生、防风险的综合平衡。同时，重点推进"一带一路"、京津冀协同发展、长江经济带重大发展战略，大力推进"中国制造2025"的工业强国战略和"互联网＋"行动计划，鼓励和促进"大众创业、万众创新"。这些战略部署和政策措施取得了积极成效，在一定程度上对冲了经济下行压力。从今年上半年各项经济指标看，经济增长与预期目标相符，结构调整继续推进，农业形势持续向好，发展活力有所增强。同时，经济下行压力依然较大，一些企业经营困难，经济增长新动力不足和旧动力减弱的结构性矛盾依然突出，需要我们继续保持战略定力，持之以恒地推动经济结构战略性调整；

同时加强危机应对和风险管控，及时发现和果断处理可能发生的各类矛盾和风险。

一年多来，国务院发展研究中心对我国经济进入新常态问题进行了深入研究。我们认为，新常态是我国经济运行度过增速换挡期、转入中高速增长后的一种阶段性特征。我国经济发展进入新常态，符合后发追赶型国家经济发展的一般规律，是后发优势的内涵与强度、技术进步模式发生变化后的必然结果，其实质是追赶进程迈向更高水平的新阶段。

新常态下的经济发展，增长速度已经不是核心问题，关键是要提质增效。只有做好认识新常态、适应新常态、引领新常态的大文章，才能实现我国经济向形态更高级、分工更复杂、结构更合理的阶段转换。而实现这一阶段转换的重要标志，一是经济体制改革的阶段性任务基本完成，二是结构调整及发展方式转变取得实质性进展，三是新的经济增长动力基本形成。如果不能完成这样的转换，我们的"两个一百年"目标将很难实现，也难以跨越类似一些拉美国家曾经遭遇的"中等收入陷阱"。

新常态下，风险、挑战与机遇并存。一方面，我们要看到，过去30多年中国经济在快速增长的同时，也积累了不少风险。在经济快速增长时期这些风险往往被掩盖，一旦速度降低后可能会逐渐暴露出来。制造业严重的产能过剩问题，面临资产重组和结构调整，不可避免地会引发产业更替、企业劣汰、员工转岗。在地方政府性债务、影子银行、房地产、企业互联互保等方面都潜伏着不少风险，"高杠杆、泡沫化"，最终都会向财政金融领域聚积。同时，当经济达到中等收入水平之后，不仅经济问题会更加复杂，政治、社会问题也会更加突出。人们的温饱问题基本解决之后，就会对公平、正义提出更高的要求，相应的政治诉求也会不断提升，过去长期存在的贫富差距问题、腐败问题、环境问题、食品安全问题、社会信用缺失问题等，都有可能成为引发社会动荡的诱因。一旦社会稳定不能得到有效维持，追赶进程就会被迫放缓甚至中断。

在看到风险与挑战的同时，我们更应重视新常态下蕴藏着的新机遇。经济发展进入新常态，没有改变我国发展仍处于可以大有作为的重要战略机遇期的判断，改变的是重要战略机遇期的内涵和条件；没有改变我国经济发展总体向好的基本面，改变的是经济发展方式和经济结构。经济结构调整难免阵痛，但调整成功了就会提升资产质量，提升产业结构，并创造新的工作岗位和更大的价值。虽然一些传统产业需求饱和了，面临转产调整，但一些新兴技术、新的业态和新的需求正在涌现，供给创造需求的空间十分巨大。虽然国际市场对我国传统出口商品的需求增长放缓了，但我们利用装备能力、产业配套能力和资本输出等优势，在新一轮国际分工中，迎来向产业链中高端迈进的历史机遇。保护环境、治理污染表面看会增加成本，但提供需求快速增长的生态产品，走低碳、绿色发展道路，环保技术、新能源等领域则会带来新的增长动力。

总之，中国经济发展所处的新常态，既是由过去时发展而来的现在时，更是蕴含着巨大变革和创新活力，迈向历史发展新阶段的未来时。在这个演化过程中，认识新常态很重要，适应新常态也很重要，但更重要的是引领新常态，推动中国经济发展迈上新台阶。作为直接为党中央、国务院重大决策提供研究咨询服务的智库机构，国务院发展研究中心应该、也有信心能够对此发挥重要而独特的作用。

当前，国务院发展研究中心自身的建设与发展正在迎来一个新的历史机遇期。继 2013 年 4 月和 2014 年 1 月习近平总书记两次对国务院发展研究中心有关智库建设工作的报告作出重要批示之后，今年1月中办、国办公布的《关于加强中国特色新型智库建设的意见》将中心列为第一批国家高端智库建设试点单位，同时又列为负责联系协调智库的党政所属政策研究机构。我们深感使命光荣、责任重大、前景广阔。

在这样的背景下，"国务院发展研究中心研究丛书"连续第六年与读者见面了。今年的中心研究丛书包括19部著作，集中反映了过去一年多中心的优秀研究成果。其中，《信息化促进中国经济转型升级》全面、深入地研究了新一代信息技术正在对产业结构产生的深刻影响，分析了信息化推动中国经济转型升级的有利条件与挑战，并提出了实施信息化推动经济转型升级的"2+2"战略及政策建议，有助于人们理解和落实2015年政府工作报告提出的"互联网+"和"中国制造2025"战略；《国家（政府）资产负债表问题研究》《支撑未来中国经济增长的新战略性区域研究》等10部著作，是国务院发展研究中心各研究部（所）的重点研究课题报告；还有8部著作是优秀招标研究课题报告。

不久前，国务院发展研究中心刚刚度过了35岁生日，正从"而立"走向"不惑"。根据我们已经上报中央的国家高端智库建设试点方案，中心将实施"政策研究与决策支持创新工程"，推进研究提质、人才创优、国际拓展、保障升级四大计划。我们真诚地欢迎读者朋友们对这套丛书不吝批评、指正，提出宝贵的意见和建议；并热切地期待在今后的工作中继续得到社会各界的关心、支持与帮助，使我们在建设国际一流的中国特色新型智库、服务于改革开放和经济社会发展、推动国家治理现代化的道路上不断进步，为国家、为社会作出更大的贡献。

2015年8月1日

目录 Contents

Abstract

　　中国经济正在经历关键的转型，处于从高速增长向中高速增
长的转换期，经济结构和发展模式发生深刻的调整。区域经济发
展既是中国经济增长在空间上的表现，也是推动中国经济增长和
发展模式转换的重要动力。近年来，中国的区域发展格局发生了
较大变化。率先发展的东部区域因工业化和城市化的趋于完成而
呈增速下滑的态势，中西部地区成为增长更快的区域。在区域经
济格局的变动中，需要我们依据市场规律识别出支撑未来中国经
济增长的新战略性区域，探讨促进要素空间流动的区域政策，从
而为区域经济科学有序发展提供参考，提高资源的空间配置效率，
避免各地不切实际地发展增长极。

　　战略性区域必须是处于经济结构快速变动的地区。高速工业
化和城市化能推动劳动力、资金、技术等要素从生产效率低的部

门大规模转向生产效率高的部门，通过经济结构的转换效应实现经济的高速增长。如果一个地区的工业化进程趋于完成，将呈现出二产比重下降、服务业比重上升的趋势。由于服务业的生产效率提高慢于二产部门，经济增长的部门转换效应将趋缓。如果一个地区的城市化进入到增速放缓阶段，农村要素转换为城市生产力的步伐将放慢，经济增长的城乡转换效应也将变得不显著。

战略性区域还应该是能够吸引要素集聚的地区。一个地区的经济增长是劳动力、资金、物流、土地等生产要素在集聚中优化配置的结果。战略性区域必须是吸引人口迁移的目的地，而不是人口的净输出地；必须是资本汇聚之地，而不是资金外溢之地；必须是物流和客流较为集中的枢纽，而不会呈现"门前冷落车马稀"的景象；必须是寸土寸金之地，而不会使土地价值无法充分体现。

本研究构建了两组六个指标，作为评价原有战略性区域、寻找潜在战略性区域的分析框架。在概括了原有战略性区域出现的典型化事实的基础上，我们按照工业化程度、城镇化进程、劳动力增长、资金聚集、物流汇聚、土地增值六个标准，对我国285个地级市进行六轮筛选，识别出了有潜力成为新战略性区域的竞争者。

采取有效政策措施，加快培育新的战略性区域，不仅是适应经济新常态所亟须采取的应对之策，也是引领经济新常态，提升我国国际竞争力的内在需要。但由于区域发展所面临的内外环境和条件正在发生显著的变化，新战略性区域的形成路径将与以往有所不同，需要在全国统一市场的建设、新型城镇化战略、基础设施建设、跨行政区域分工合作、区域间协同创新等方面，进一步改革创新有关的区域政策，为其发展创造更有利、更高效的体制环境。

支撑未来中国经济增长的
新战略性区域研究

一、引 言

中国经济正在经历关键的转型，处于从高速增长向中高速增长的转换期，经济结构和发展模式发生深刻的调整。区域经济发展既是中国经济增长在空间上的表现，也是推动中国经济增长和发展模式转换的重要动力。近年来，中国的区域发展格局发生了较大变化。率先发展的东部区域因工业化和城市化的趋于完成而呈增速下滑的态势，中西部地区成为增长更快的区域。在区域经济格局的变动中，需要我们依据市场规律识别出支撑未来中国经济增长的新战略性区域，探讨促进要素空间流动的区域政策，从而为区域经济科学有序发展提供参考，提高资源的空间配置效率，避免各地不切实际地发展增长极。

经济增长的战略性区域是对全国经济增速有较大贡献的地区。

战略性区域至少要具备以下三项特征：一是经济增速较快，二是经济总量较大，三是形成辐射带动周边地区发展的连片区域。支撑未来中国经济增长的新战略性区域，是未来中国经济进入新常态情况下，在相当长的时间范围内对中国经济增长有着重大影响、起着战略性作用的区域。之所以称为"新"战略性区域，主要是因为原有战略性区域进入平稳增长期，在区域空间上需要涌现出具有新的竞争优势的增长动力接续者。

本研究是发展部过去多年研究的延续。近年来，我们在这一领域开展了两个方面的相关研究：第一类是对增长极和重点发展区域的讨论，如《加快形成新增长极与促进区域协调发展》《新的重要增长极的空间布局研究》[①]；第二类是对区域发展评价指标及状况的研究，如《中国区域科学发展研究》[②]《科学发展评价的指标体系》[③]。本次研究基于上述两类研究基础，尝试在以下方面有所突破：

首先，在分析框架方面更多地从空间均衡的角度来构建识别战略性区域的基本条件和指标体系，在指标体系中结合了可移动要素和不可移动要素。

其次，在识别增长区域的空间单元划分方面，本项研究以地级（市）为基本空间分析单元，对全国285个地级单元实行了全

---

① 张军扩：《区域协调发展：新挑战与新任务》，经济科学出版社2011年版。
② 国务院发展研究中心发展战略和区域经济研究部课题组：《中国区域科学发展研究》，中国发展出版社2007年版。
③ 张军扩、侯永志、高世楫：《发展战略与区域经济（2011）》，经济科学出版社2012年版。

面的分析，并在此基础上进行空间的组合和合并。

第三，对于重点发展区域，本项研究不仅详细分析了其经济结构的特征，而且从水土资源等方面分析了资源环境的支撑能力，对区域发展驱动因素的分析更为全面。

第四，紧密结合"一带一路"、长江经济带、京津冀协同发展等新的区域发展新战略对未来区域发展的要求，探讨有利于新战略区域形成的区域政策。

二、区域经济新格局呼唤新战略性区域的出现

当前我国的区域经济格局，是改革开放以来在国家区域战略的影响下逐步演化形成的。总体上，我国区域战略经历了从沿海地区率先发展的非均衡战略，向统筹沿海内陆发展、促进东中西部协调的均衡战略转变。目前，我国区域经济发展面临着一些新的变化，培育新的战略性区域既有必要也有条件。

（一）区域间发展的阶段性差异更加明显

从工业化发展阶段来看，东部地区许多省份已经进入工业化后期，有些省份已经进入后工业化阶段；然而中西部很多省份仍然处于工业化的中期，甚至有些省份尚处于工业化的初期阶段。这意味着今后中西部的发展空间仍然很大。如果能够从这些地区中甄别出具备一定发展条件和潜力的作为新的战略性区域，通过

适当的区域政策消除要素聚集的障碍，将会有力地带动这些潜力地区的发展，有利于缩小区域之间的发展差距，促进区域的协调。

（二）原有战略性区域的全要素生产率下降

中国整体经济增速下滑的一个重要原因是原有战略性区域的全要素生产率（TFP）无法维持在高位。图 1 是各省 2007～2012 年间全要素生产率的增长情况，大部分中西部地区的 TFP 增长较快，而长三角、珠三角地区的 TFP 增长要大大落后于中西部地区。

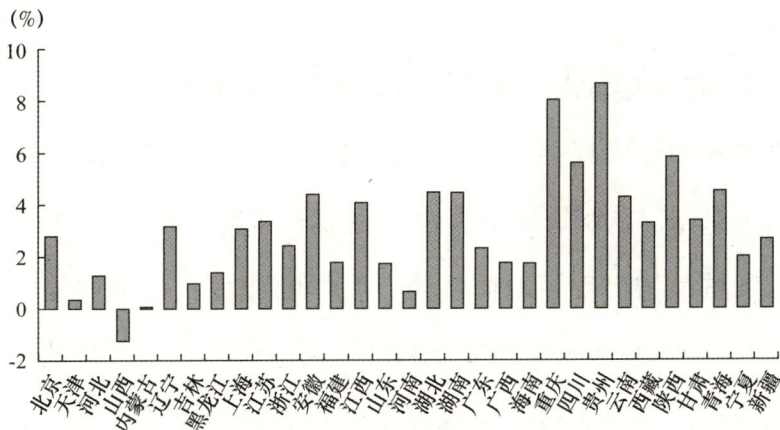

图 1　各省的全要素生产率（2007～2012 年）

数据来源：何建武（2014）。

中西部地区的 TFP 之所以增长较快，与其人均资本存量较低、资本边际收益率较高有较大关系。图 2 显示了 2012 年各省的人均资本存量数据，总体上呈现出东部较为发达地区的人均资本存量较高，而中西部省份的人均资本存量较低。因此，促进资本向人均资本存量较低的新战略性区域流动，是使我国 TFP 维持在合理水平的重要举措。

（万元）

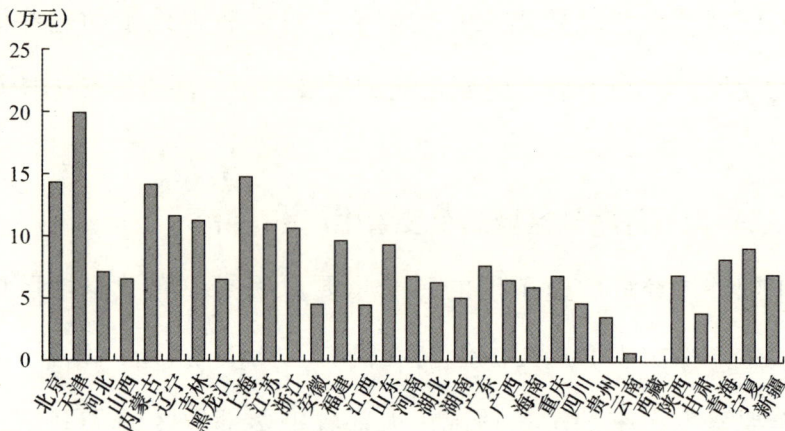

图2　各省2012年的人均资本存量（2000年不变价）

数据来源：何建武（2014），人口为常住人口数。

（三）部分地区人口和经济活动集聚已近极限

在中观和微观层面，部分地区集聚程度过高，资源环境承载能力已近极限。从水资源看，由于过度开采地下水，导致中国50个最大的城市均出现了地面沉降，受影响面积占中国耕地总面积的7.5%，对人民生命财产安全和环境可持续构成了严重威胁。从大气污染看，原有战略性区域由于人口和经济活动过度集聚，产业结构不合理，导致污染源过密以及污染物相互作用，大气污染情况明显恶化。

（四）长距离跨省流动的人口增长趋慢

目前，我国人口跨省流动的增长正在趋慢，省域范围内流动和就业增长趋势加强。图3是外出务工农民工省内省际流动占比的变化，从2008～2010年都是省际流动的农民工数目要高于省内流动的农民工数目，但从 2011 年开始，外出务工的农民工中省内流动的人数就超过了省际流动的人数，并一直持续到 2013 年。珠三角和长三角地区改革开放以来一直是吸引外地务工人员的重点地区，但自 2010 年之后，这两个地区吸引的外地务工农民工占比已不再上升（见图 4）。

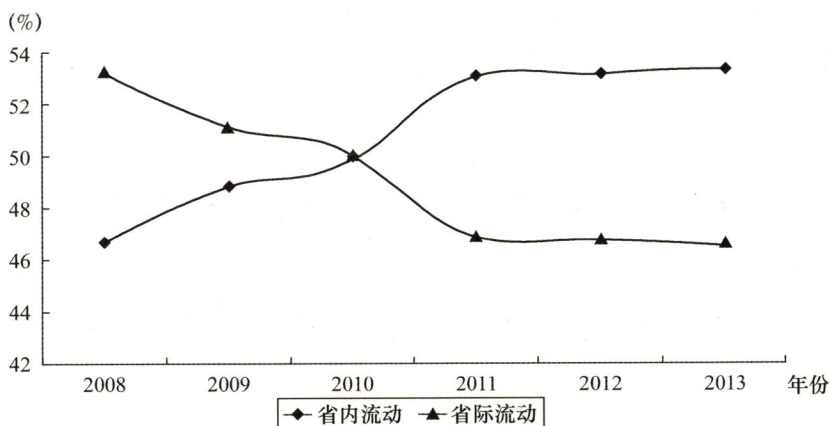

图 3 我国外出务工农民工的省内省际流动

数据来源：2009～2013 年农民工监测报告。

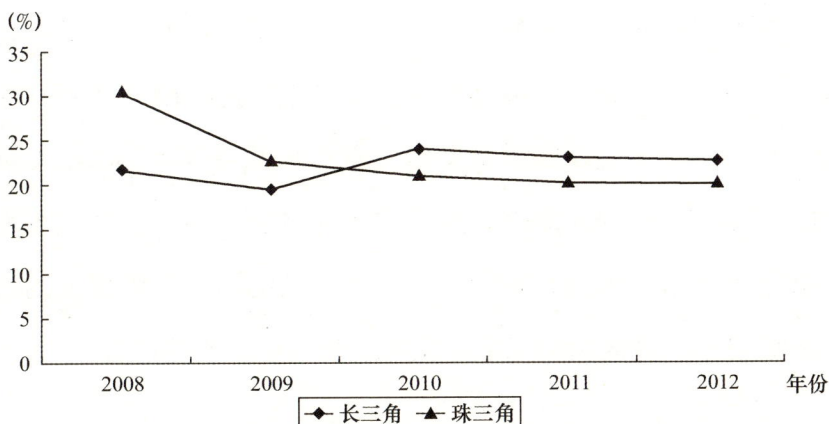

图 4 长三角和珠三角农民工占外出务工农民工的比例

数据来源：2009～2013 年农民工监测报告。

三、培育新的战略性区域的重要意义

当前，中国经济发展正在经历深刻的变化，经济增长的速度、动力和结构都出现了新的阶段性特征。在这样的背景下，培育新的战略性区域对于实现全面建成小康社会、顺利跨越中等收入阶段都具有现实意义。

（一）培育新的战略性区域是落实新时期国家区域发展战略的重要举措

进入新的时期，国家的区域发展战略出现了新的重大变化，由之前的碎片化、"遍地开花式"的区域发展战略向区域协同发展的战略转变。"一带一路"战略有利于形成全方位对外开放格局，从国际视角为区域经济发展提供新的发展机会。京津冀协同发展战略，为探索完善城市群布局和形态、优化开发区域发展提供示范和样板。长江经济带战略，则是依托黄金水道打造中国经济新支撑带的重要抓手。任何宏观的区域发展战略都必须在空间上确定发展战略的支撑点/支撑区域，只有确立了具体的支撑区域，这些区域发展战略才能真正落到实处，才能真正得到有效的执行。培育新的战略性区域正是落实新时期国家区域发展战略的重要举措。

（二）培育新的战略性区域是顺利迈向高收入社会的必然选择

原有的带动中国经济增长的三大增长极都在不同程度上出现

增长乏力的迹象，寻找新的增长区域成为保持整体经济稳定较快增长的关键。从区域经济发展的一般规律来看，经济发展在空间表现了较强的集聚特征，但大国的集聚反映为"多点集聚"的特征。美国经济主要集聚在大的都市区（Metropolitan Area），2012年全国381个都市区中，前20大都市区GDP总和已超过全国的一半。与美国一样，中国未来的增长也需要培育更多能够支撑经济增长和人口集聚的区域。只有成功地培育这些新的战略性区域，才能使中国经济保持持续健康的增长，顺利跨越中等收入阶段。

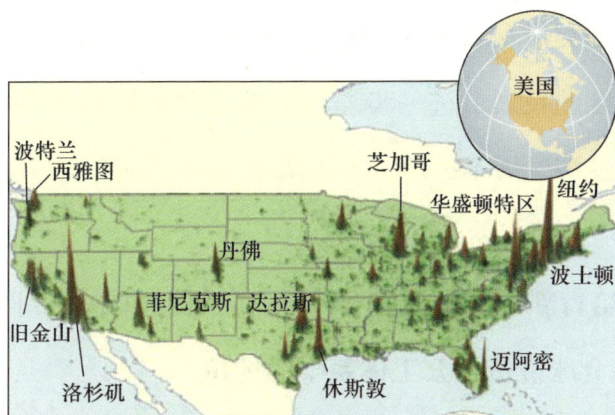

（a）美国

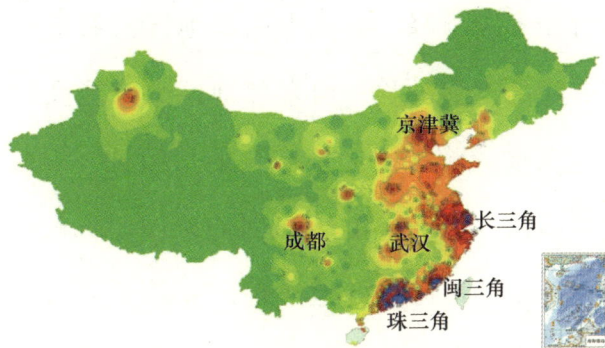

（b）中国

图5 经济活动的空间集聚

（三）培育新的战略性区域是促进区域协调发展的重要途径

21 世纪以来，在西部大开发、东北老工业基地振兴以及中部崛起等一系列促进落后地区发展的区域发展战略的推动下，我国区域发展相对差距开始呈现缩小趋势。但从绝对差距来看，区域差距一直在不断扩大，1978 年各省、市、自治区中最高的人均 GDP 比最低的人均 GDP 高 2322 元，到 2012 年这一差距已经扩大为 75484 元。按不变价计算，这一差距也已经达到 26565 元。另外，从国际比较的角度来看，无论是与发达国家目前的水平相比，还是与发达国家历史上与中国类似发展阶段相比，中国的区域差距都高于这些国家。促进落后地区的发展、进一步缩小区域之间的发展差距，将成为今后解决区域经济发展不平衡、不协调矛盾的一项重要的任务。

（四）培育新的战略性区域，有利于促进国内产业梯度转移、提升中国在全球价值链分工体系中的地位

随着传统的低成本优势不断减弱，原有战略性区域优势产业的国际竞争力在不断下降。如果中西部地区没有形成很好的发展条件来承接东部的产业转移，而东部地区又未能及时实现产业的转型升级，将直接影响中国经济增长的持续性。因此，需要新的战略性区域为国内产业的梯度转移创造条件，防止产业过度地向国外转移，也为东部地区更好地实现产业转型升级提供缓冲时间和空间。另外，全球分工的深化和细化，也使得国际竞争更加依靠产业链不同环节之间合作带来的整体竞争力，这就需要在原有

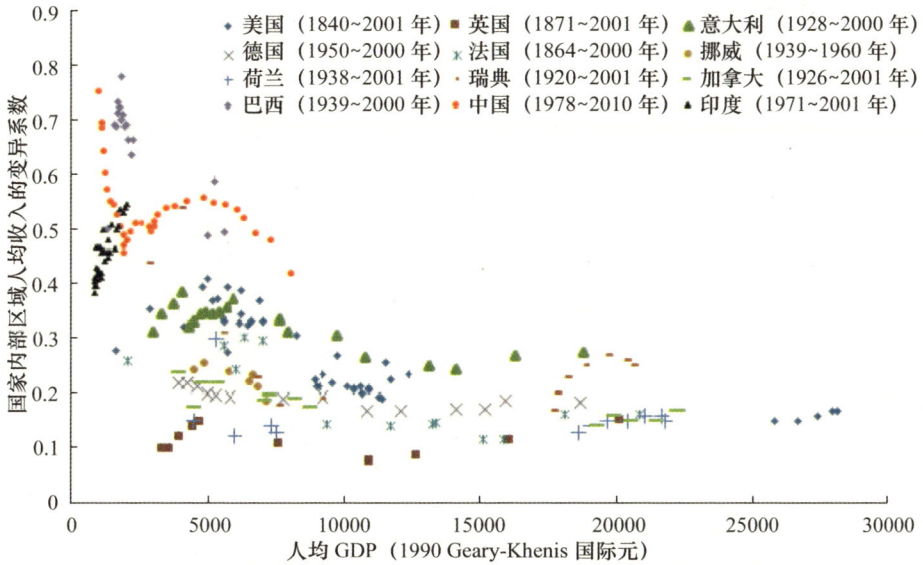

（a）部分国家区域差距

图例：
- 美国（1840~2001 年）
- 英国（1871~2001 年）
- 意大利（1928~2000 年）
- 德国（1950~2000 年）
- 法国（1864~2000 年）
- 挪威（1939~1960 年）
- 荷兰（1938~2001 年）
- 瑞典（1920~2001 年）
- 加拿大（1926~2001 年）
- 巴西（1939~2000 年）
- 中国（1978~2010 年）
- 印度（1971~2001 年）

纵轴：国家内部区域人均收入的变异系数
横轴：人均 GDP（1990 Geary-Khenis 国际元）

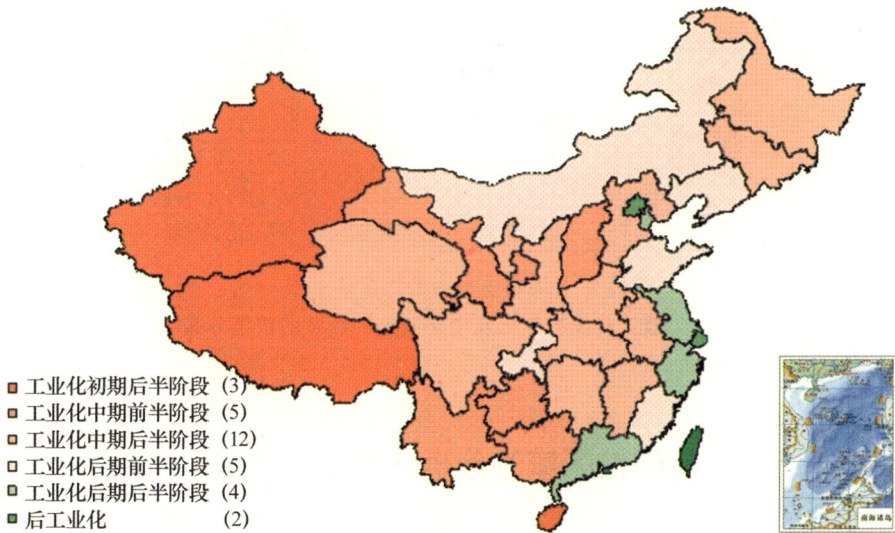

图例：
- 工业化初期后半阶段　（3）
- 工业化中期前半阶段　（5）
- 工业化中期后半阶段　（12）
- 工业化后期前半阶段　（5）
- 工业化后期后半阶段　（4）
- 后工业化　　　　　　（2）

（b）国内不同省份的工业化水平

图 6　部分国家区域差距及国内不同省份的工业化水平

数据来源：Williamson（1965），WorldBank WDR 2009，Rajarshi（2002），OECD（2008），Rodriguez-Pose A，Gill（2004），Angus Maddison（2003），作者计算。

战略性区域之外形成新的战略性区域，形成新老战略性区域之间加强合作、深化分工的新局面，形成整体的竞争优势。

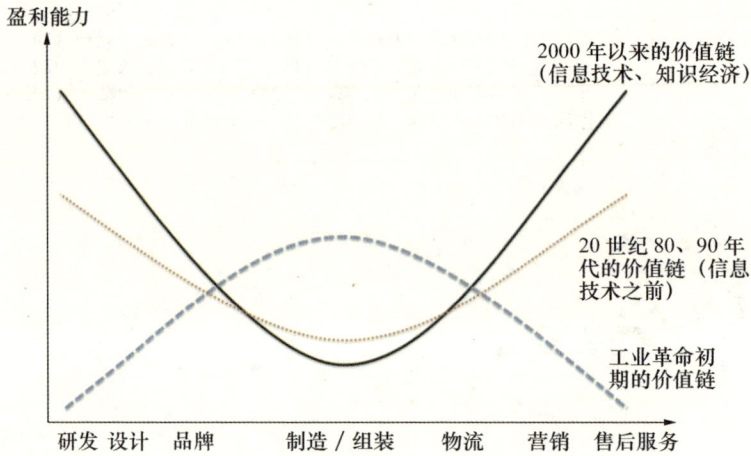

（a）微笑曲线的变化

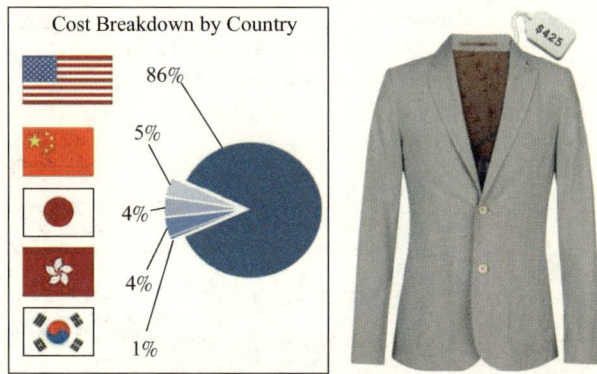

（b）中国制造的西装的价值分布

图7　微笑曲线的变化及中国制造的西装的价值分布

四、新战略性区域的分析框架与识别指标体系

（一）新战略性区域的分析框架：空间均衡、结构转换和要素集聚

对于支撑未来中国经济增长的新战略区域的分析需要从空间均衡、结构转换和要素集聚这3个角度来理解，其中空间均衡提供了观察区域发展的理论基础，而结构转换和要素集聚则分别从发

展阶段和市场选择的角度衡量区域发展潜力。

1. 空间选择理论

战略性区域的形成，取决于要素在空间上的分布与配置，而要素的流动方向和规模则取决于市场参与者的选择结果。Glaser（2008）认为从经济角度来理解空间经济活动，最直观的方式是将经济活动的分布视为参与者选择的结果。在这一选择过程，有三类参与者的行为非常重要：居民、企业和房地产开发者，这三者的优化行为决定了工资、城市规模（居民数量）和房地产价格。类似于金融理论中的无套利原则（No Arbitrary Equilibrium），三类市场主体在全面衡量工资、土地租金、价格水平和宜居性等因素之后所做出的空间选择结果，是一种不存在空间套利的均衡。空间选择理论为本研究选取经验观察指标提供了指导。

2. 结构转换

战略性区域必须是处于经济结构快速变动的地区。高速工业化和城市化能推动劳动力、资金、技术等要素从生产效率低的部门大规模转向生产效率高的部门，通过经济结构的转换效应实现经济的高速增长。如果一个地区的工业化进程趋于完成，将呈现出二产比重下降、服务业比重上升的趋势，由于服务业的生产效率提高慢于二产部门，经济增长的部门转换效应将趋缓。如果一个地区的城市化进入到增速放缓阶段，农村要素转换为城市生产力的步伐将放慢，经济增长的城乡转换效应也将变得不为显著。

3. 要素集聚

战略性区域还应该是能够吸引要素集聚的地区。一个地区的经济增长是劳动力、资金、物流、土地等生产要素在集聚中优化配置的结果。战略性区域必须是吸引人口迁移的目的地，而不是人口的净输出地；必须是资本汇聚之地，而不是资金外溢之地；必须是物流和客流较为集中的枢纽，而不会呈现"门前冷落车马稀"的景象；必须是寸土寸金之地，而不会使土地价值无法充分体现。

（二）识别战略性区域的分析指标

根据上述的分析框架，考虑到数据的可得性，我们构建了两组六个指标（见表1），作为评价原有战略性区域、寻找潜在战略性区域的分析框架。

表1　　　　　　　　　　　战略性区域的衡量指标

结构转换类指标	要素集聚类指标
工业化率	地区就业人口
	贷款/存款比重
城镇化率	货运和客运量
	房地产开发投资额

在结构转换方面，工业化率和城镇化率反映了经济结构转化的潜力。其中，工业化率以二产增加值占地区生产总值的比重来衡量，城镇化率是城镇常住人口占地区常住人口的比重。

在要素集聚方面，我们采用了以下4个指标反映一个地区对各类要素的吸引力。

1. 地区就业人口

在现有地级市的统计口径中，大部分城市的城市人口使用的是户籍人口，无法反映每年人口的流入流出情况。相比而言，就业人口指标包括了外来务工人员，也剔除了在外务工的本地户籍劳动力，能够更为准确地反映人口变动情况。

2. 贷款存款比重

目前，资金在所有要素中的流动性最强。一个投资回报率高的地区，不仅能够充分运用本地的金融资源，还能够吸引外地的资金。相反，一个缺乏投资吸引力的地区，不但吸引不到外来资金，还会被其他地区的好项目抽走资金。一个地区的贷存比（贷款/存款）能够较好地反映资金的流向。

3. 货运和客运量

一个地区的经济活力越强，物流与人流的沟通就越活跃，反映为货运量和客运量的增加。

4. 房地产开发投资

土地是不可移动的要素，它的流动性体现为土地增值。我们用房地产开发投资来替代对土地增长的考量，一个增长潜力较大的地区，能吸引较多的房地产开发投资。

五、我国原有战略性区域的典型化事实

本部分将长三角和珠三角地区作为分析对象，总结出这两个我国经济增长原有战略性区域在快速增长时期的典型化事实，为寻找新的战略性区域提供参考依据。

（一）二产比重呈现出倒 U 型变化趋势

在我国 2001 年加入世贸组织之前的 5 年，珠三角地区的二产比重停滞在 49％左右，长三角地区甚至从近 55％下降到 51％左右；此后，在外部市场需求的驱动下，长三角和珠三角的二产比重逐年提高，双双在 2004 年分别达到 55％和 53％的峰值；2004 年

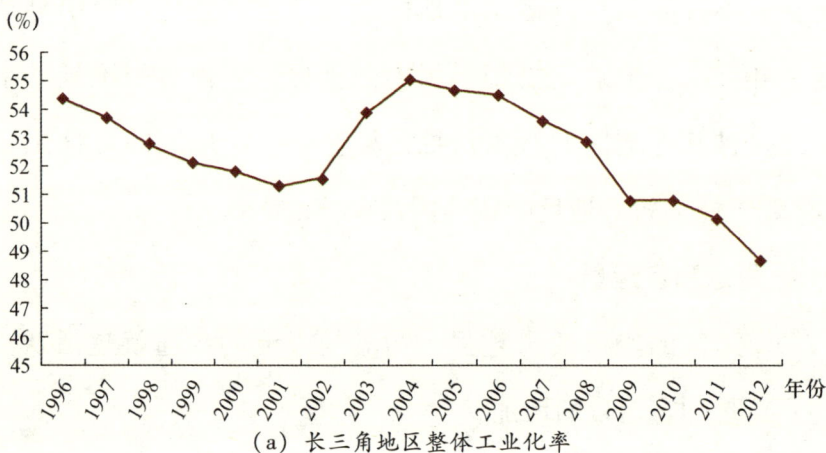

（a）长三角地区整体工业化率

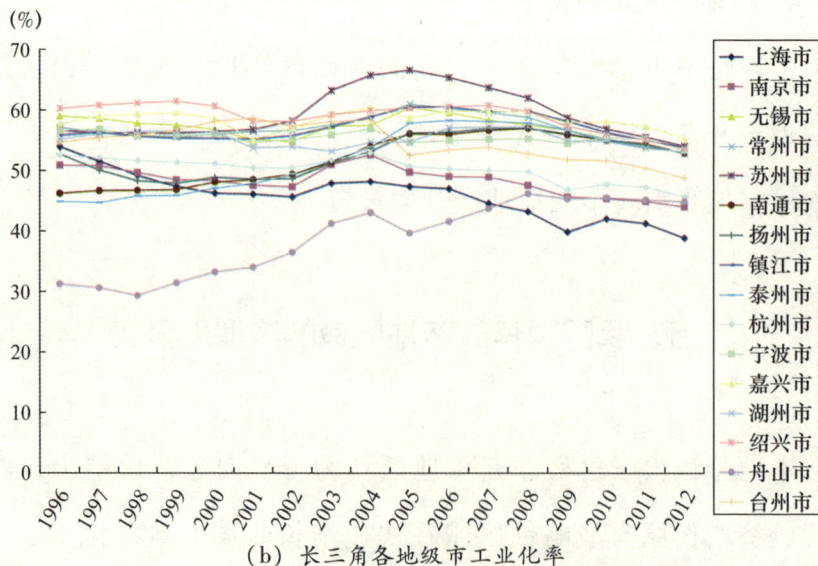

（b）长三角各地级市工业化率

图8　长三角地区整体工业化率和各地级市工业化率

数据来源：华通数据库。

之后，两个地区的二产比重不断下降，到 2012 年都下降到了 49%
以下。从城市的维度来看，两个地区大部分城市的二产比重表现
出类似的轨迹，其中苏州和佛山的二产比重峰值超过了 65%。因
此，我们将 65% 作为战略性区域二产比重的峰值，过了这一峰值，
该地区的工业化进程进入放缓期。

(%)

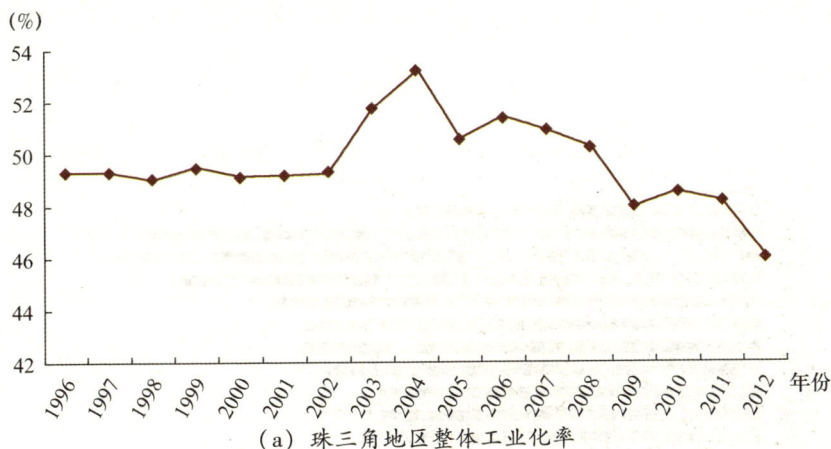

（a）珠三角地区整体工业化率

(%)

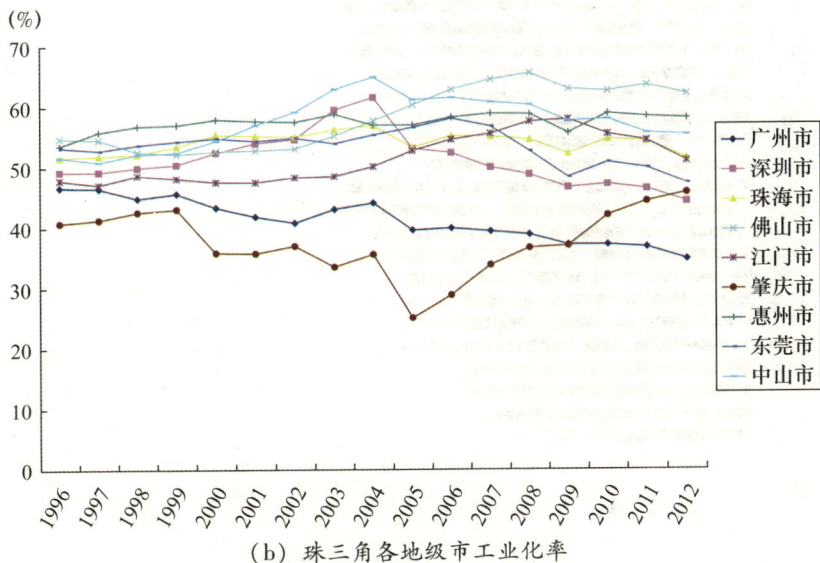

（b）珠三角各地级市工业化率

图 9　珠三角地区整体工业化率和各地级市工业化率

数据来源：华通数据库。

（二）城镇化从加速期步入增速趋缓期

Nortnam（1979）观察了1800年以来世界城镇人口增长和城镇化发展的总体趋势，发现城镇化过程主要有三个阶段，发展趋势呈S形：一是城镇化发展的初始阶段，经济以农业为主，人口居住分散，城镇人口比例较小；二是城镇化加速发展阶段，随着人口和经济活动显著集聚，城镇人口比重由开始时的不足25%上升到50%以上；三是最终阶段，在该阶段城镇人口比重超过65%，增长变得很缓慢。图10表明，长三角和珠三角地区的城镇化率都已

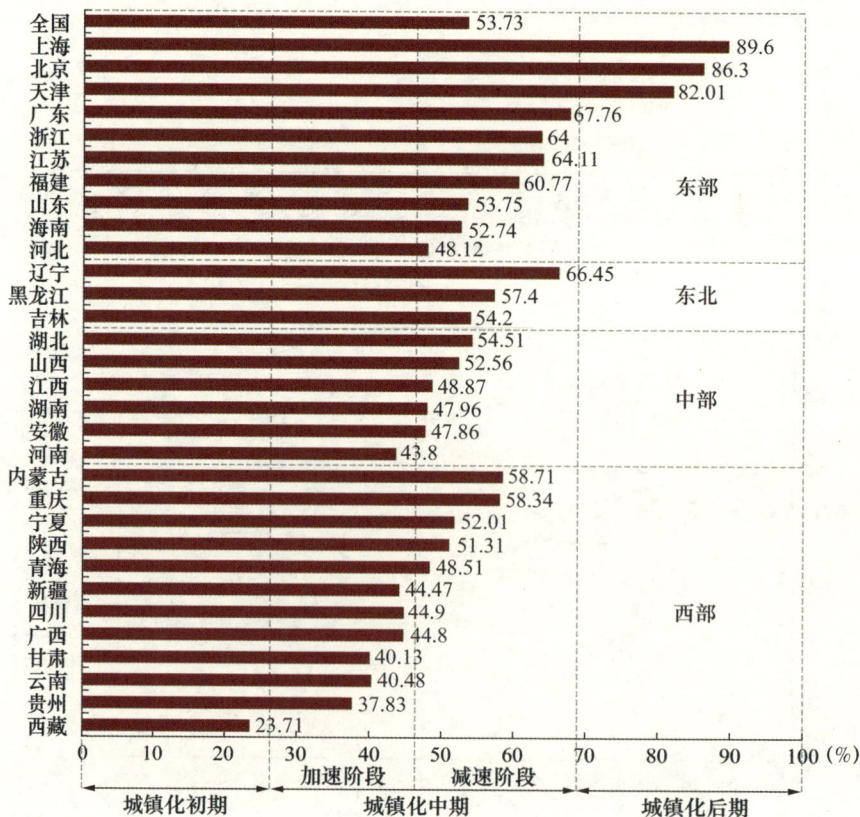

图10　2013年各省区城镇化率

数据来源：《中国统计年鉴》。

经接近或超过 65%，进入了城镇化率提升的减速阶段。因此，我们将 65% 作为战略性区域城镇化率的峰值，过了这一峰值，该地区的城镇化进程进入放缓期。

（三）非农就业人员增长强劲

近 10 年来，除了金融危机前后个别时间点，长三角和珠三角地区的非农就业人员都表现出强劲的增长，两个地区 2012 年比

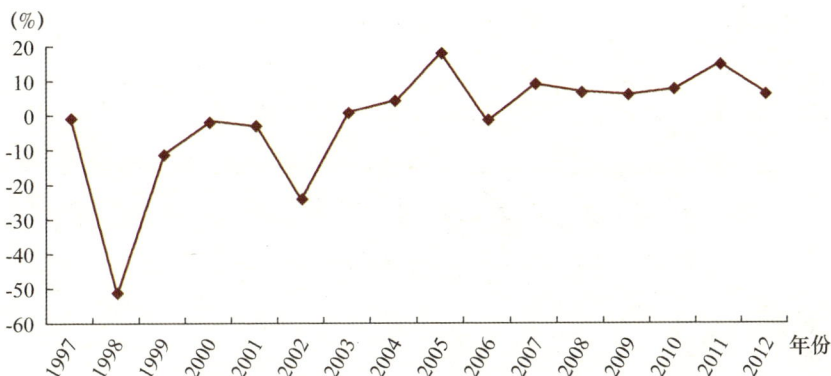

（a）长三角地区非农就业人员增速

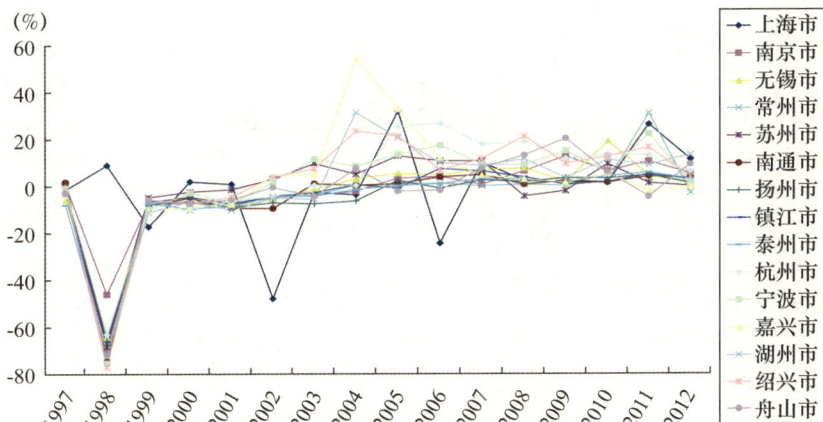

（b）长三角各地级市非农就业人员增速

图 11　长三角地区整体和各地级市非农就业人员增速

数据来源：华通数据库。

2003 年分别增长了 94.30% 和 86.57%。期间，长三角地区近年来的非农就业人员保持在 10% 上下的年均增速，珠三角地区在大部分时间里也保持着 5% 以上的年均增速。一个有趣的现象是，珠三角地区非农就业人员增长率在金融危机爆发后的 2008 年降到 10 年

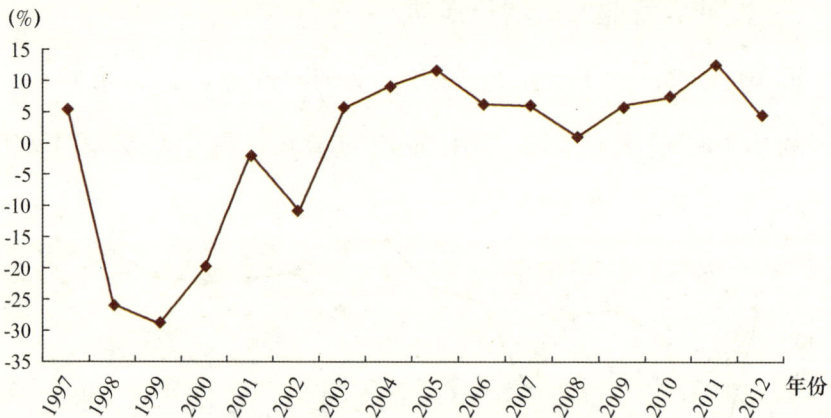

（a）珠三角地区非农就业人员增速

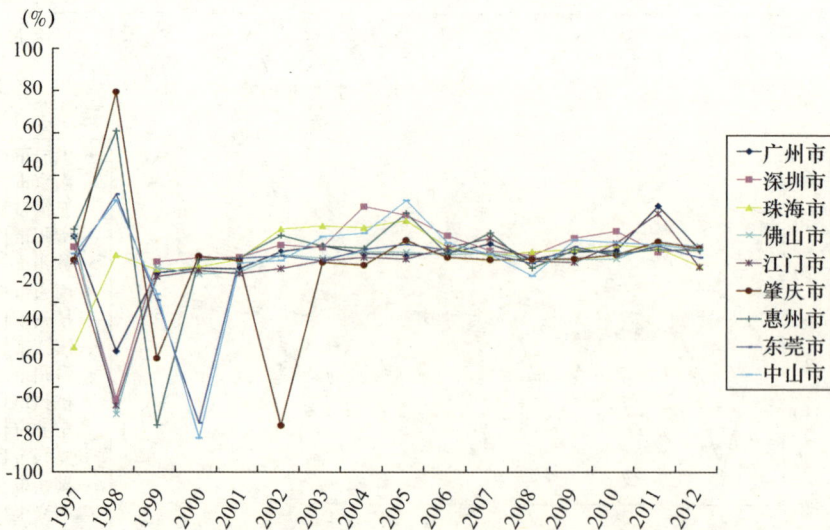

（b）珠三角地区各地级市非农就业人员增速

图 12　珠三角地区整体和各地级市非农就业人员增速

数据来源：华通数据库。

最低点；长三角地区非农就业人数则在 2006 年就提前出现了罕见的负增长，金融危机期间倒是保持 8% 左右的稳定增长。这可能在一个侧面上反映出长三角地区更敏感地捕捉到了金融危机的气息，在企业层面更早发生了"破坏性创造"。本研究将非农就业人员年均增速 1.5%，作为战略性区域的必要条件。

（四）资金聚集效应呈现高位趋缓的态势

按照我国原有监管规则，商业银行"贷款/存款"的比重必须维持在 75% 以下。在一家商业银行现实的经营中，这一指标的整体比重上限往往在 60% ～ 75% 之间。这就意味着，如果一个地区的贷存比在 60% 以下，其辖内银行的存款有一部分用于其他地区放贷；如果一个地区的存贷比在 75% 以上，则意味着其信贷资金有部分来自于外地。2003 年，长三角地区贷存比超过 75%，此后 10 年有所下降，稳定在 73% ～ 74% 的监管红线门槛。到 2012 年，长三角地区仍然有半数以上的城市贷存比超过 75%，表现出较为明显的资金集聚效应。珠三角地区的贷存比要比长三角低 10 个百分点，但仍然维持在 62% 的水平上，表明珠三角地区的资金集聚效应在下降，但并没有出现资金外溢的情况。需要指出的是，贷存比指标也有一定的局限性，它无法反映近年来我国股票、债券等多元化直接融资市场快速发展的情况，这也可能是珠三角地区贷存比偏低的一个原因。

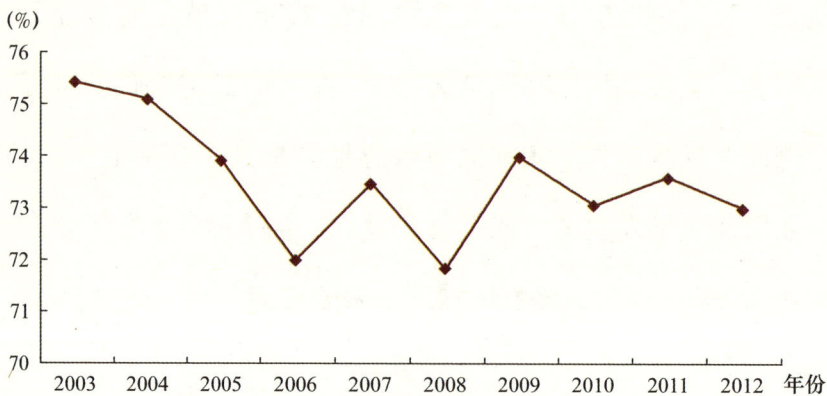

（a）长三角地区整体贷存比

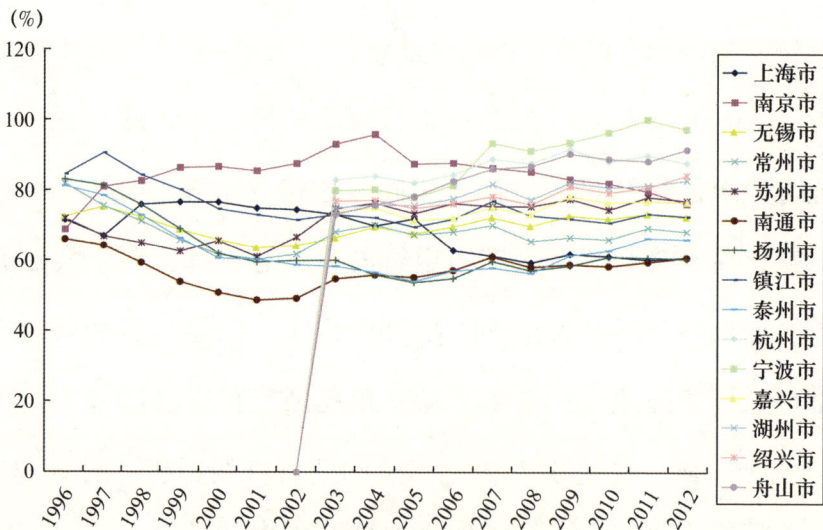

（b）长三角地区各地级市贷存比

图13 长三角地区整体和各地级市贷存比

数据来源：华通数据库。

（五）交通运输量增长表现出网络化效应

随着交通基础设施的完善，长三角和珠三角地区的物流和人流持续增长。2012 年，长三角和珠三角旅客运输量分别达到377185.1万人和482813 万人，是 2003 年的 1.9 倍和 4.14 倍，年均增长率达到 7.40% 和 17.10%；货物运输量分别达到 402309.3 万吨和 196857

(%)

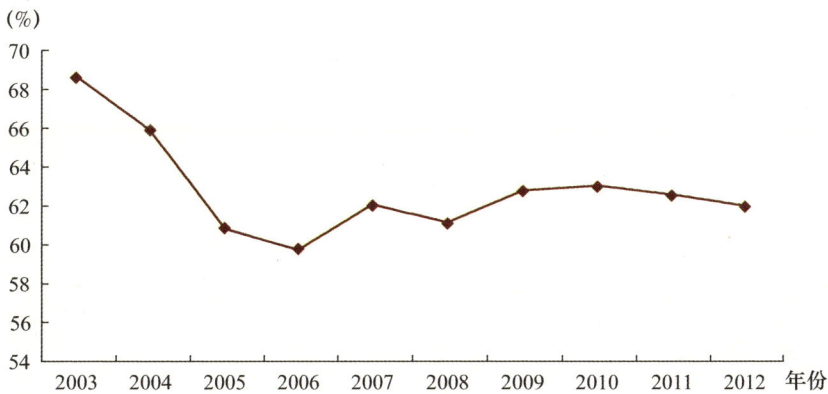

（a）珠三角地区整体贷存比

(%)

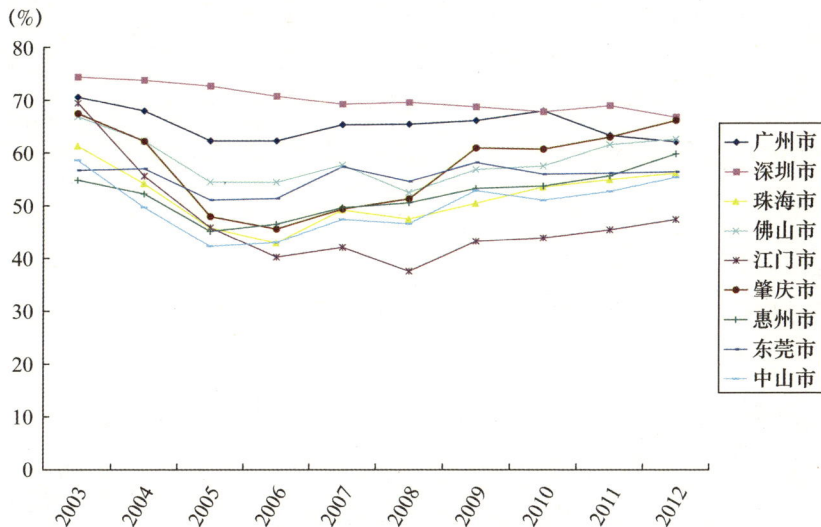

广州市
深圳市
珠海市
佛山市
江门市
肇庆市
惠州市
东莞市
中山市

（b）珠三角地区各地级市贷存比

图14　珠三角地区整体和各地级市贷存比

数据来源：华通数据库。

万吨，是2003年的2.19倍和2.52倍，年均增长率达到9.11%和
10.81%。在城市维度上，就旅客运输量而言，苏州和深圳是两个地
区的领头羊，2012年旅客运输量分别占所属区域的18.99%和
38.32%；就货运总量而言，上海和广州是两个地区的领头羊，2012
年货物运输量分别占所属区域的23.37%和38.19%。

（万人）

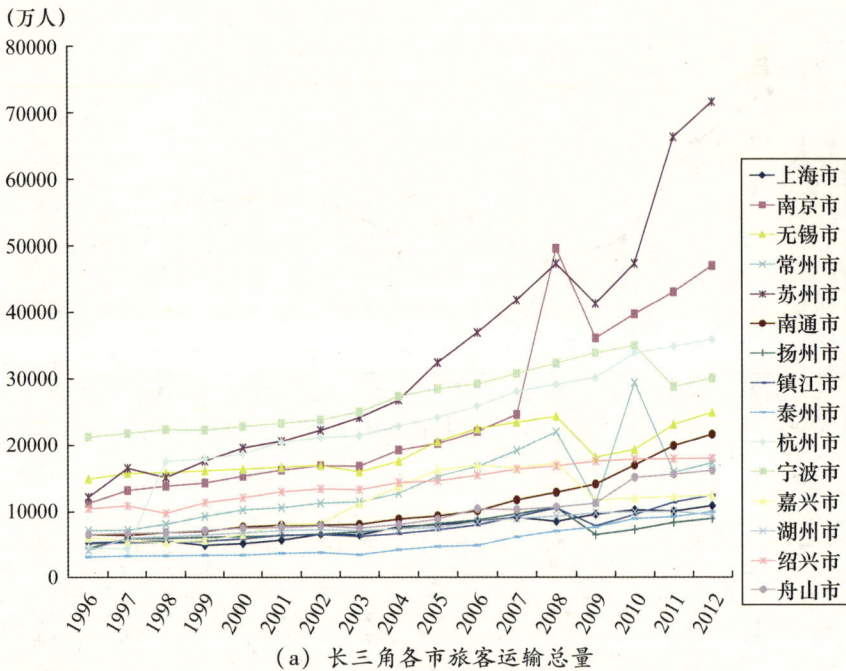

（a）长三角各市旅客运输总量

（万人）

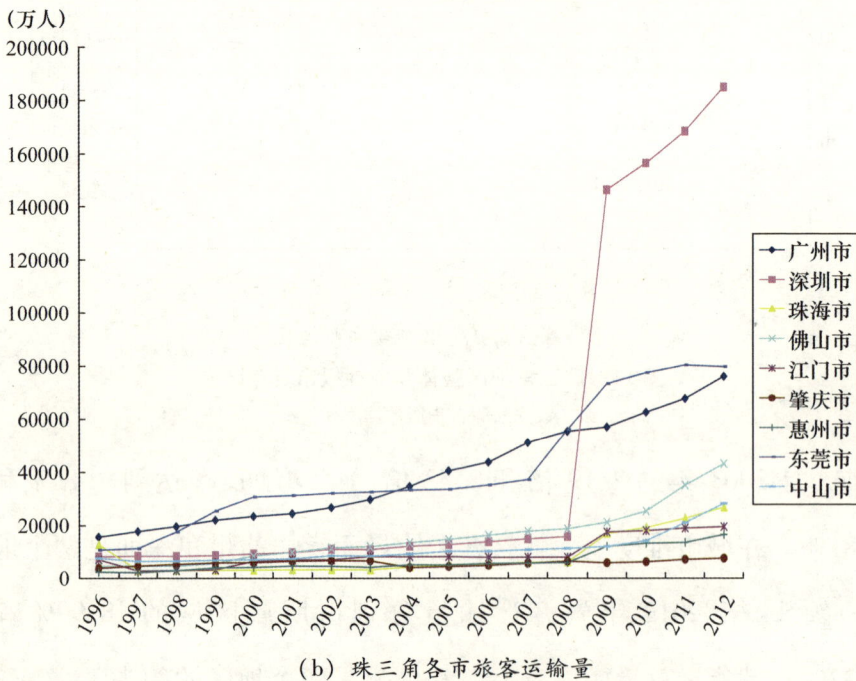

（b）珠三角各市旅客运输量

图 15　长三角地区和珠三角地区旅客运输量

数据来源：华通数据库。

（万吨）

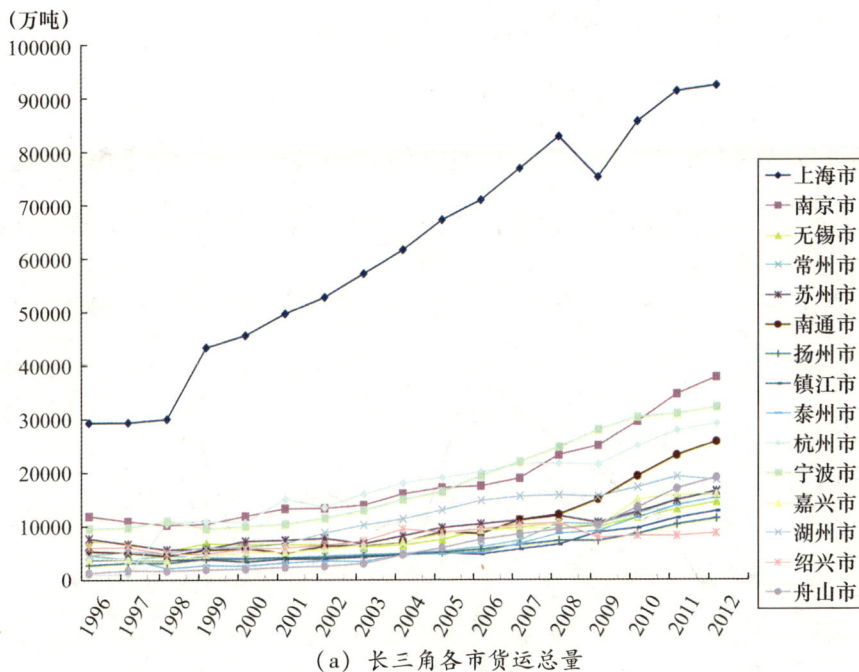

（a）长三角各市货运总量

（万吨）

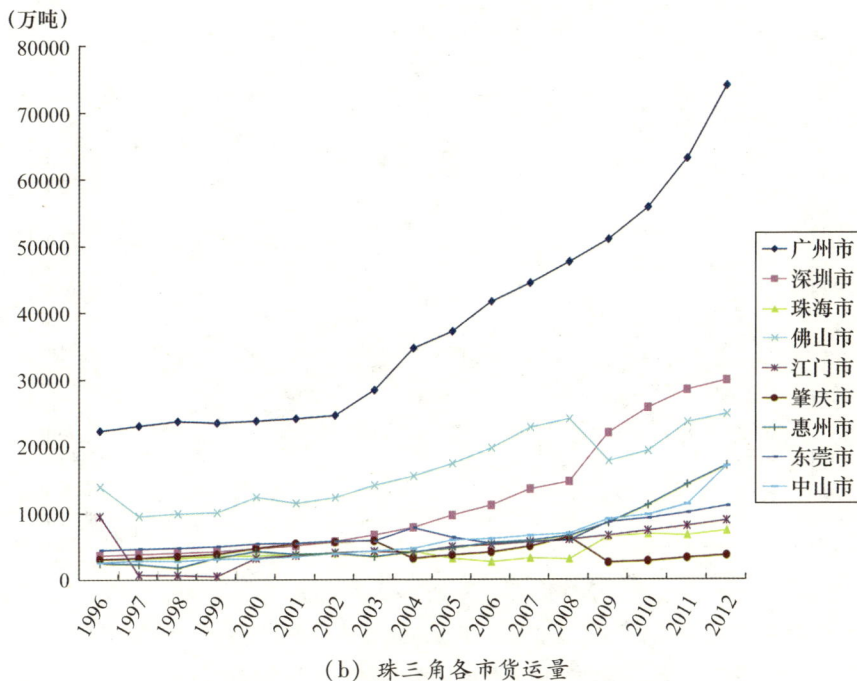

（b）珠三角各市货运量

图 16 长三角地区和珠三角地区货运总量

数据来源：华通数据库。

（六）房地产开发投资在波动中快速增长

我们用房地产开发投资指标反映土地价值的变化。一般而言，房地产开发投资增长越快，土地价值上升得越高。长三角、珠三角地区 2012 年房地产开发投资额，比 2003 年分别增长了 395.31%

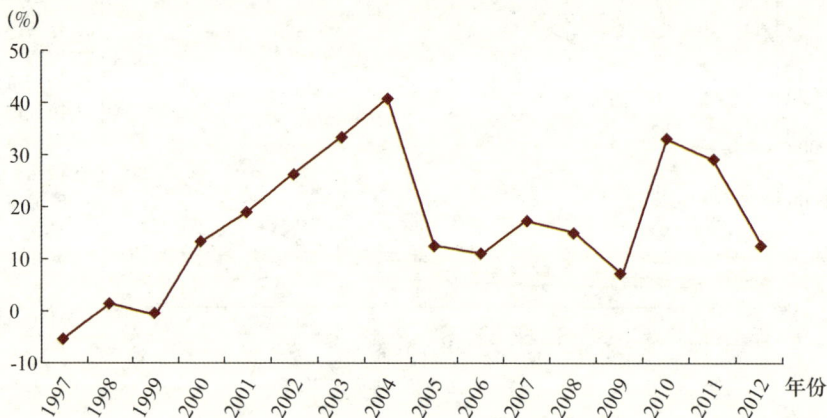

（a）长三角房地产开发投资额增速

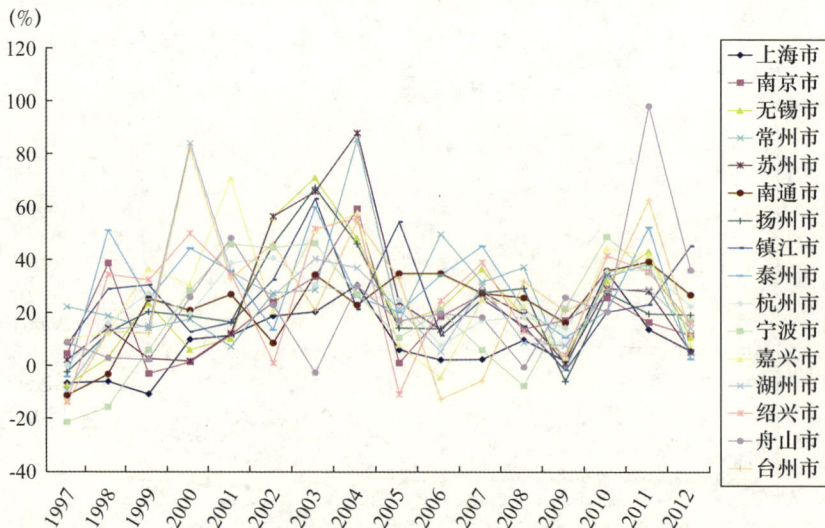

（b）长三角各地级市房地产开发投资额增速

图 17　长三角地区整体和各地级市房地产开发投资额增速

数据来源：华通数据库。

和 295.34% 。但这一指标在两个地区都表现出振荡上涨的趋势，2009 年的增速大幅下滑，有不少城市在 2008～2010 年期间出现了负增长。

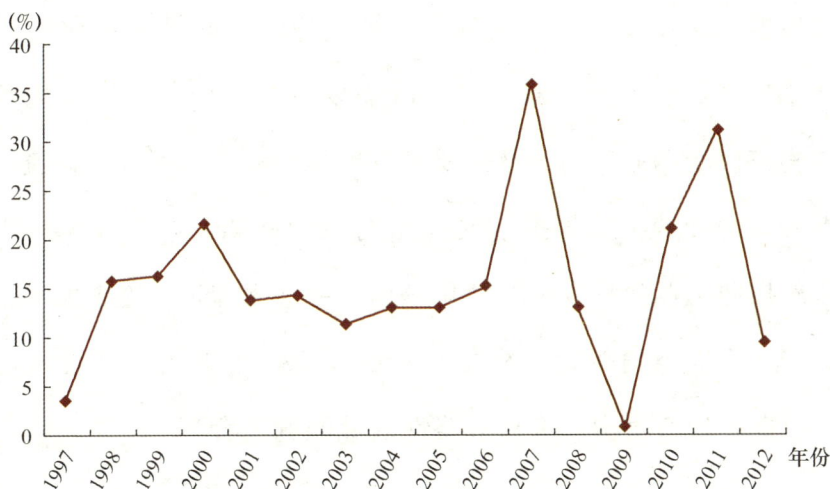

（a）珠三角房地产开发投资额增速

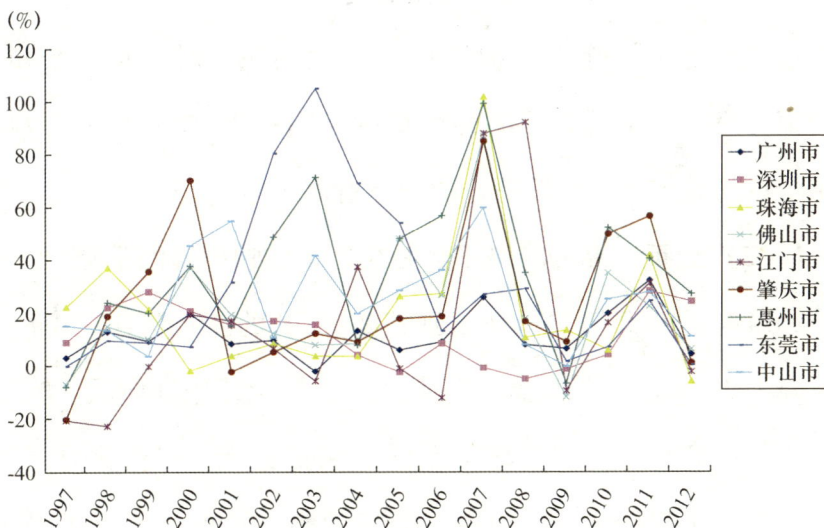

（b）珠三角各地级市房地产开发投资额增速

图 18　珠三角地区整体和各地级市房地产开发投资额增速

数据来源：华通数据库。

六、我国潜在战略性区域的识别

根据上一部分对原有战略性区域快速增长时期典型化事实的概括，未来我国新的战略性区域既需要具备工业化、城镇化等经济结构较快变动的潜力，又需要具备聚集劳动力、资金、物流、土地等要素的吸引力。根据前文提出的识别框架和筛选尺度，我们将依次按照工业化程度、城镇化进程、劳动力增长、资金聚集、物流汇聚、土地增值等六个标准，对我国 285 个地级市进行六轮筛选，以期发现有潜力成为新战略性区域的竞争者①。

（一）潜在战略性区域的六轮筛选

本研究使用排除法识别潜在战略性区域。对于每一个指标，我们都会筛选出不符合战略性区域的城市。最终符合潜在战略性区域特点的城市，是六轮筛选的"获胜者"。

1. 二产比重过高的城市不具备生产率较快提升的基础

2014 年，我国第二产业增加值占 GDP 的比重为 42.64%，同比下降 1.25 个百分点，全国整体上处于工业化中期阶段。当工业化进入中后期阶段，农业比重在低位保持稳定，二产比重开始下降，服务业比重持续上升。由于服务业生产率的提升并不像工业

---

① 需要指出的是，我们并没有先验地排斥原有战略性区域，长三角、珠三角地区的地级市也都列入了研究的初始样本。

那么明显，二产比重过高的地区不具备生产率较快提升的基础，从而限制了其成为潜在战略性区域的可能。如表2所示，2012年，在全国地级市中，有23个城市的二产比重超过65%，大部分是资源能源型城市（如克拉玛依、大庆、榆林等）。这些城市有的已经进入了资源储备下降的周期；有些虽然还有相当大的储量，但过高的二产比重已无进一步提高的空间，23个城市中有26%的（6个）城市近3年的二产比重出现了下降。这都预示着这些城市在中长期内难以维持经济快速增长。

表2　　　　　　　23个城市2012年二产比重和近3年比重变化

城　市	2012年二产比重（%）	近3年比重变化	城　市	2012年二产比重（%）	近3年比重变化
克拉玛依	87.96	1.28	漯　河	68.49	-0.39
嘉峪关	81.82	2.94	三门峡	67.99	1.94
大　庆	80.88	2.2	盘　锦	67.76	6.76
攀枝花	75.86	5.1	焦　作	67.46	0.13
金　昌	75.80	-4.14	长　治	67.36	4.58
延　安	73.55	2.71	许　昌	67.02	-0.28
乌　海	73.45	4.61	马鞍山	66.47	-0.06
铜　陵	73.44	5.57	淮　北	66.13	4.74
吕　梁	73.23	9.54	芜　湖	65.87	3.23
榆　林	72.23	6.13	宝　鸡	65.19	4.3
东　营	70.85	-3.07	濮　阳	65.12	-0.46
鹤　壁	70.47	1.8			

2. 城镇化速度放缓的城市难以产生城乡结构转化效应

2014年，我国城镇化率达到54.77%，同比提高了1.04个百分点，是近20年来我国城镇化率提升速度最慢的一年，全国在整体上已步入城镇化减速的阶段。截至2013年末，我国有40个城市的城镇化率超过65%，进入到了城镇化率提升放缓阶段，未来由当地农业转移人口进入城镇高效率部门带来的结构转化效应不是很大。当然，我们也注意到，除了东北地区的一些老工业城市之外，这些城市大部分是处于原有战略性区域的发达城市。后者虽然在本地域内部的城乡结构转化潜力不大，但仍可能形成"城镇化率提升趋缓、外来劳动力增长"的格局。因此，我们并不将这些城镇化率高的城市直接排除在潜力战略区域之外，而留待下一部分分析就业人口增长时做进一步考察，保留那些城镇化率虽高但就业仍然强劲增长的城市。

表3　　　　　　　　　城镇化率步入放缓期的城市　　　　　　　单位:%

城　市	城镇化率	城　市	城镇化率	城　市	城镇化率
深　圳	100.0	本　溪	77.7	成　都	69.3
佛　山	94.9	海　口	76.1	昆　明	68.1
上　海	89.6	杭　州	74.9	西　宁	67.8
东　莞	88.8	银　川	74.8	合　肥	67.8
厦　门	88.7	抚　顺	74.4	郑　州	67.1
中　山	88.0	武　汉	74.0	温　州	67.0
珠　海	87.9	无　锡	72.9	呼和浩特	66.2
北　京	86.3	贵　阳	72.5	常　州	66.2
广　州	85.3	苏　州	72.3	惠　州	66.0
太　原	84.1	西　安	71.5	济　南	66.0
天　津	82.0	长　沙	70.6	福　州	65.9
沈　阳	81.0	南　昌	70.0	舟　山	65.8
南　京	80.2	宁　波	69.8		
兰　州	79.7	汕　头	69.8		

注：抚顺市为2012年数据，其余为2013年数据。

3. 就业人口增长乏力的城市丧失了汇聚其他要素的吸引力

在所有要素中，用脚投票的劳动力是市场化程度最高的要素，劳动力的个人选择偏好汇总在一起的结果，塑造出不同城市的吸引力。2014 年，我国新增 1322 万城镇就业人口，同比增长 0.92%，保持了近 9 年来每年千万级的增长。但新增就业人口的分布并不均衡。如图 19 所示，从 2002～2013 年，我国就业人口增幅最大的地区是成渝、浙江西部和安徽中部，但西部和东北部不少城市的就业人口增长缓慢甚至出现了下降。全国共有 34 个地级市的就业人口在 10 年中出现负增长，101 个地级市的就业人口年均增长不足 1.5%，不到全国就业人口年均增长的 35%。对于这 135

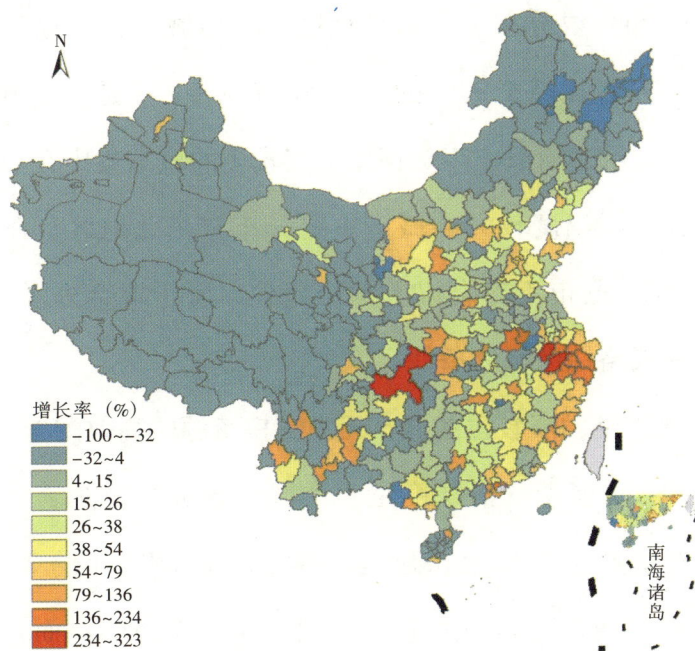

图 19　2003～2012 年单位从业人员增长率

数据来源：华通数据库。

个城市而言，就业人口增长乏力意味着城市吸引力的下滑，其背后是产业的衰退和城市的萧条，我们将其排除在潜力战略区域之外。

4. 资金外溢的城市难以撬动经济快速增长的金融杠杆

资金是流动性最强的要素，资本在市场机制下的逐利活动构成了各地区千差万别的金融支持图景。本报告用贷存比来刻画各地的资金流动情况，我们认为一个城市只要符合以下两个条件中的一个，就可被视为资金集聚的城市：（1）期末近三年（2009～2012年）贷存比高于75%；（2）期末近三年贷存比高于50%，且比期初三年（2003～2005年）高。如图20（a）所示，贷存比低于50%的城市主要分布在中西部地区；省会城市的贷存比普遍较高，2012年贷存比高于90%的21个城市中有9个是省会城市。如图20（b）所示，期末三年贷存比提高较多的城市集中在福建和广西，贷存比下降幅度较大的城市主要分布在东北地区。在这一标准下，有89个城市不符合以上两个条件，属于资金外溢的城市，不符合潜在战略性区域的条件。

5. 物流网络发展较慢的城市无力支撑资源的高效配置

物资和人员流动的活跃度是一个城市经济是否充满生机的重要指标。2012年全国货运和客运总量分别是2003年的2.62倍和2.40倍，年均增长率分别为11.30%和10.19%。相对而言，二产比重较高的城市货运量增长速度较快，服务业主导的城市客运量增长速度较快，使用单一指标并不能准确地识别。因此，我们认

N

2012 年贷存比
0~0.15
0.15~0.40
0.40~0.49
0.49~0.56
0.56~0.63
0.63~0.70
0.70~0.78
0.78~0.89
0.89~1.14
1.14~4.80

南海诸岛

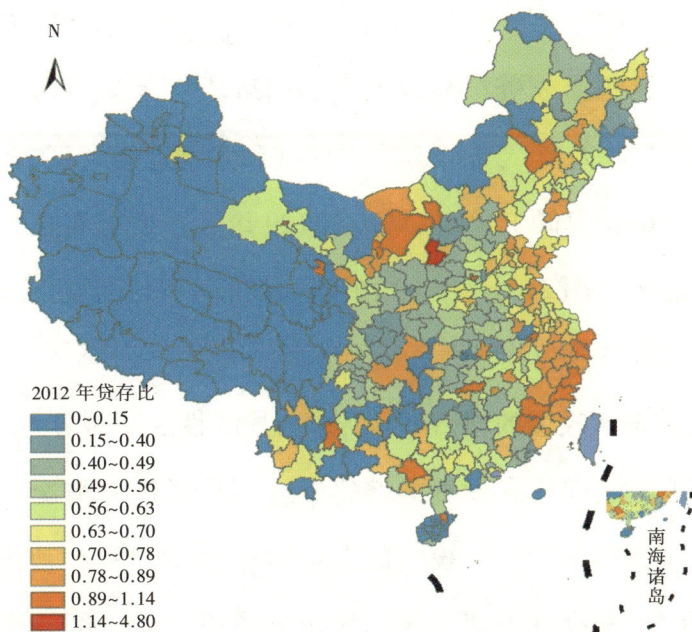

（a）2012 年贷存比

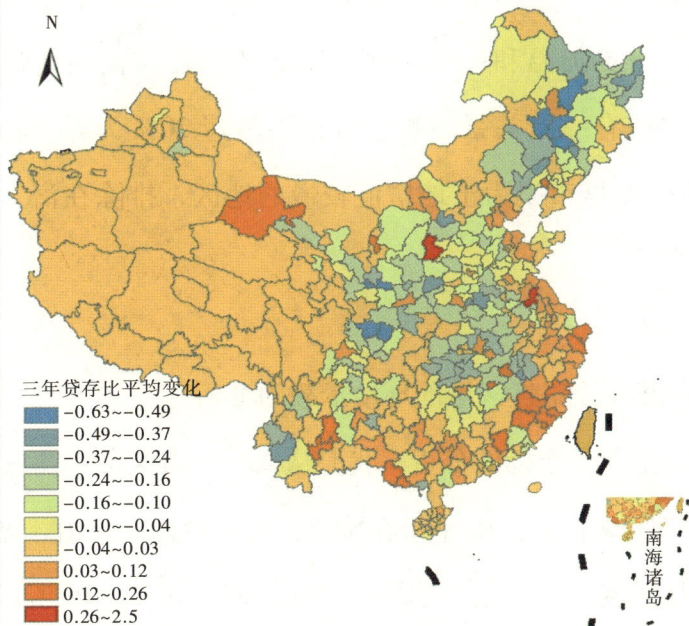

N

三年贷存比平均变化
-0.63~-0.49
-0.49~-0.37
-0.37~-0.24
-0.24~-0.16
-0.16~-0.10
-0.10~-0.04
-0.04~0.03
0.03~0.12
0.12~0.26
0.26~2.5

南海诸岛

（b）贷存比三年平均变化

图 20　2012 年贷存比和 2009 ~ 2012 年三年平均变化

数据来源：华通数据库。

为货运和客运的年均增长率同时低于8%的城市，属于物流发展较慢的城市，无法形成资源高效配置的网络。货运量年均增长率低于8%的城市有91个，主要分布在西部和东北地区（图21（a））；客运量年均增长率低于8%的城市有129个，主要分布在西部、东北和中部地区（图21（b））。两项指标都低于8%的城市有50个，这些城市不具备成为战略性区域的潜力。

6. 土地增值较慢的城市不具备成为战略性区域的潜力

我们用房地产开发投资的增速反映土地增值的情况。2003～2012年，全国房地产开发投资的平均增速为24.28%。如图22所示，房地产开发投资增速最快的城市分布得较为分散，东北、中部、西部地区都有年均增长超过50%的城市。相对而言，东部地区的增长显得更加温和一些，这与东部地区住房商品化启动时间在样本期之前有一定关系。我们以年均增速20%为界，将低于这一标准的32个城市视为土地增值较慢的地区，排除在潜力战略性区域的名单之外。

（二）潜在战略性区域的环境承载力分析

经过以上六个指标的分析，我们从285个地级市中筛选出了38个潜在战略性城市。这38个潜在城市，除了台州、舟山、嘉兴属于原有战略性区域，其余城市都属于新生力量。如3－16所示，新的战略性区域表现为多个经济带、城市群或都市圈，如长江经济带、海峡西岸城市群、北部湾城市群、成渝西安都市圈、云贵都市圈等。

N

年均增长率（%）
- −100
- −100~−8
- −8~1
- 1~5
- 5~9
- 9~13
- 13~18
- 18~27
- 27~45
- 45~84

南海诸岛

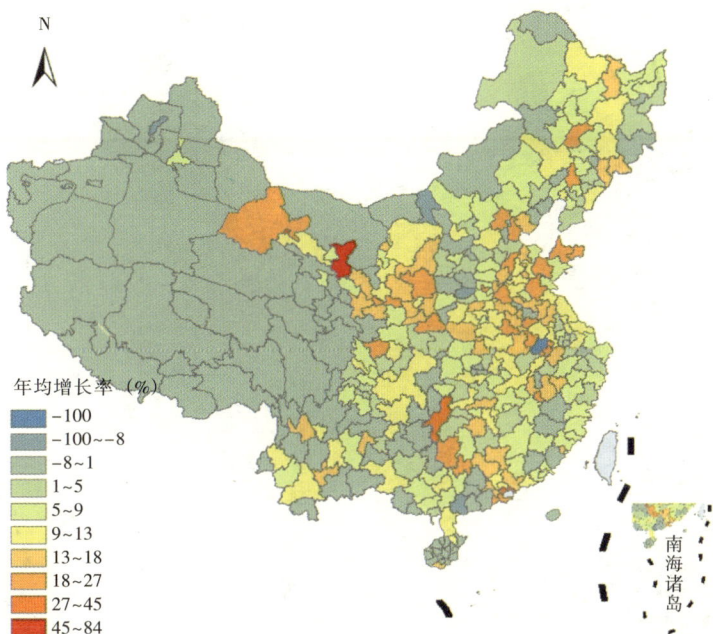

（a）旅客运输量年均增长率

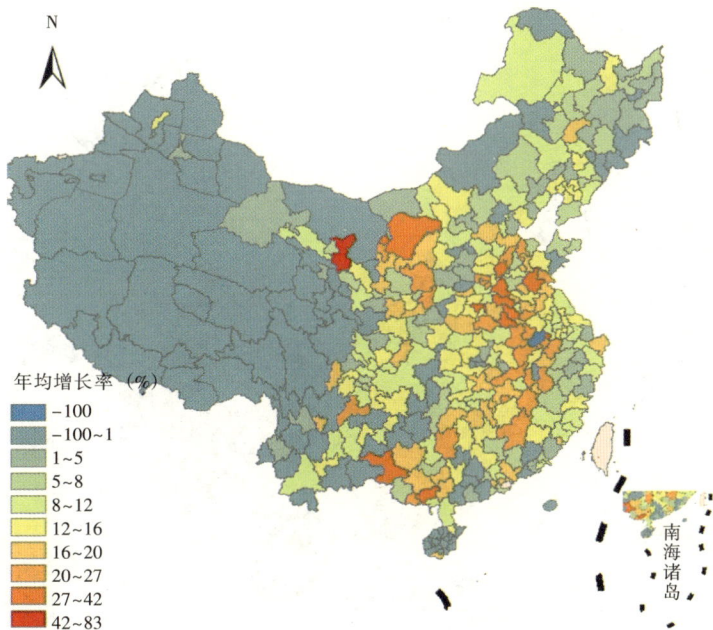

N

年均增长率（%）
- −100
- −100~1
- 1~5
- 5~8
- 8~12
- 12~16
- 16~20
- 20~27
- 27~42
- 42~83

南海诸岛

（b）货物运输量年均增长率

图21 客运总量和货运总量年均增长率

数据来源：华通数据库。

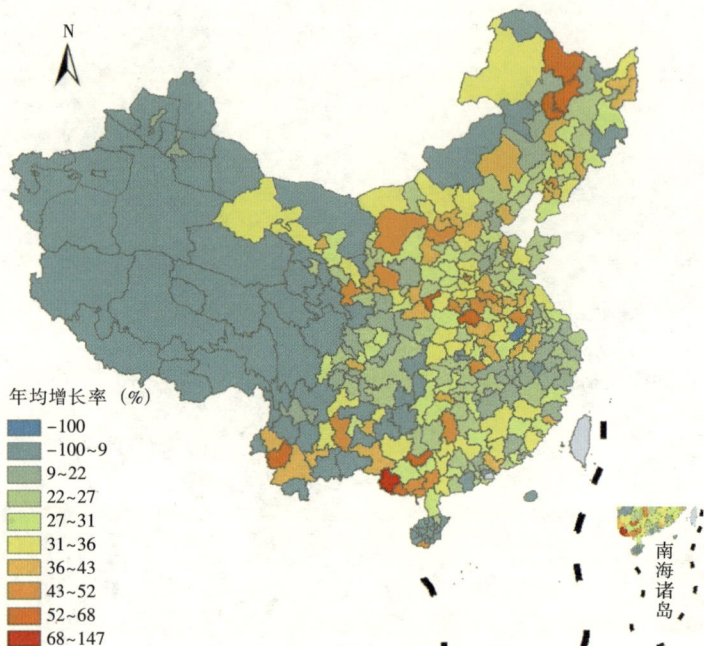

年均增长率（%）
- −100
- −100~9
- 9~22
- 22~27
- 27~31
- 31~36
- 36~43
- 43~52
- 52~68
- 68~147

图 22　房地产开发投资额年均增长率

数据来源：华通数据库。

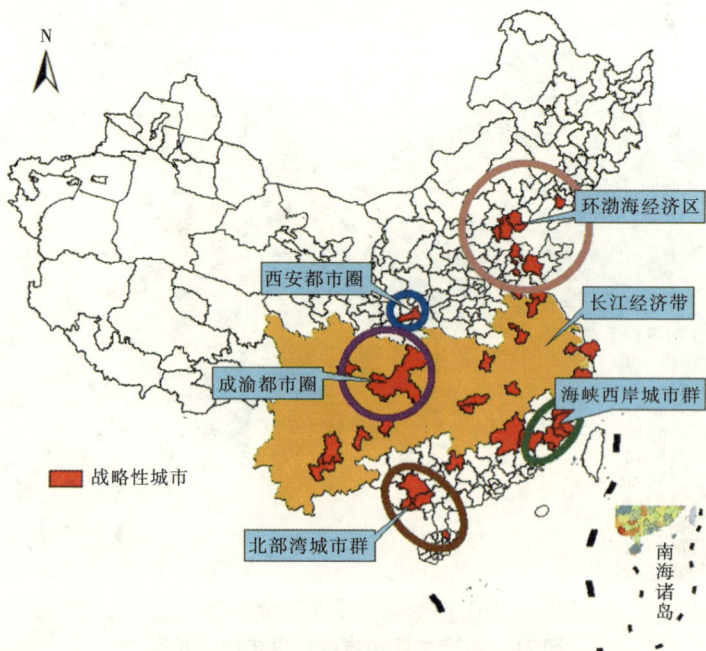

战略性城市

图 23　我国新战略性区域的识别结果

除了具备经济结构快速转换的潜力以及要素集聚的能力，这些城市还必须有足够的资源环境承载力来支撑经济的快速增长。土地和水是城市经济社会发展最基本的两类资源，基于数据可得性的考虑，我们采用"工业用地比重"和"人均供水能力"来考察潜在战略性城市的环境承载力。前者是用市辖区的工业用地面积与城市建设用地面积的比值，后者是用城市供水生产能力除以全市用水人口得出的指标[①]。

表4　　　　　　　　　　38个潜在战略性城市

城　　市	人均供水能力（立方米/人/日）	市辖区工业用地比重	城　　市	人均供水能力（立方米/人/日）	市辖区工业用地比重
合　肥	0.51	0.23	长　沙	0.65	0.1
淮　南	0.53	0.2	连云港	0.49	0.23
福　州	0.68	0.16	宿　迁	0.65	0.23
厦　门	0.46	0.29	南　昌	0.62	0.2
泉　州	0.51	0.16	赣　州	0.51	0.24
宁　德	0.32	0.12	营　口	0.52	0.29
龙　岩	0.53	0.2	枣　庄	0.82	0.14
莆　田	0.74	0.18	莱　芜	0.53	0.21
南　宁	0.63	0.08	潍　坊	0.55	0.22
贺　州	0.52	0.12	滨　州	0.64	0.13
钦　州	0.78	0.25	西　安	0.54	0.22
防城港	1	0.11	成　都	0.51	0.18
六盘水	0.32	0	天　津	0.7	0.22
贵　阳	0.57	0.19	昆　明	0.52	0.18
海　口	0.96	0.09	玉　溪	0.46	0.01
廊　坊	0.43	0.1	嘉　兴	0.73	0.32

---

① 这两项指标的最新可得数据均为2011年数据。

城　市	人均供水能力 （立方米/人/日）	市辖区工业 用地比重	城　市	人均供水能力 （立方米/人/日）	市辖区工业 用地比重
唐　山	0.66	0.31	台　州	0.53	0.33
武　汉	0.76	0.21	舟　山	0.53	0.14
湘　潭	0.86	0.3	重　庆	0.44	0.23

数据来源：华通数据库。

　　大部分潜在战略性区域的土地承载压力可控。2011 年，全国地级市市辖区工业用地比重为 18.69%，其中长三角和珠三角地区分别为 27.36% 和 34.01%。对于 38 个潜在战略性城市来说，大部分城市的工业用地比重低于土地压力较大的长三角和珠三角地区，未来仍然存在较为充裕的土地开发潜力。工业用地比重相对较高的是湘潭（30%）、唐山（31%）、嘉兴（32%）和台州（33%），这些城市需要通过提高工业用地的使用效率才能将增长潜力转化为现实。

　　大部分潜在战略性区域都具备一定的供水能力。2011 年，全国地级市人均供水能力为 0.68 立方米/人/日，其中长三角和珠三角地区分别为 0.76 立方米/人/日和 0.80 立方米/人/日。对于 38 个潜在战略性城市来说，宁德、六盘水等城市的人均供水能力低于全国的平均水平，大部分潜力城市接近或超过全国平均水平，但普遍低于长三角和珠三角地区的水平，水资源的硬约束问题很突出。

　　虽然以上两项指标反映了城市经济社会发展的重要约束，但本部分并不根据承载力分析剔除潜在战略性区域。因为我国工业用地的使用效率还有很大的提升空间，人均供水能力也能通过区域间的调节得以提高，但环境承载力的压力值需要得到这些城市的重视。

七、促进我国未来战略性区域发展的政策思路

采取有效政策措施，加快培育新的战略性区域，不仅是适应经济新常态所亟须采取的应对之策，也是引领经济新常态，提升我国国际竞争力的内在需要。但由于区域发展所面临的内外环境和条件正在发生显著的变化，新战略性区域的形成路径将与以往有所不同，需要进一步改革创新有关的区域政策，为其发展创造更有利、更高效的体制环境。

（一）加快全国统一市场的建设

要按照市场规律培育新的战略性区域，只有符合效率原则，战略性区域才能自我持续成长。必须避免全国各地一哄而上培育增长极，而要为各个地区创造平等的竞争机会和相对公平的发展机会，能够让劳动力、资本、技术、产品等要素在更大范围内配置，使得各地区的比较优势更充分地发挥。这就需要建立全国统一的市场，其包含两个方面的含义。一是各种资源要素市场的统一。具体表现为各地区之间一致的市场规则、自由流动的市场要

素、相对均衡的市场价格，市场竞争环境开放有序等。另一方面是基本公共服务的均等化。各地区居民所享有的基本社会保障水平应保持大体一致，各地区在基础教育、生态建设、环境保护、公共安全等领域的供给质量应保持一致。如果统一市场体系不能建立，就会限制要素的跨区域流动，战略性区域也就难以形成。

（二）政府应适时发挥正确的引领作用

新战略性区域的形成实际上是各种要素在空间优化调整的一个过程。在此过程中，需要发挥市场对资源要素配置的决定性作用，但不容忽视的是，市场也具有负外部性、短期逐利等内在缺陷，完全依靠市场配置资源的结果并非一定能够实现效率的最大化和最优化，还可能会影响社会公平和环境的可持续。从另一个角度来看，一个地区的发展往往存在一种"自我强化"的机制，这种机制会诱导一个地区的发展形成长期牢固的"路径依赖"，即使这种发展路径已不再适合本地区的发展也很难摆脱，使一个地区的发展陷入"自我循环"的困境，原有的优势资源无法发挥有效的作用。政府要在充分认识市场规律和区域发展规律的基础上制定区域战略和政策，并依据实施过程中市场的反应，调整完善既有战略和政策，引导形成区域发展新格局。

（三）要以新型城镇化战略统筹推进区域发展

新战略性区域包括不同类型的地区，有的是支撑国家经济增长的战略性区域，有的是支持某一区域板块的战略性区域，有的是内陆民族地区，有的是沿海开放地区。每一类型的地区，自身资源禀赋条件不同、区位条件不同、发展基础不同，在国家区域经济中承担的职能不同，在发展过程中的政策需求也不尽相同。这就要求在促进新战略性区域形成的过程中，注重整体战略布局，不能搞"一刀切"的政策，要针对制约地区发展的关键问题采取更"接地气"，更符合地方发展实际情况的政策。同时，还应将与新型城镇化发展战略相结合，把培育新战略性区域与落实《国家新型城镇化规划》、提升城市群功能、提高城镇综合承载能力结合起来，通过提升城市群要素集聚能力，支持城市群优化发展，优化国土空间开发格局，走出一条城镇化带动新的战略性区域发展的特色之路。

（四）加强潜在战略性区域的基础设施建设

以潜在战略性区域为重点，加强各地对内对外的连接性。我们强调基础设施建设，但要避免不顾区域经济活跃度而盲目上马基础设施项目的现象。应以潜在战略性区域的重点城市或城市群为节点，增强潜在战略性区域对内对外的物理连接性，为潜在战略性区域参与国际国内分工和形成新的战略性增长极创造条件。要提高各地城镇体系承载人口和经济活动的整体能力，形成城乡之间、城城之间、城市群内部良好的分工与联系，并不断提高其带动周边地区发展的能力。

（五）推动跨行政区域的分工合作

我国经济业已进入一个新的发展时期，资源要素在空间配置的范围由于技术、交通等条件的改变正日益扩大，资源要素在空间的组织方式也越来越复杂，大都市区、城市群已成为各国经济活动和参与国际竞争的主要空间组织形态。因此，在未来培育新战略性区域的过程中，不能仅局限于某个行政区，而是要以经济区的概念去推动新战略性区域的形成。这就需要加快跨行政区的合作体制机制的创新，以构建"促进资源要素跨区域流动机制、跨区域公共事务治理协调机制和利益共享三大机制"为突破口，尽快消除制约跨区域合作的制度性障碍，加快推动跨区域合作，有效克服行政分割对战略性区域形成的约束，也必须尽可能避免以往"诸侯经济"所造成的效率损失，使战略性区域建立在区域合作优势之上，并真正发挥其"战略性"的作用。

（六）提高区域间协同创新能力

区域创新能力的高低是决定能否成为战略性区域的关键因素之一，而在新的技术背景和全球价值链分工体系下，创新活动的复杂性和不确定性日益提高，仅仅依靠自身所拥有的创新要素很难实现区域创新能力的提升。这就需要加强区域之间的协同创新。同时，在新战略性区域形成过程中，地方需要破解既有的瓶颈因素，培育新的增长点，形成新的竞争优势，打造新的竞争力，都需要依靠协同创新。建议选取若干条件具备基础较好的潜力地区，建立与不同类型的新战略性区域相适宜的协同创新平台试点，促进各类创新主体的合作和创新资源的共享，在不同地区之间构建优势互补、要素联动的开放协同创新机制和区域创新网络。加快探索建立区域创新风险的分担机制、创新要素跨区域跨部门的流动机制，以及创新成果的共享机制，积极推动跨地区、跨领域的创新合作，并以创新合作聚合相应的产业资源，将协同创新真正转化为战略性区域形成的内生动力。

（七）加快推动相关制度的配套改革

目前，我国在培育新战略性区域的过程中还面临着一些制度性的制约。其中最为重要，需要优先推动的改革主要体现在以下三个方面。一是规划体制的改革。目前我国部门的专项规划、不同地区的规划，相互之间缺乏有效的协调与衔接，甚至存在互相矛盾的问题，这些都不利于战略性区域的形成。建议加快推进经济社会、土地利用和环境规划之间的协调一致，构建不同地区之间的规划协调机制，推动实施更大空间尺度的规划。二是理顺中央地方关系，科学合理的配置中央与地方政府的权责。在新的发展时期，我国新战略性区域的培育一定是基于全国总体发展战略目标，按照全国一盘棋的思路而推进。这就需要重塑中央地方关系，加强中央或更高层级地方政府对全国性事务和区域性事务的管理权限和支出责任。

执笔人：卓　贤　刘云中　侯永志　邹学森

参考文献

［1］刘世锦等．陷阱与高墙．北京：中信出版社，2011

［2］李小建，苗长虹．增长极理论分析及选择研究．地理研究，1993（3）

［3］杜俊涛等．增长极理论的模型化研究．重庆大学学报，2002（4）

［4］Glaser（2008），Cities，Agglomeration and Spatial Equilibrium，Oxford University Press

［5］Parr，John（1973），Growth Poles，Regional Development and Central Place Theory，Papers of Regional Science Association，Vol. 31

［6］Parr，John（1999），Growth Pole Strategies in Regional Economic Planning：A Retrospective View. Part 1 Origins and Advocacy. Urban Study，Vol. 36，No. 7

［7］Parr，John（1999），Growth Pole Strategies in Regional Economic Planning：A Retrospective View. Part 2 Implementation and Outcome. Urban Study，Vol. 36，No. 8

［8］Wu，Aizhi，Guoping Li，Tieshan Sun，Yusheng Liang（2014），Effects of industrial relocation on Chinese regional economic growth disparities：Based on system dynamics modeling，China Geography Science，December 2014，Volume 24，Issue 6，pp 706～716

中国未来经济增长的态势分析

近些年来，支撑中国经济传统增长模式的发展环境和基本条件正在改变，中国的经济增长正在经历关键的转型，正处于从高速增长向中速增长转换期，经济增长速度已经开始回落，经济结构和发展模式也在发生深刻的调整。中国经济未来的增长态势不仅成为宏观发展战略制定需要考虑的关键问题，也是区域发展战略制定需要关注的重要问题。区域经济发展既是中国经济增长在空间上的表现，也是推动中国经济增长和发展模式转换的一种动力。了解中国经济未来的增长态势不仅有助于明确区域经济发展的趋势，也有助于明确国民经济发展对区域经济发展提出的要求。为此，本专题研究将首先回顾一下中国经济过去三十多年增长的路径及动力，然后分析影响中国经济的主要因素及未来的走势，最后利用可计算一般均衡模型综合供给和需求两方面的因素定量分析未来中国经济增长的趋势。

一、影响未来中国经济增长的主要因素及其变化

过去的三十多年中，中国经济保持了长期的高速增长，成功步入上等收入国家行列。然而从近些年经济发展的状况以及推动中国经济增长的供给侧、需求侧的因素来看，中国正面临着许多新的挑战和机遇。能否正确应对这些挑战和机遇，实现增长方式的转变，直接决定着未来中国经济增长的趋势。具体来讲，主要有以下几点挑战和机遇。

（一）国际经济格局的调整和全球经济持续低迷

21 世纪以来，随着以中国为首的新兴经济体的继续崛起，全球经济格局开始呈现出新的变化，金融危机的爆发更是加速了这种变化。这种变化的突出表现就是中国在全球经济中的地位和作用开始快速上升。中国在全球经济中的比重更是由 2000 年 3.6% 上升到 2013 年的 12.2%，对于中国已经成为世界第一大经济体的报道更是不绝于耳。随着国际经济格局的变化，中国将不再被动接受国际环境的变化，而逐渐成为国际环境变化的主导者或者是重要参与者。这将使得中国面临的国际竞争越来越激烈，所受的压力也越来越大。发达国家为了重现经济繁荣之态，力图改变现有经济格局的变化趋势，纷纷提出新的发展战略，如美国的"再工业化"、日本的"安倍经济学"、德国的"工业 4.0 革命"和欧

盟的"新工业化革命"等。同时其他发展中国家也在积极推动自身的工业化进程。中国未来的发展将面临来自发达国家和其他发展中国家的双重约束。当然随着中国在全球影响力的提升，中国也更加有能力去营造有利于中国发展的外部环境，更好地去利用全球的资源、技术和市场。此外，虽然发达国家已经使出各种"招数"，但是这些"招数"尚未触及其国内深层次的结构矛盾，同时加上国内人口老龄化等因素的影响，今后一段时期内全球经济将很难再现过去那样高速增长的态势。这不仅预示着中国经济面临的国际市场扩张的速度将会放缓，也意味着各国为了争夺有限的市场空间将采取更为激烈的竞争手段。

（二）新一轮科技革命的兴起和全球价值链分工体系的变化

以 3D 打印、页岩气和分布式能源等为主要表现的新一轮的科技革命正在不断孕育。围绕新一轮科技革命的竞争正越演越烈，这不仅将改变全球的能源格局，还将对全球产业分工格局产生深远影响。如何顺应新一轮科技革命的趋势，抢占科技创新的制高点，将成为中国经济进入新常态正面临的一项十分重要的挑战和任务。同时这也是中国经济难得的机遇，如果能够顺利参与并引领新一轮科技革命，必将有利于中国经济培育新的增长动力，促进经济的升级和竞争力的全面提升。此外，全球生产组织结构也在发生着深刻变化。分工模式逐渐由以前的区域分工向全球价值链分工转变，由不同产品之间的分工向产品内部不同部件和生产环节的分工转变。这种分工模式的变化即为中国参与全球生产组织提供了更多的机会，同时也使得国内传统生产模式的调整日趋紧迫。全球价值链的最新研究表明，与20世纪80年代和90年代相比，目前全球价值链的微笑曲线更加"凹陷"，意味着单纯制造环节的获利水平越来越低，而价值链的两端附加价值越来越高。这意味着中国如果不能成功地实现在全球价值链中的升级，将很难从"制造大国"转变成为"制造强国"。

（三）劳动力总量供给正在经历转折性变化，刘易斯拐点已经来临，传统劳动力低成本竞争优势日渐式微

一直以来丰富的劳动力成为中国经济增长的一个十分重要的支撑条件。然而"十二五"期间这一状况出现了一些转折性变化。根据统计数据，2012年我国15～59岁劳动年龄人口经历长时期的不断增长的趋势后第一次出现了绝对下降，比上年减少345万人。从未来的人口变化趋势来看，根据国家人口信息中心在最新的人口普查资料的基础上所作的预测（见图1－1），未来中国的人口总量在保持一段时期增长后将触顶回落，预计到2020年将超过14亿，到2027年达到峰值14.15亿。与人口总量变化趋势不同是，15～59岁劳动年龄人口将持续下降，特别是从"十三五"期间将开始出现加速下降的趋势，到2030年15～59岁劳动年龄人口将比2010年下降8.5%左右①。

---

① 如果根据国际上通用的劳动年龄标准15～64岁，劳动年龄人口（15～64岁）将在2015年达到峰值，到2025以后才出现加速下降的趋势。

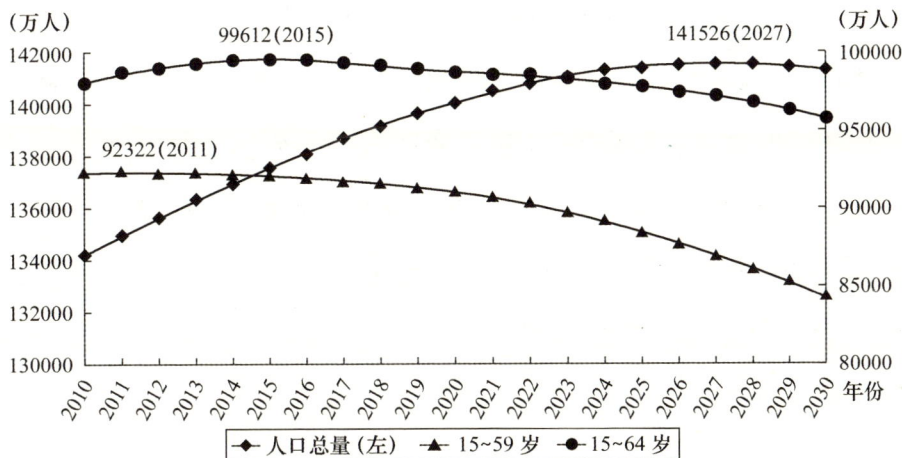

（a）

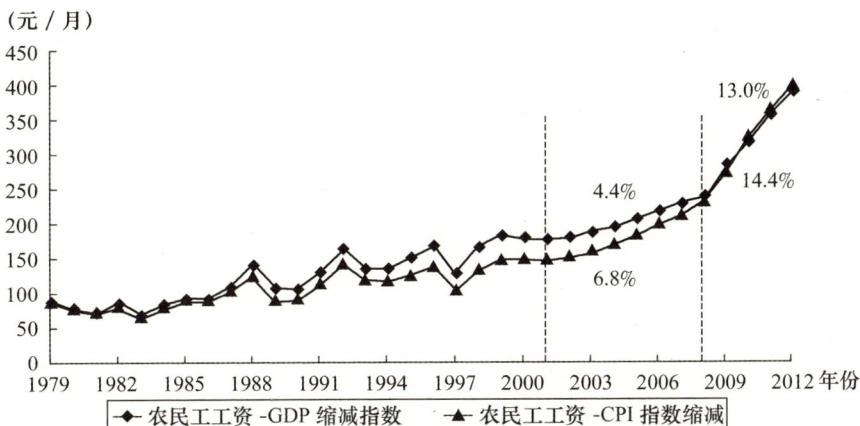

（b）

图1-1 中国人口、劳动力总量及农民工实际工资水平增长情况

数据来源：人口信息中心（2011，上图）；许召元（2014，下图）

回顾过去的增长，中国的劳动力优势更多地表现为存在大量剩余农村劳动力。正是由于这些劳动力的存在才使得中国可贸易部门可以保持长期的低成本优势；同时也正是由于这些劳动力不断从低生产率部门（农业）转移至高生产率部门（如制造业），才使得中国生产率可维持更高增长速度。然而这种局面已经发生了改变。根据国务院发展研究中心（2014）的研究，2008～2012年间农民工工资年均实际增长率为14.4%，是2001～2007年间年平均增速的两倍多；2008年以前，城镇职工与农民工工资差距一直增大，但自2009年起这一差距开始缩小（如图1-1（b）所示）。农民工工资水平快速增长且与城镇职工差距开始缩小以及"民工荒"和"招工难"现象的蔓延，说明刘易斯转折点已经到来，劳动力转移潜力已经大大降低。

随着劳动力供给总量的变化以及刘易斯拐点的出现和劳动力成本的不断上升，传统低成本竞争优势越来越难以持续。图1-2给出过去十多年实际工资和劳动生产率的上涨速度，可以看出除了个别年份劳动生产率的上涨速度超过工资的上涨速度，绝大部分年份工资上涨的更快。图1-2还给出了2013年各地区最低工资增长率和之前7年平均增速的比较。可以看出大多数省份最低工资的增速出现了较大幅度的提高。这些都说明劳动力的成本正在加速提升，我们的相对竞争力在不断下降。根据2013年发布的统计数据，2012年中国15～59岁劳动年龄人口在相当长时期里第一次出现了绝对下降，比上年减少345万人。这也从另一个侧面证实了中国劳动力供给不断增长的局面已经开始出现转折性变化。从长期角度来看这种劳动力成本的较快上升趋势将改变传统的比较优势，对中国经济未来经济结构变化产生较大影响。

（四）人口老龄化速度快速提高，储蓄率将逐步回落

人口年龄结构的变化不仅仅会影响要素市场的劳动力供给，

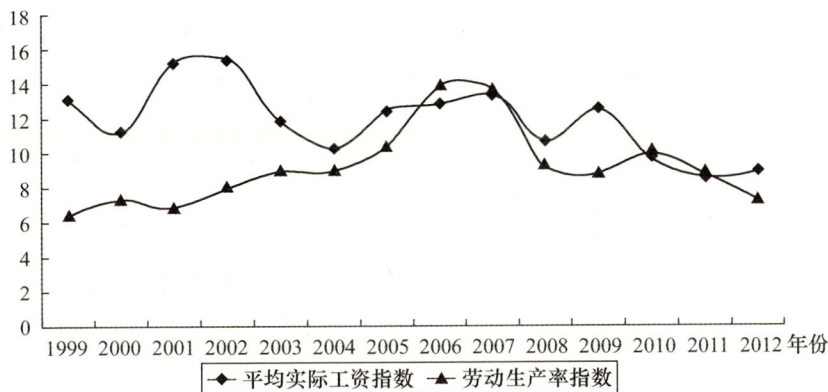

（a）

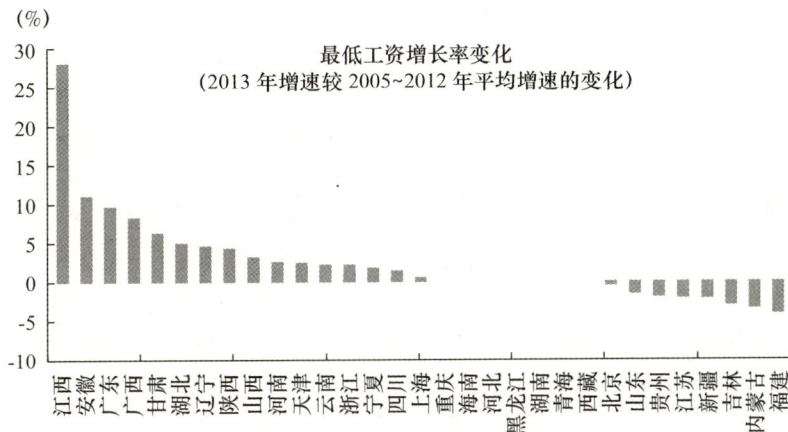

（b）

图 1－2　工资指数、劳动生产率指数以及最低工资增速变化

数据来源：WIND，作者测算。

从长期来看，人口年龄结构的变化会通过影响全社会的储蓄率①（国民储蓄率），进而影响整个社会的资本积累。正如前面第一部分所分析的，中国经济过去三十多年的高速增长得益于高储蓄率所支撑的高投资的驱动。除了中华民族节俭文化以及政府的作用

---

① 影响国民储蓄率的因素还有很多，比较经济增长速度、文化习惯等等。

外，这种高储蓄率与长期保持的低总抚养比的人口年龄结构密切相关。通常来讲，少儿和老龄人口的储蓄能力要低于青壮年的劳动力，因此随着人口老龄化的加重和抚养比的上升，居民储蓄率会下降，政府的公共支出会增加，导致国民储蓄率的整体下降。图1-3的右边展示了日本自1960年以来的抚养比和国民储蓄率的关系。整体来看，日本自1960以来的抚养比变化呈现"双U"型趋势，而储蓄率则大体呈现"双倒U"的变化趋势。而且日本经济的高速增长时期正是人口总抚养比第一次大幅下降的时期，而这一时期日本的国民储蓄率也达到了近50年来的峰值，超过40%。随后日本的国民储蓄率虽然伴随着抚养比的再次下降出现了一个新高点，但整体上来看随着抚养比的上升，日本的国民储蓄率在不断下降。Michael（2010）的研究认为国民储蓄率的下降是日本高速增长终结的一个重要原因。另外从全球大多数国家的总抚养比和国民储蓄率的关系也可以发现总抚养比呈现一种负向关联关系，即抚养比越高，国民储蓄率越低。

人口的统计和预测数据显示，中国的人口年龄结构正在经历趋势性转折。未来的5～15年，尽管少儿抚养比仍然继续下降，但人口的老龄化将越来越严重，老龄人口将快速增长，老龄人口抚养比将快速提升，总人口抚养比也将开始加速上升（见图1-3）。预计到2020年老龄人口抚养比和总人口抚养比将分别从2010年的11.8%和36.9%上升到17.3%和41.8%，到2030年将分别达到15.4%和47.6%。总抚养比的快速上升将直接影响中国的高储蓄

率的持续性，过去长期保持的"高储蓄、高投资"的模式将难以

为继。不仅如此，随着人口老龄化的加剧，消费结构也会出现较

大的变化。

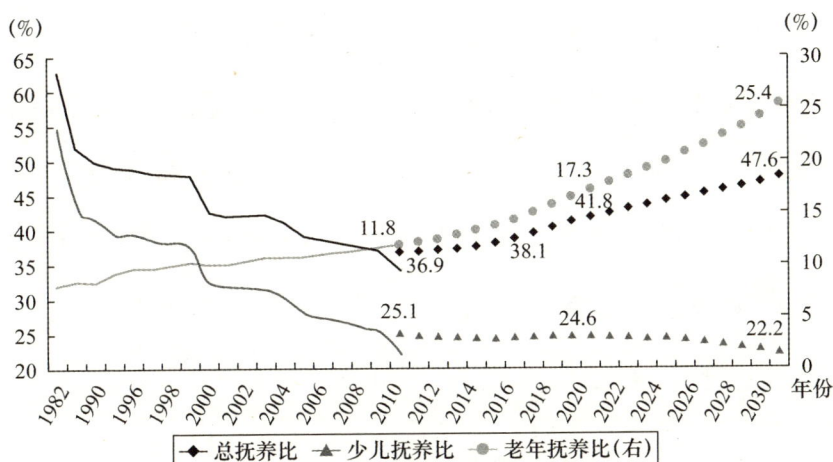

（a）

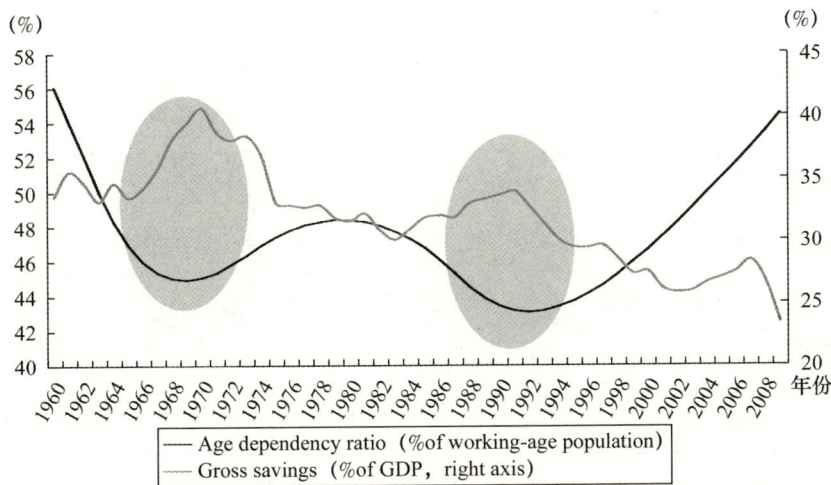

（b）

图 1 - 3　储蓄率和抚养比

注：上图为中国 1982～2030 年；下图为日本 1960～2008 年。

数据来源：世界银行，WDI 数据库。

（五）工业化趋于完成，许多大宗制成品产量已经或即将达峰值

纵观全球经济史，可以发现，工业化成为绝大多数国家从起飞、发展到成熟的一个必经过程。工业化的启动带来经济的起飞，工业化的加速带来经济的高速增长，最后工业化的完成意味着经济的成熟。正如前面所提到的，中国的经济发展同样如此，过去三十多年经济的高速增长很大程度上也得益于快速的工业化进程。然而从近些年经济结构的变化来看，中国的工业化进程正在经历着阶段性变化（见表1-1）。

表1-1　　　　　　　　工业化阶段的划分标准

		前工业化阶段	工业化实现阶段			后工业化阶段
			工业化初期	工业化中期	工业化后期	
1. 人均GDP（经济发展水平）	1964年（美元）	100～200	200～400	400～800	800～1500	1500以上
	1970年（美元）	140～280	280～560	560～1120	1120～2100	2100以上
	2012年（美元）	667～1335	1335～2671	2671～5342	5342～10017	10017以上
2. 三次产业产值结构（产业结构）		A＞I	A＞20%，A＜I	A＜20%，I＞S	A＜10%，I＞S	A＜10%，I＜S
3. 人口城市化率（空间结构）		30%以下	30%～50%	50%～60%	60%～75%	75%以上
4. 第一产业就业人员占比（就业结构）		60%以上	45%～60%	30%～45%	10%～30%	10%以下

注：其中A表示农业；I表示第二产业；S表示服务业。指标2、3和4来源于陈佳贵等：《中国工业化进程报告》，中国社会科学出版社2007年版。

对照钱纳里和赛尔奎等人提出的工业化阶段划分标准，可以看出不同指标表现出不同的阶段特征。其中，从产业结构来看，

2013 年服务业比重首次超过第二产业，这是进入后工业化阶段的最重要标志之一；同时农业增加值比重也已经下降到 10%，农业就业比重也下降到 30% 左右，这意味着正在向工业化后期过渡。相比较而言城镇化率的指标表现相对滞后，这与中国的户籍制度、公共服务体制导致了城镇化进程明显滞后存在很大关系。因此综合来看 "十三五" 期间将可能完成工业化进程，逐步进入后工业化阶段。另外根据国务院发展研究中心（2012，2013）的研究，中国许多大宗制成品的产量正在或者即将达到峰值。这些都意味着依靠工业化带动需求和投资空间将越来越有限，很难再继续推行工业优先发展的增长模式。

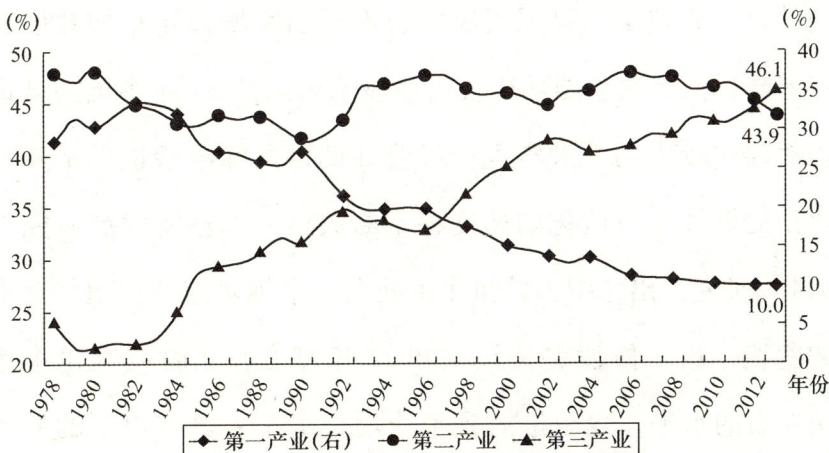

图 1-4　1978~2012 年中国的产业结构变化

数据来源：WDI 数据库。

（六）城市化发展的空间虽然很大，但速度将不断趋于放缓

城市化是由农业为主的传统乡村社会向以工业和服务业为主的现代城市社会逐渐转变的历史过程，其实质是人口和经济活动

在空间上的聚集和再配置的过程，充分发挥了技术和资金外部性，提高生产率，带动资本积累，进而推动经济增长。20世纪90年代以来，中国城镇人口增长速度开始加快，农村人口增速缓慢且在后期出现递减的趋势。21世纪以来城镇化的速度进一步加快，年均上升超过1个百分点，到2013年城镇化率已经达到53.27%。

图1-5反映了部分国家人均GDP与城市化水平的关系。从中可以看出中国当前的城市化水平明显低于历史上与中国处于相同经济发展水平的日本、韩国、德国和美国当时的城市化水平，而且中国目前的城镇化率也低于目前发展中国家的平均水平。虽然不同的自然地理条件等因素决定着不同国家城镇化率饱和值存在一定差异，但是这些国际比较仍然显示未来的15年中国的城镇化将仍然存在较大的发展空间。尽管如此，国际经验也揭示随着城镇化率的提升，城镇化的速度将不断放缓。国务院发展研究中心（2014）研究指出，中国城镇化正处在一个绝对速度快但加速度为负的阶段，这一阶段将持续到2022年左右，届时城镇化将达到65%左右的水平，之后进入到年均增长1个百分点以下的慢速推进期。

此外，对比国际经验可以发现在城市化推进阶段，住房建设（投资）与城市化水平关联度较高；而随着城市化速度逐渐放缓，新增住宅需求也很快达到峰值。国务院发展研究中心（2013）的研究表明中国的新增住房需求已经逼近历史峰值。

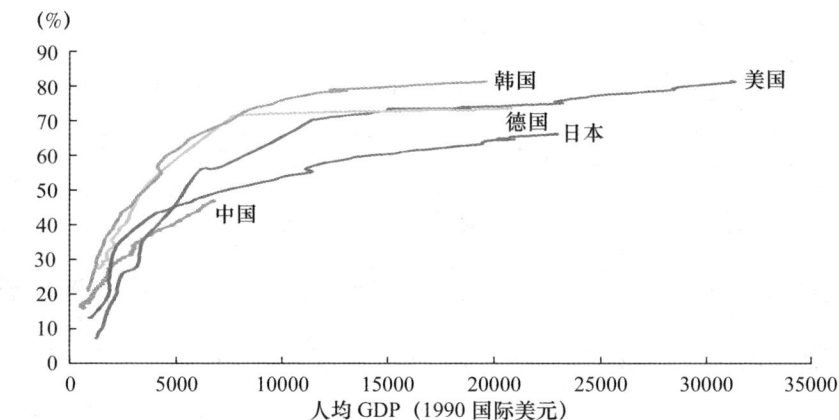

（a）

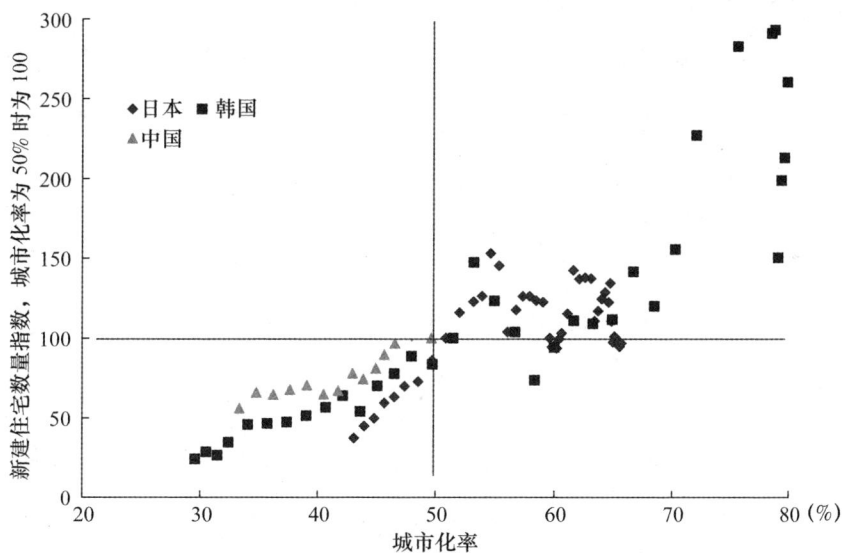

（b）

图 1-5 城市化、新增住宅需求

数据来源：国务院发展研究中心经济增长课题组（下图），许伟（2013）。

近几年的新增住房需求和住宅投资变化趋势已经印证了这一研究。这一峰值的出现将对支撑中国投资需求快速增长的房地产投资产生重大转折性影响，意味着未来房地产投资快速增长的可能已经很小。

（七）距离技术前沿越来越近，技术进步的后发优势减弱

从美国追赶英国，德国、日本追赶美国，"亚洲四小龙"追赶欧美国家，后发国家在不断地利用技术进步的后发优势加快自身经济的快速发展，中国也是如此。经过 30 多年的改革开放，中国逐步形成了以外国直接投资为主、各种途径并用的技术引进模式，技术进步的速度要远快于发达国家，这种技术进步的后发优势战略极大地促进了经济持续稳定的高速增长。然而作为后发国家的中国，随着经济的快速发展，其与技术前沿距离也越来越近，这将使得中国在未来通过直接的学习和引进先进技术的步伐放慢，技术进步的速度也会下降。日本在 20 世纪后半期的追赶过程就是典型例子。图 1-6 给出美国和日本不同时期的全要素生产率[①]增长速度及其差距[②]。1960 年日本的全要素生产率只有美国的一半左右，经过十年快速追赶增长，到 1970 年日本的全要素生产率已经上升到美国的 70% 左右。这段时期日本的全要素生产率的增长速度达到了年均 3.5% 左右，成为 1960 年以来的最高水平，无疑技术的快速进步促使日本经济在这一时期的高速增长。随着日美之间技术差距的缩小，可以发现日本技术进步的速度在下降。同时可以发现作为全球技术的领先者，美国各个时期的技术进步的速度都比较低。

对比这些后发追赶国家的技术进步的历程，可以预期未来中

---

① 全要素生产率通常作为反映技术水平的重要指标。
② 参见 Jorgenson，Nomura（2007），The Industry Origins of the US-Japan Productivity Gap。

(%)

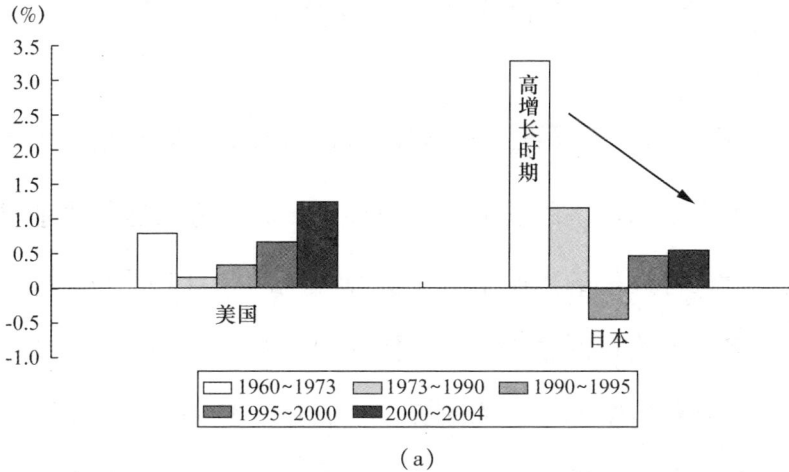

（a）

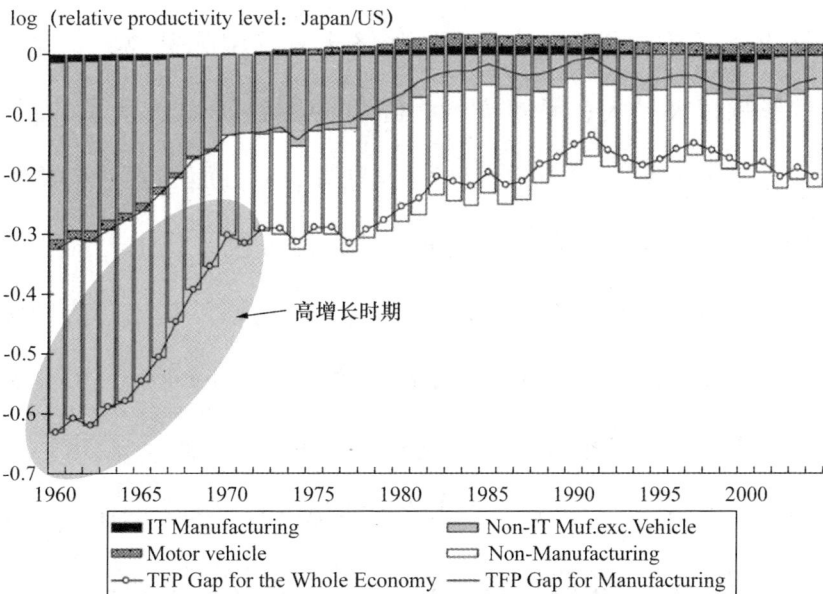

（b）

图 1-6　美国和日本的全要素生产率变化及差距

数据来源：Jorgenson，Nomura（2007）。

国技术进步的后发优势也将减弱，需要开始从主要依赖引进和学习的技术进步模式向更多依赖自主创新的模式转变。而且随着经济的不断增长，这种转变的压力也越来越大。

（八）资源和环境问题日趋严重，经济增长方式转变的压力越来越大

过去三十多年来，中国经济发展过程所采取的增长模式一方面成功地支撑了中国经济的长期、高速增长，另一方面也带来能源大量消费和污染排放量的急剧上升，资源环境问题日趋严峻。同时中国人口众多，人均资源量少，资源储量（包括水资源、矿产资源和能源）以及环境容量的不足将对经济增长产生越来越大的影响。另外，从全球的角度来看，一方面，随着中国发展过程中资源和能源的对外依存度不断攀升，使得中国经济未来受国际资源、能源市场波动的影响越来越大；另一方面，随着中国经济发展水平的提高，国际社会对中国在全球资源和环境问题的治理方面的责任期望也越来越高。为主动应对气候变化挑战，最近国务院正式批复同意《国家应对气候变化规划（2014～2020年)》。《规划》提出，要确保实现到2020年单位GDP二氧化碳排放比2005年下降40%～45%、非化石能源占一次能源消费的比重达到15%左右的目标。截止到2013年，碳强度才下降了28.56%，非化石能源占一次能源的比重也只达到9.8%。因此接下来的6年内实现这一目标仍然任务艰巨。

现实的经济活动十分复杂，除了以上这些主要的挑战，中国经济未来增长还将面临很多其他的挑战，比如收入差距较大、社会阶层固化等。当然也存在许多支撑中国经济较快增长的有利条件，比如随着基本服务水平的不断提高，人力资本的积累速度和存量也在提升，拥有较强的新技术产业化的条件等。另外十八届

三中全会以来，政府制定若干重要的改革计划，也逐步实施了许多重要改革，这有利于今后进一步激发经济的活力。

二、中国经济未来增长态势的展望

在前面对于未来 5~15 年可能出现影响经济增长的因素的分析的基础上，这部分将利用一个统一的框架综合这些因素分析"十三五"及 2030 年中国经济的增长态势及结构变化。

（一）经济展望的基本框架

本研究的长期经济展望采用的是用于模拟结构变化的可计算一般均衡模型。与其他的模型不同的是，这里除了考虑供给侧的影响因素外，还着重考虑需求侧的影响因素，并将这两方面的因素综合在一个完整的框架之中。供给方面的因素主要包括各种生产投入要素以及生产技术的变化，具体来讲即劳动力、资本和技术进步；需求方面的因素既包括国内的需求，也包括国际的需求，具体来讲包括消费、投资和出口。模型通过将投资的增长与需求侧的变化建立起直接的联系，来综合地反映两者对中国经济的影响。模型选取城镇居民新建住房的增速、城市居民人口增速、出口增速、汽车保有量增速以及人均 GDP 等指标分别作为影响投资需求的主要因素，同时利用后发追赶国家（日本、韩国和中国）的面板数据将这些指标与相应投资的增速进行回归，寻找投资变化的定量规律。在此基础上通过需求侧的设定来分析未来投资的变化。根据投资的变化来确定资本存量的变化,然后再综合其他供给侧的变化,最终确定经济增长的趋势。

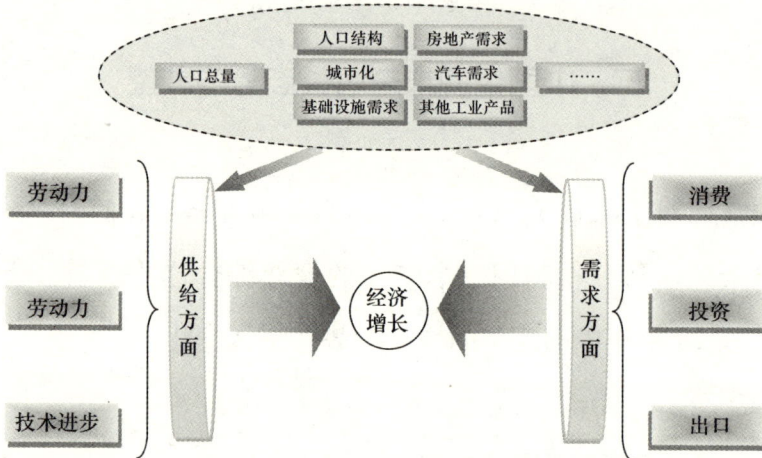

图 1-7　经济增长的影响因素

具体来讲该模型是在国务院发展研究中心发展部以前开发的递推动态中国 CGE 模型（DRCCGE）的基础上修改更新而成的。模型包括 34 个生产部门,城镇、农村两组居民家庭,以及四类生产要素（资本和农业劳动力、生产性工人、专业人员）。34 个生产部门中包含 1 个农业部门、24 个工业部门和 9 个服务业部门。模型的基年为 2010 年,数据主要来源基于 2010 年投入产出表编制的 2010 年中国社会核算矩阵。

（二）经济展望的主要结果

1. "十三五"及 2030 年中国经济潜在增速将逐步过渡到中速阶段,经济增长的动力模式将出现较大改变

图 1-8 给出了模型模拟的未来的 GDP 潜在增长速度。从显示

的模拟结果来看，"十三五"期间中国经济的潜在增长速度将进一步放缓，由近年来的 7%～8% 下降至 6%～7%；2020～2030 年期间经济潜在增速将下降至 5% 左右。整体来看，未来的 5～15 年中国经济将由过去年均 10% 左右的高速增长阶段转而进入平均 5%～7% 的中速增长阶段。从具体的增长速度来看，2010～2020 年经济的平均潜在增长速度将保持在 7.2%①左右；2020～2030 年将过渡到 5.1% 左右。

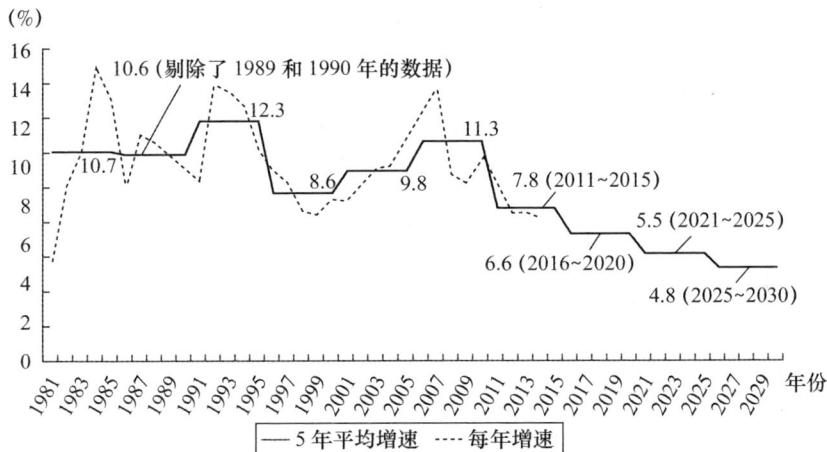

图 1-8 未来的 GDP 潜在增长速度

潜在增长速度下滑的背后是经济增长的动力机制在发生变化。前面的分析中指出过去三十多年中国经济增长的动力主要依赖"高出口、高投资和高工业"的"三高"模式。未来的 5～15 年这一增长动力模式将发生重大改变。

首先，"高出口"的局面将难以重现。正如前面所分析，未来

① 未考虑第三次经济普查对 2010 年以来经济增速的调整。

5～15 年全球经济增长的前景不容乐观，人口老龄化程度的快速提升和重大结构性改革的止步不前将成为拖累发达国家经济恢复繁荣的重要因素；能够促使全球经济恢复繁荣的革命性的技术进步目前尚未明朗；慢增长将可能持续相对较长的一段时期。同时国内要素成本的不断攀升、汇率的不断上升等因素将促使出口竞争力进一步下降。综合这些因素，"十三五"期间出口需求不大可能恢复之前 10% 以上的增速①，将可能维持 6%～8% 的增速；2020～2030 年期间出口将可能进一步下降至 5% 左右。根据我们的测算出口增速每下降 1 个百分点将导致 GDP 增速下滑 0.26 个百分点左右；由此推算出口增速的下滑将导致 GDP 增速下滑 1 个百分点左右。对比与我们处于相同发展阶段的日本和韩国，可以发现它们也经历过类似的出口增速的下滑阶段。如日本由 20 世纪 60 年代年均 15% 的增长速度下降到过去 20 年 5% 以下；而韩国更是从 30% 下滑到 10% 以下。

其次，消费将逐渐超越投资成为经济增长最主要的拉动力量。随着城市化率的不断提升、城市人口增长速度不断放缓，城市基础设施投资的空间将日趋变窄；随着过去十来年居民住房投资的快速增长和人口年龄结构的转变，城镇居民新建住房的投资需求的增长也将有所放缓；随着汽车保有量的增长，新增汽车需求的增速将逐步放缓；另外考虑出口需求增速的回落，未来的 5～15 年

① 这里指的实际增速。

房地产开发投资、制造业投资以及基建投资增速都将回落，而且这一趋势在近几年已经显现。预计"十三五"期间固定资产投资的增速将下滑至 15%[①]左右，2020～2030 年期间将进一步下滑至 10%左右。固定资产投资增速的大幅下滑将导致资本形成的增速也随之下滑，其对 GDP 增长的贡献也将大幅下滑。与投资不同的是，虽然随着收入增速的下降，消费的增速也将不断下滑，但是变化将比投资更加平缓。为了更好地反映不同需求对经济增长的拉动贡献，过去十年投资一直是经济增长最主要的拉动力量，平均每年拉动 GDP 增长 5 个百分点以上，对经济增长的贡献率超过 50%；而未来的 5～15 年期间由于投资需求增长速度的下降，投资需求增长对经济增长的拉动作用明显减弱，对 GDP 的拉动作用由过去 5 个百分点以上逐渐下降至"十三五"期间的 2～3 个百分点以及 2020～2030 年的 2 个百分点以下。与之不同的是，消费对 GDP 增长的拉动作用将由过去 5 个百分点左右下降至"十三五"期间的 4 个百分点左右，以及 2020～2030 年的 3 个百分点左右。消费对经济增长的贡献率却由 50%左右不断上升至 70%以上[②]，将超过投资成为 GDP 增长的最主要的动力。

再次，尽管技术进步[③]的速度在不断下降，但其对经济增长的贡献越来越大，且越来越接近资本。除了需求角度的经济增长的

---

　　① 　与统计数据一致这里指的名义增速。
　　② 　从净出口的角度来看，模型假设随着国内要素市场扭曲的逐步消除以及汇率制度的改革等，对外贸易将不断趋于平衡。
　　③ 　这里用 TFP 来刻画。

动力机制将发生变化外，未来十年供给角度的经济增长的动力源泉也在发生变化。从给出的模拟结果来看，随着人口年龄结构的变化，劳动力的供给正在经历转折性变化，因此劳动力数量的变化对经济增长的贡献正在逐渐减弱，进而转变为负的贡献。对资本来说，资本的积累仍将是经济增长最主要的动力。不过随着投资增长速度的下降，资本积累的速度也将逐步回落，其对经济增长的贡献率也有所下降。而对技术进步（TFP增长）而言，尽管随着挤压式增长空间的缩小技术进步的速度将有所下降，但是由于其他要素的增长速度下降幅度更大，其对经济增长的贡献率也将不断上升。预计到"十三五"，技术进步对经济增长的贡献将由过去平均30%左右上升至40%左右，到2030年将接近50%。

最后，服务业将逐渐取代第二产业成为经济增长的第一大贡献产业。正如前面所提到工业的快速增长对经济增长起着十分重要的推动作用，据测算过去的三十多年中，一半以上的经济增长来源于第二产业，个别时期甚至超过60%。随着工业化的趋于完成，许多大宗工业品产量峰值已经或者正在接近显现，出口增速下滑将拉低可贸易部门的增速，与技术前沿的接近也将降低工业部门技术进步的速度，未来工业部门的增速将不断放缓，其经济增长的贡献也将不断下降。同时随着服务业比重的不断提高，其对经济增长的贡献也随之不断提升。未来5~15年服务业对经济增长的贡献度将赶超第二产业。

从前面对未来经济增长的动力模式的分析可以看出，"十三五"乃至 2030 期间，过去几十年依靠"高投资、高出口、高工业"的增长模式将逐渐转变为"更多地依靠消费、更多地依靠服务业、更多地依靠技术进步"的增长模式。

2. 未来中国经济将延续近年来的结构变化趋势

与成功追赶的后发国家（如日本和韩国）一样，中国经济也正在经历结构变化的重要阶段。近年来这种结构变化的特征已经比较明显，模型模拟的结果显示"十三五"及到 2030 期间将延续近年来的这种趋势。

（1）投资率将继续回落，消费率不断攀升。从前面的分析中可以看到未来 5～15 年尽管受不同因素的影响，消费和投资的增长速度都会有所下滑，但是两者下滑的态势不同。其中消费需求增长变化相对更加平衡平稳，下降的幅度要明显低于投资需求，未来 5～15 年其增长速度将超过投资需求的增长速度。因此表现出来的结果就是未来 5～15 年延续最近 2～3 年表现的投资率不断下降、消费率不断上升的趋势。图 1-9 给出了支出法 GDP 的构成。从图中显示的模拟结果来看，投资率将由 2011 年的峰值 48.3% 下降至"十三五"末的 40% 左右，到 2030 年将进一步下滑至 30% 左右。与之相对的是消费率将由 2010 年的历史最低值 48.2% 上升至 2020 年的 57%，到 2030 年将进一步上升至 63.9%。

具体来讲消费率和投资率这种趋势性变化是多方面因素综合作用的结果。其一，是前面提到的多种因素促使了投资需求增长速度较大幅度的下降。其二，是从供给和收入的角度来看，随着

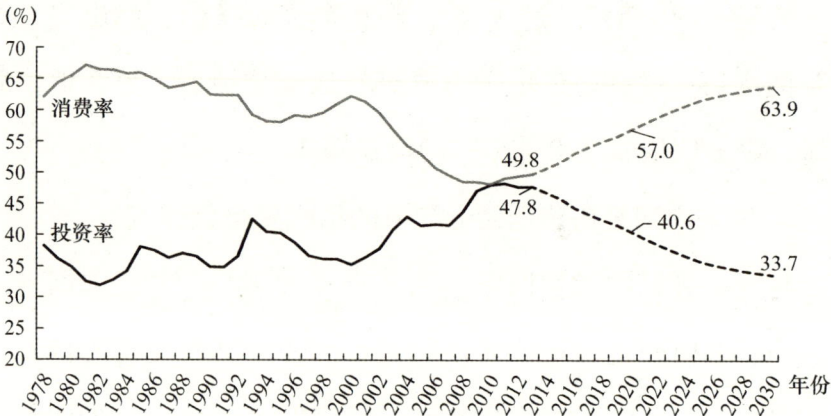

图 1-9　支出法 GDP 的构成结构
数据来自 DRCCGE 模型模拟结果。

劳动力供给总量很快达到峰值并转为不断下降，人口抚养比由下降过渡到上升趋势以及农业可转移劳动力的逐渐减少，也就是随着人口红利的逐渐式微以及"刘易斯拐点"的临近，劳动力工资将较快上升。因此与资本的回报相比，劳动者报酬和居民的可支配收入的增长速度将快于资本回报。从模型模拟的结果来看，劳动者报酬上涨的速度要比资本回报年均高 1 个百分点以上。其三，随着人口老龄化程度的加剧以及收入水平的提高，政府社会保障等公共服务支出增长速度也在加快，根据模拟的结果，政府消费占 GDP 的比重也有所提升。其四，随着劳动力成本的快速上升[①]，服务价格的上涨要明显快于资本品和一般消费品，这使得消费价格的上涨要明显快于投资价格[②]。

（2）农业比重继续下降，服务业比重将快速上升。从供给侧

[①] 在一定程度上表现为 BS 效应。在后面还会描述。
[②] 由于制造业生产率的快速提高，部分资本品的相对价格甚至是在不断下降的。

来看经济结构的变化表现为产业结构的变化。图 1 - 10 给出了模型模拟得到的未来 5～15 年三次产业构成的变化趋势。

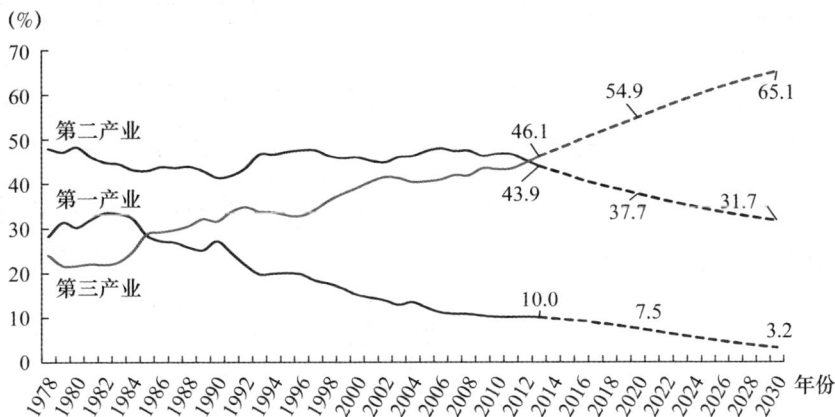

图 1 - 10 三次产业结构的变化

首先，农业比重将延续过去三十多年不断下降的趋势，由 2013 年的 10% 左右不断下降至 2020 年的 7.5% 左右，到 2030 年进一步下降至 3% 左右。农业比重的下降从需求角度来看主要是恩格尔定律①的作用。从图中可以看出未来 5～15 年居民消费的恩格尔系数将下降 15 个百分点左右。恩格尔系数的下降表明了对于食品消费需求的增长要明显慢于其他消费需求的增长，进而对于农产品消费需求的增长也慢于其他产品和服务。

其次，第二产业将继续下滑，服务业的比重与农业和第二产业的变化趋势正好相反，未来 5～15 年继续过去三十多年不断上升的趋势。第二产业比重将由 2013 年的 43.9% 左右下降至 2020 年的 38% 左右，到 2030 年将进一步下降至 30% 左右；与之相对的，服

————————

① 即随着收入水平的提高，居民用于食品支出的比重不断下降。

务业将由 2013 年的 46% 左右不断上升至 2020 年的 55% 左右，到 2030 年服务业占比将达到 65%，相当于第二产业的两倍。第二产业和服务业比重"此消彼长"的变化，主要是由于，投资需求增长速度的下滑导致了投资品和中间投入品生产部门增速放缓，出口需求的持续低迷抑制了贸易部门的持续高速增长；消费结构的升级将促使服务需求仍保持较快增长；内部实际汇率的升值将推动服务业价格以更快的速度上涨。

（3）农业劳动力将继续向非农业产业转移，一半以上的劳动力将从事服务业。伴随着产业结构的调整以及城市化进程的不断推进，就业结构也相应出现很大的变化，主要表现为未来 5～15 年农业劳动力将继续向非农产业转移，越来越多的人将从事服务业。具体从模型模拟的结果来看，农业劳动力所占的比重将从目前的 30% 左右下降至 2020 年的 20% 左右，到 2030 年将进一步下降至 10% 左右；由于技术的快速进步和资本的深化，同时由于增长速度的放缓，第二产业吸纳新增就业的能力将十分有限，未来十年第二产业就业所占的比重将保持相对稳定；受需求的拉动，服务业仍将保持相对较快的增长速度。加之许多服务业属于劳动力密集型的行业，如生活服务业等，服务业的就业比重将由目前 40% 左右上升至 2020 年的 50% 左右，到 2030 年将进一步上升至 60% 左右。

三、主要结论

本报告分析中国过去三十多年经济增长的动力机制，剖析了可能影响未来中国经济增长的重要因素，最后在此基础上利用中国经济可计算一般均衡模型对"十三五"及2030年中国经济的增长前景进行了模拟。根据前面对于模拟结果的分析可以总结出如下的主要结论。

1. 未来5～15年中国经济潜在增速将逐步过渡到中速阶段

全球就经济的常态慢增长以及出口竞争力的减弱将导致未来5～15年"高出口"的局面难以重现，"十三五"期间出口需求将可能维持6%～8%的增速；2020～2030年期间出口将可能进一步下降至5%左右。随着城市人口、城镇居民新建住房的投资需求、新增汽车需求和出口需求增长速度的回落等因素的影响未来5～15年投资需求的增长速度将出现较大幅度的下降，预计"十三五"期间固定资产投资的增速将下滑至15%左右，2020～2030年期间将进一步下滑至10%左右。投资需求和出口需求增长速度趋势性下滑将成为导致中国经济增速下滑的主要原因。预计"十三五"期间中国经济的潜在增长速度将进一步放缓，由近年来的7%～8%下降至6%～7%；2020～2030年期间经济潜在增速将下降至5%左右。

2. 经济增长的动力模式将由过去"高投资、高出口、高工业"的增长模式逐渐转变为"更多依靠消费、更多依靠服务业"的增长模式

从需求侧来看，随着投资增速的不断下滑，消费将逐渐超越投资成为经济增长最主要的拉动力量。消费对GDP增长的拉动作用将由过去 5 个百分点左右下降至"十三五"期间的 4 个百分点左右以及 2020～2030 年 3 个百分点左右。消费对经济增长的贡献率却由 50% 左右不断上升至 70% 以上，将超过投资成为 GDP 增长的最主要的动力。从供给侧来看，尽管技术进步的速度在不断下降，但其对经济增长的贡献越来越大，且越来越接近资本。预计到"十三五"技术进步对经济增长的贡献将由过去平均 30% 左右上升至 40% 左右，到 2030 年将接近 50%。从产业层面来看，服务业将逐渐取代第二产业成为经济增长的第一大贡献产业。未来 5～15 年服务业对经济增长的贡献度将赶超第二产业。"十三五"乃至 2030 期间，过去几十年依靠"高投资、高出口、高工业"的增长模式将逐渐转变为"更多依靠消费、更多依靠服务业"的增长模式。

3. 投资率继续下滑，消费率将快速上升

随着投资需求的大幅下降，投资率将由 2011 年的峰值 48.3% 下降至"十三五"末的 40% 左右，到 2030 年将进一步下滑至 30% 左右。随着劳动者报酬和居民的可支配收入的较快增长，人口老龄化和收入水平提高带来公共服务支出的快速增长和消费价格的快速上升，消费比重将快速上升，由 2010 年的历史最低值 48.2% 上升至"十三五"末的 57%，到 2030 年将进一步上升至 63.9%。

4. 中国经济将过渡到以服务经济为主的阶段

恩格尔定律的作用促使了农业比重的继续下降；投资需求和出口需求增长速度的下滑将导致未来 5～15 年第二产业和服务业的增长速度都有所下降，但第二产业下降的幅度更大；消费结构的

升级促进服务业的发展，也削弱了部分投资和出口需求增速下滑对服务业发展的不利影响；随着农业可转移劳动力的日趋减少，贸易部门和非贸易部门生产率的差异将促使内部实际汇率的升值，服务业价格将以更快速的速度上涨。服务业占比将由 2013 年的 46% 左右不断上升至"十三五"末的 55% 左右，到 2030 年服务业占比将达到 65%，相当于第二产业的两倍。

5. 服务业吸纳了绝大部分新增农业转移劳动力，一半以上的劳动力将从事服务业

未来十年农业劳动力将继续向非农产业转移，越来越多的人将从事服务业。服务业的就业比重将由目前 40% 左右上升至"十三五"末的 50% 左右，到 2030 年将进一步上升至 60% 左右。

执笔人：何建武

参考文献

［1］刘世锦主编. 中国经济增长十年展望（2014－2023）：在改革中形成增长新常态. 北京：中信出版社，2014

［2］Michael，Mirochnik. High Growth：Lessons for China from the Japanese Experience. Journal of Economics and Philosophy，2010（12）

［3］刘世锦主编. 中国经济增长十年展望（2012－2022）：寻找新的动力和平衡. 北京：中信出版社，2013

［4］刘世锦主编. 陷阱还是高墙？：中国经济面临的真实挑战和战略选择. 北京：中信出版社，2011

［5］Jorgenson，Dale and Koji Nomura. "The Industry Origins of the U. S. – Japan Productivity Gap." Economic Systems Research 19，No. 3（2007）：315－412

中国区域经济格局发展及其影响因素分析

　　改革开放以来，我国区域经济格局不断发展完善，总体上经历了从沿海地区率先发展的非均衡战略，向统筹沿海内陆发展、促进东中西部协调的均衡战略的转变。目前，我国大力实施西部开发、东北振兴、中部崛起、东部率先的区域发展总体战略，同时坚持主体功能区战略，积极构建高效、协调、可持续的国土空间开发格局，区域经济格局得到持续优化。本报告在深入总结改革开放以来我国区域经济格局演进的总体情况、主要问题的基础上，重点分析研究了当前和今后一个时期影响我国区域经济格局演进的主要因素。

一、我国区域经济格局发展的总体情况

（一）区域差距先扩大后收敛，整体上呈缩小趋势

　　1978~2013 年，我国经济年均增速高达 9.8%，各省都实现了

高速经济增长。在不同时期区域发展战略的影响下，我国区域差距也呈现出明显的阶段性特征，整体上经历了先缩小、后扩大进而逐步缩小的变化过程。改革开放之初，受农村改革率先启动等因素影响，广大农村和内陆地区的经济增长潜力得到释放，实现了较快增长，我国的区域差距在原有发展基础上有所缩小。1978～1987年，衡量区域差距的各省人均GDP对数标准差从0.242下降到0.232；同期，东部地区GDP占全国比重也有所下降，1983年为49.8%。

20世纪90年代以后，随着我国沿海开放战略的深入实施，特别是1992年"南巡"讲话之后，东部地区在非均衡发展战略带动下实现了超高速增长。1991～2005年，东部地区GDP年均增速达到13.4%，比中部、西部和东北地区分别高2.5、2.8和3.6个百分点。作为结果，区域差距由1989年的0.228连续扩大至2005年的0.256，东部地区GDP占全国比重也从52.4%升至59.5%的峰值。

此后，随着我国进入统筹区域协调发展的新阶段，中西部和东北地区的经济增速明显提升，同时，东部地区工业化、城镇化进程逐步趋于完成，经济增长也开始减速。2007年，中西部地区增速实现了对东部的反超，特别是国际金融危机以后，这一趋势更加明显。2007～2013年，东部地区年均增长11.1%，比中部、西部和东北地区分别低1.2、2.2和1.1个百分点。这一增长格局的变化对区域差距影响重大，2005年之后，各省人均GDP标准差出现了连续下降的态势，由2005年的0.256缩小到2012年的0.219，如图2－1所示。

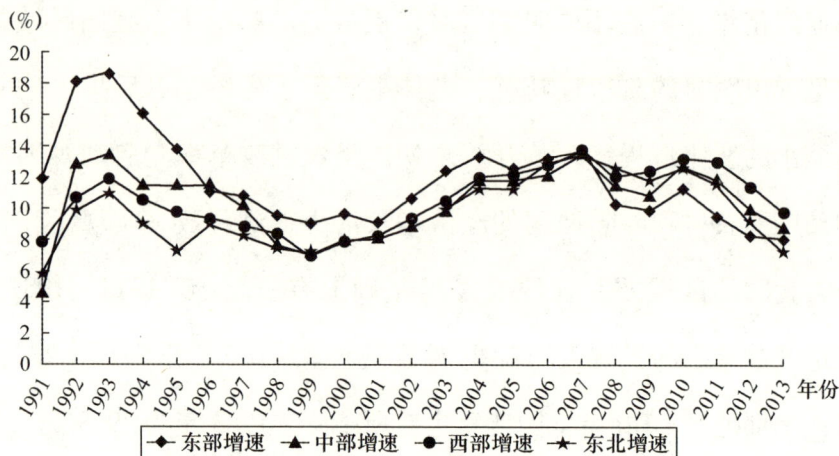

图2-1 1991～2013年各区域经济增长情况
数据来源：国家统计局。

总体而言，无论是从追赶型国家的发展轨迹看，还是从各区域所处发展阶段、增长动力、资源要素价格等实际情况看，从"十一五"开始，我国区域差距已呈收敛态势，逐步趋于缩小（刘云中、何建武，2014），这将对区域经济格局和政策产生重要影响。

（二）区域产业专业化和集聚程度不断提高

区域专业化程度是反映区域资源配置和经济增长效率的重要指标，专业化程度的提高意味着分工深化，从而更加有利于发挥规模经济、集聚经济的作用，提高资源配置效率和产出效率。改革开放以来，我国的区域专业化程度呈现出先下降、后提升的总体趋势。从1980～1997年，对外开放战略打破了在计划经济体制下形成的原有的制造业分工格局，东部沿海地区劳动密集型产业和轻工业快速发展，涌现了一批新兴制造业中心，内陆地区一批老的制造业基地逐步萎缩。同时，受财税包干制度等影响，区域模仿战略和区域竞争逐步强化，地方保护主义盛行，各省产业结构出现多元化发展和结构趋同的趋势。结果是，各省份制造业行业的地区平均专业化指数，从 1980 年的 0.561 降至 1997 年的 0.501，达到改革开放以来的最低点。20 世纪 90 年代后期，随着国有企业改革等一系列市场化改革措施的深入实施、对外开放的不断深化，国内市场化和区域市场一体化程度也不断提高，地区平均专业化指数开始不断攀升，到 2005 年已经达到 0.543。

就不同区域而言，产业专业化变动的趋势不尽相同。东部多数省份专业化程度经历了先降低、后不断提高的过程，许多西部省份专业化程度则持续提高，而许多中部省份的专业化程度却不断下降，如安徽省，专业化指数已从 20 世纪 80 年代的 0.566 降至近年来的 0.53。

就不同产业而言，多数产业表现出较强的空间集聚程度，但不同产业的空间集聚特性存在较大差异。总体而言，中间投入品产业的集聚程度相对较低，而消费品和资本品产业集聚程度相对较高；资源型产业的集聚程度较低，而劳动密集型产业集聚程度较高；多数制造业集聚于东部地区，而中西部地区主要集聚的是资源型产业和部分消费品制造业。

（三）大规模人口流动提高了劳动力的空间配置效率

改革开放以来，沿海地区工业化、城镇化快速发展，吸引了大批中西部劳动力到东部就业。这种从农村到城市、从内地到沿海的大规模人口流动，不仅直接改善了人民生活水平，使5亿多人脱贫，更重要的是，促使劳动力从农业部门向效率更高的工业和服务业部门转移，推动了中国的经济转型，重塑了中国的经济地理，是中国经济在过去30多年保持高速增长的重要原因。据统计，1982～2014年，全国流动人口规模从657万增加至2.53亿，占当年总人口的比重从0.6%增加至18.5%，年均增长12.1%。从各区域流动人口情况看，2009年东部十省区流动人口总量占全国流动人口的77.8%，其中跨省流动人口占全国跨省流动人口总量的近89.1%，远远高于中部、西部和东北地区，东部地区具有更多的就业机会、更高的收入水平是吸引流动人口流入的主要原因。1980～2013年，东部地区总人口增加了1.94亿，占全国总人口的比重提高了4个百分点，而中部和西部总人口分别减少了9366万和8483万，比重分别降低2.4、1.7个百分点，如表2-1所示。

表2-1　　　　　　　　　东中西部地区人口分布情况

	东部地区		中部地区		西部地区	
	常住人口（万人）	比重（%）	常住人口（万人）	比重（%）	常住人口（万人）	比重（%）
1980 年	36797	37.5	33305	33.9	28154	28.7
1990 年	42907	37.5	38626	33.8	32764	28.7
2000 年	48686	38.6	41674	33.1	35635	28.3
2010 年	55040	41.3	42276	31.7	36069	27.0
2013 年	56208	41.5	42671	31.5	36637	27.0

数据来源：国家统计局。

大规模的人口流入、廉价的土地供应和良好的基础设施条件，共同推动了东部地区经济的快速增长，为沿海地区发展劳动密集型产业、参与国际产业分工提供了良好基础，更加充分地发挥集聚效应。同时，中西部地区人口的净流出，也为当地缓解资源环境压力、提高劳动生产率创造了有利条件，从总体上提高了劳动力资源配置的空间效率，成为区域经济格局优化的一个重要体现。

（四）重点地区已形成若干引领全国增长的战略性区域

过去 30 多年，在中国经济高速发展的推动下，东部沿海地区逐步形成了若干引领全国经济增长的战略性区域，特别是珠三角、长三角和京津冀三大城市群，依托良好的区位条件和资源禀赋，大力发展出口导向型制造业、高新技术产业和现代服务业，综合经济实力获得了极大提升，已成为拉动我国经济发展的战略性增长极、参与国际经济合作与竞争的主要平台。

从经济规模看，三大城市群大致以 4% 的国土面积，集聚了约 20% 的总人口，创造了 38% 的国内生产总值。目前，全国经济总量位居前列的城市，如上海、北京、深圳、天津等，绝大多数位于这三大区域，2014 年全国企业 500 强中有 212 家分布在以上省份。从产出效率看，2012 年三大城市群的经济密度分别达到 8199、8698、2645 万元/平方公里，分别是全国平均水平的 15 倍、16 倍和 5 倍，人均 GDP 水平均超过或接近 1 万美元，远高于全国平均水平。从产业发展看，高技术产业和现代服务业日益成为三大城市群的主导产业，科技创新实力较强，外向型经济发展水平很高，2012年三大城市群进出口总额合计已占全国的近60%。从基础设施来看，三大城市群已经建成了高度发达的综合立体交通网络，全国最重要的机场、港口、信息枢纽等基本上都位于这三大区域，城市群内部一些基础设施的现代化水平甚至已经超越发达国家。

表2-2　　　　　　　　2012年三大城市群基本情况

地区	国土面积（万平方公里）	GDP（亿元）	常住人口（万人）	经济密度（万元/平方公里）	人口密度（人/平方公里）	人均GDP（元）	公路密度（公里/平方公里）	进出口总额占比（%）
长江三角洲城市群	10.99	90115	10892	8199	991	82738	148	20.2
珠江三角洲城市群	5.49	47780	5725	8698	1042	83452	107	24.4
京津冀城市群	21.77	57585	10770	2645	495	53468	92	14.9
全　国	960.00	519470	136072	541	142	38176	44	100

注：此处长三角城市群包括上海、南京、苏州、无锡、常州、镇江、扬州、南通、泰州、杭州、宁波、嘉兴、湖州、绍兴、台州、舟山等16市；珠三角城市群包括广州、深圳、珠海、惠州、东莞、肇庆、佛山、中山、江门等9市；京津冀城市群包括北京、天津和河北省11市。

数据来源：国家统计局。

除了三大城市群之外，随着中西部地区的工业化、城镇化的快速发展，一些区位优势明显、发展基础较好的区域也已形成了具有较大增长潜力的城市群，如长江中游、成渝、辽中南、中原、关中等，这将为区域经济协调发展提供重要支撑。

二、我国区域经济格局面临的主要问题

在我国区域经济格局总体上不断优化的同时，也应清醒地看到，受制于发展阶段、资源禀赋和体制机制等因素，现阶段区域经济发展中不平衡、不协调、不可持续的问题依然十分严重，区域协同发展还面临诸多障碍，经济发展的空间格局仍有很大优化余地。

（一）区域发展不平衡、区域发展质量差异较大的问题依然突出

虽然，从总体来看，我国区域差距缩小是一个长期趋势，但由于发展基础、资源禀赋等原因，区域之间发展水平的绝对差距仍然较大，甚至还有进一步扩大的趋势。1978 年各省人均 GDP 中，最高的上海比最低的贵州高 2310 元，到 2013 年，最高的天津已比最低的贵州高 76685 元，即使扣除价格因素，这一绝对差距仍然明显扩大了。更为重要的是，区域差距不仅体现在经济增长方面，而且体现在发展质量和基本公共服务水平方面，这方面的区域差距更加明显。根据《中国人类发展指数 2013》公布的各省人类发展指标，2010 年最高的北京达到 0.821，最低的西藏只有 0.5692，比前者低了 30%，东部地区平均达到 0.746，比中西部分别高 10% 和 15%。国家统计局公布的 2013 年各地区发展与民生指数中，最

高的北京达到 90.57，最低的西藏只有 52.54，东部地区平均指数比中西部分别高 17% 和 22%，东部与中西部在教育、医疗、基础设施等方面的差距十分显著。

这种区域间巨大的发展质量和公共服务水平的差异，在流动人口财政转移支付制度、农业转移人口市民化成本分担机制尚不健全的背景下，客观上造成了发达地区设置较高的户籍门槛，限制外来人口过度流入。2014 年，我国农民工总量为 2.74 亿，其中外出农民工 1.68 亿人，受一些条件制约，他们尚难以在务工经商城市自由落户、平等享受基本公共服务。这显然不利于劳动力的自由流动和优化配置，不利于充分释放人口红利，对城市管理和社会治理也带来了诸多问题，必须通过着力缩小区域差异、促进基本公共服务均等化来解决。

（二）区域同质化竞争、产业同构问题严峻

近年来，由于政绩考核机制和财税体制不健全等原因，各地区恶性竞争、产业结构趋同的现象十分严重。从全国来看，反映区域产业同构程度的结构相似系数由 2003 年的 0.809 上升至 2010 年 0.829。从各区域看，2003~2010 年，东部地区产业同构系数由 0.87 上升到 0.88，西部地区由 0.77 上升到 0.82，东北地区由 0.82 上升到 0.89，只有中部地区由于大规模承接产业转移而出现同构程度下降的趋势。如图 2-2 所示。

以京津冀地区为例，由于缺乏有效的区域协同发展机制，产

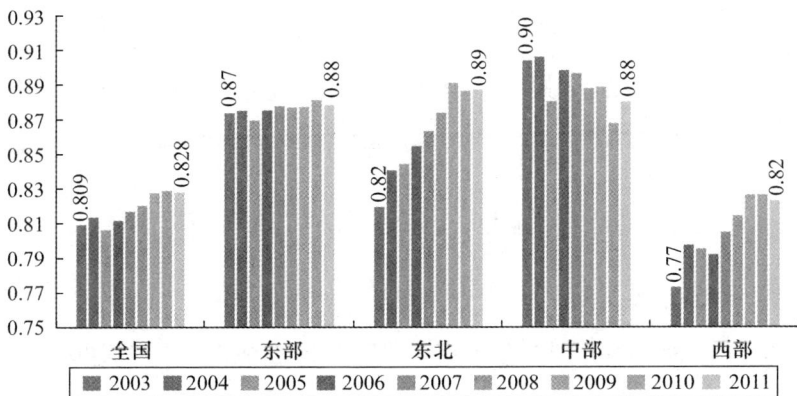

图 2 - 2 2003 ~ 2010 年全国及各区域工业同构系数变化情况

注：根据 27 个部门的工业总产值数据计算。

数据来源：国研网。

业同构化趋势明显，以津冀地区最为典型。以克鲁格曼专业化指数来衡量，2003 ~ 2012 年天津 - 河北的产业同构现象不断恶化，从 0.7293 降至 0.5935，产业相似程度在 2010 年超越了北京 - 天津，如图 2 - 3 所示。

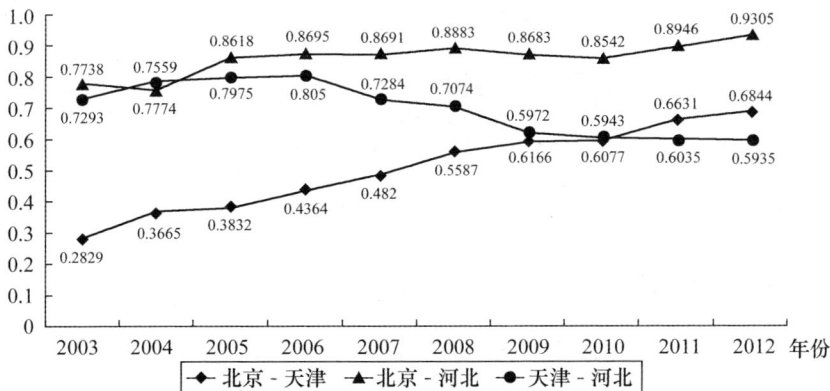

图 2 - 3 2003 ~ 2012 年京津冀地区产业同构情况

数据来源：国研网。

从具体行业看，石化和钢铁作为拉动 GDP 增长、增加财政收入的重要行业，区域竞争、重复建设的情况最为严重，其产业集聚指数分别由 1980 年的 0.71 和 0.64 下降至近年来的 0.56 和 0.5，在所有行业中下滑幅度最大。其结果是，近年来我国部分行业产能过剩现象十分严重，2012 年，我国钢铁、水泥、电解铝、平板玻璃、船舶等行业产能利用率分别仅为 72%、73.7%、71.9%、73.1% 和 75%，明显低于 80% 左右的国际通常水平，而且仍有一批项目在建、拟建。这导致了巨大的社会资源浪费，延缓了产业升级进程，严重影响了区域发展效率。

（三）部分地区人口和经济活动集聚已近极限

我国人口和经济活动分布以"胡焕庸线"为界，东西差异明显，这是客观规律，但是在中观和微观层面，部分地区集聚程度过高，资源环境承载能力已近极限。

从水资源看，虽然整体上我国的严峻性和不可持续性并不太严重，但不同区域、不同流域的差异性很大，水资源在时间、空间上的分布严重不均衡。据水利部统计，在我国目前 600 多个城市中，有 430 个城市面临水资源短缺，其中 110 个存在严重缺水问题。在京津冀地区，海河流域的水资源利用率已超过 100%，属于严重的水资源过度利用地区，但由于人口和经济活动的过度集聚，导致了地下水的过度开采。据统计，由于过度开采地下水，导致中国 50 个最大的城市均出现了地面沉降，受影响面积占中国耕地总面积的 7.5%，对人民生命财产安全和环境可持续构成了严重威胁。

从大气污染看，由于近年来工业化、城镇化的快速发展，一些地区由于人口和经济活动过度集聚，产业结构不合理，环境污染治理不力等原因，导致污染源过密以及污染物相互作用，大气污染情况明显恶化。自 2011 年以来，北方尤其是京津冀地区出现了严重的雾霾天气，长时间、大范围、高频率的重度空气污染极大地影响了人们的生活。环保部公布的 2014 年城市空气质量状况报告显示，京津冀地区仍是污染重灾区，PM2.5 年均浓度为 93 微克/立方米，超标 1.6 倍以上，有 8 个城市入选全国空气质量最差十名；全国 74 个重点城市中，仅有 8 个城市污染物年均浓度均达标。

这些情况说明，由于当前在区域发展中，存在着资源定价机制不合理、环境外部性成本没有完全内部化、区域间无序竞争、环境监管不到位等问题，使得部分地区的经济集聚程度与其资源环境承载能力严重不匹配，最终导致资源过度利用、环境加速恶化、发展潜力透支，这将对人们的生活健康和经济发展的可持续性产生重大不利影响。

（四）尚未建立有效的区域协同发展机制

我国区域经济发展中遇到的这些问题，有资源禀赋、发展阶段等客观原因，但关键在于体制机制不完善，尚未建立有效的区域协同发展机制，不利于资源要素合理自由流动和优化配置。主要体现在五点。一是中央与地方事权关系尚不合理，事权划分标准比较宽泛，执行上具有随意性，教育、医疗、社会保障等基本公共服务领域，中央和地方事权交叉重叠、共同管理的事项过多；中央和地方的事权与支出责任不相适应，基层地方政府履行有关事权缺乏相应财力保障，面临的财政风险有所加剧；财政转移支付制度在促进事权与支出责任相适应中作用不足等。二是政府和市场的关系尚未理顺，政府职能转变不到位，边界不清晰，各级政府对经济事务管得过多过细，对市场和企业干预过多，对公共服务和社会管理的投入不足，市场机制尚不完善，在资源配置中的基础性作用受到较大抑制。三是促进区域协调发展的法律法规比较滞后，部分促进区域发展的措施缺乏明确的法律依据，也缺乏必要的法律保障。四是财税体制尚不健全，区域间的基本利益关系没有理顺，区域互助机制不完善，包括区域间的对口支援、社会捐助、生态补偿等机制。五是区域分割、恶性竞争，地方保护主义盛行等现象还十分严重，阻碍要素自由流动、促进全国统一市场完善的制度因素仍然存在，实质性的区域一体化进展缓慢。

三、影响今后我国区域经济格局演进的主要因素分析

近年来，我国区域经济在原有发展格局的基础上，也出现了一些新现象、新趋势。具体包括如下几个方面。

一是从增长格局来看，虽然自 2007 年以来"西快东慢"的格局仍在延续，但东部地区增速趋稳的态势比较明显，部分中西部

省份增速下滑明显，不同板块内部也出现了分化现象。

二是从人口流动看，省际人口流动趋缓。随着东部地区劳动力、土地等要素成本的攀升，出现了大规模的产业转移，人口向沿海集聚的趋势开始放缓，省域内的人口流动比重增加。2010～2013 年，外出农民工占农民工总量的比重下降了 1.5 个百分点，2013 年外出农民工总量增长 1.7%，本地农民工总量增长 3.6%。

三是从地理空间看，传统四大板块间的地理界限开始模糊。近年来，关中—天水经济区、晋陕豫黄河金三角地区、兰州—西宁经济区、东北三省与蒙东地区等跨省域经济合作逐步推进，使得传统上四大经济板块的划分趋于模糊，各省市日益强调从区位和经济联系出发，强化优势互补、互利合作、共同发展。

四是深化体制机制改革，构建区域协同发展机制成为重要政策导向。在经济新常态下，我国区域政策的重点将更加强调协调发展、协同发展、共同发展，更加强调通过深化改革打破地区封锁和利益藩篱，以"一带一路"、京津冀协同发展、长江经济带三大战略为重点，大范围、跨区域的区域合作日渐增多，区域融合协作不断深化。

这些趋势表明，在经济新常态下，区域经济发展已呈现出新的特点。这就要求我们，必须牢牢把握区域经济发展的内在规律，抓住影响区域经济格局演进的主要因素，应重点关注以下方面。

（1）我国工业化、城镇化的总体进程。总体上，我国仍处于工业化、城镇化快速发展阶段，"西快东慢"的格局有望延续，但随着中西部地区工业化、城镇化的深入推进，沿海与内陆的增速将趋于平衡。只有适应经济新常态，加快转变发展方式，在转方式、调结构、促改革中赢得先机，才能奠定经济持续健康发展的坚实基础。

（2）全方位主动开放战略的实际进展。在构建开放型经济新体制，实现以开放促改革、促发展的战略背景下，在抢抓开放机遇、深化改革创新中率先突破的地区，可能实现较快发展。特别是"一带一路"战略的实施，将促进深化向东开放，加快扩大向西开放，完善全方位开放格局，有助于释放内陆开放的巨大潜力，把内陆区位优势和地缘优势转化为强劲的发展活力，从要素供给和市场拓展两方面增强经济增长的内生动力，推动东中西部协调发展。

（3）基本公共服务均等化的推进情况。经济发展进入新常态，意味着维护社会和谐稳定可能面临更大的压力，必须更加注重保障民生、改善基本公共服务，更加关注欠发达地区和中低收入群体的利益，着力缩小三大差距。同时，随着经济增长动力结构的转变，人力资本质量和技术进步在驱动经济发展中的作用更加突出，区域发展中也应更加强调通过高质量的公共服务吸引人才资源、集聚高端要素。应以新型城镇化战略为支撑，统筹考虑人口布局、产业支撑、资源环境承载力等因素，打造若干集聚效率高、辐射作用大、城镇体系优、功能互补强的城市群，使之成为支撑全国经济增长、促进区域协调发展、参与国际竞争合作的新战略平台。

（4）节能减排和环境保护政策的约束。随着我国面临的资源环境约束趋紧，国家有关环境保护和节能减排的政策力度会进一步加大，这将对不同区域、特别是中西部地区的经济增长形成更大压力。在区域经济发展中，必须加快经济结构深化转型升级，努力探索绿色低碳循环发展新模式。

（5）区域协同发展机制的建立健全。经济发展进入新常态，意味着驱动我国经济增长的传统模式已近终结，必须加快培育新的发展动力、形成新的增长格局。从区域发展角度看，就是要更加强调分工合作、优势互补，特别是要打破区域壁垒和利益藩篱，通过深化价值链合作、创新互助合作和构建有效的跨区域合作机制，促进资源要素在空间上的优化配置，充分释放被抑制的增长潜力。"一带一路"、京津冀协同发展、长江经济带三大战略对我国现有区域经济格局是一个总体优化和战略提升，将有助于构建内外统筹、南北互动、东中西协调的区域发展新格局。应在强调区域分工的基础上，通过改革创新着力打破阻碍要素资源优化配置的制度壁垒，加快理顺利益机制，构建统一市场体系，统筹推进产业布局、基础设施、公共服务、环境治理等方面的区域协同协作，探索建立区域治理和管理的新机制、新模式，推进各地区协调发展、协同发展、共同发展。

执笔人：王　　辉

参考文献

［1］刘世锦主编．中国经济增长十年展望（2014～2023）．北京：中信出版社，2014

［2］刘云中，何建武．地区经济增长格局的变动与区域差距的缩小：短期波动抑或长期趋势．发展研究，2011（12）

［3］王辉．"一带一路"战略对我国发展环境的影响．经济日报，2015 年 4 月 30 日

寻找中国经济新的战略性区域

随着我国经济进入新常态，过去支撑经济快速增长的长三角、珠三角等原有战略性区域呈现出增速放缓的趋势，哪些地区能承担起增长的重任成为我国区域政策和生产力布局必须直面的重要问题。本报告第一部分建立了一个识别战略性区域的分析框架，并以地级市为分析单元，依据这一框架总结出原有战略性区域快速增长时期的一些典型化事实（第二部分），以此为尺度识别出潜在战略性区域（第三部分），最后从资源环境承载力方面评价潜在战略性区域成为新战略性区域的可能性（第四部分）。

一、战略性区域的分析框架：结构转换与要素集聚

经济增长的战略性区域是对全国经济增速有较大贡献的地区。战略性区域至少要具备以下三项特征：一是经济增速较快；二是

经济总量较大；三是形成辐射带动的连片区域。我们认为，一个地区要具备以上特征，必须满足两个方面的条件。

一方面，战略性区域必须是处于经济结构快速变动的地区。高速工业化和城市化能推动劳动力、资金、技术等要素从生产效率低的部门大规模转向生产效率高的部门，通过经济结构的转换效应实现经济的高速增长。如果一个地区的工业化进程趋于完成，将呈现出二产比重下降、服务业比重上升的趋势，由于服务业的生产效率提高慢于二产部门，经济增长的部门转换效应将趋缓。如果一个地区的城市化进入到增速放缓阶段，农村要素转换为城市生产力的步伐将放慢，经济增长的城乡转换效应也将变得不为显著。

同时，战略性区域必须是能够吸引要素集聚的地区。一个地区的经济增长是劳动力、资金、物流、土地等生产要素在集聚中优化配置的结果。战略性区域必须是吸引人口迁移的目的地，而不是人口的净输出地；必须是资本汇聚之地，而不是资金外溢之地；必须是物流和客流较为集中的枢纽，而不会呈现"门前冷落车马稀"的景象；必须是寸土寸金之地，而不会使土地价值无法充分体现。

考虑到数据的可得性，我们构建了两组六个指标（见表3-1），作为评价原有战略性区域、寻找潜在战略性区域的分析框架。

在结构转换方面，工业化率和城镇化率反映了经济结构转化的潜力。其中，工业化率以二产增加值占地区生产总值的比重来衡量，城镇化率是城镇常住人口占地区常住人口的比重。

表 3－1　　　　　　　　　　　　战略性区域的衡量指标

结构转换类指标	要素集聚类指标
工业化率	地区就业人口
	贷款/存款比重
城镇化率	货运和客运量
	房地产开发投资额

在要素集聚方面，我们采用了以下 4 个指标反映一个地区对各类要素的吸引力。

（1）地区就业人口。在现有地级市的统计口径中，大部分城市的城市人口使用的是户籍人口，无法反映每年人口的流入流出情况。相比而言，就业人口指标包括了外来务工人员，也剔除了在外务工的本地户籍劳动力，能够更为准确地反映人口变动情况。

（2）贷款存款比重。目前，资金在所有要素中的流动性最强。一个投资回报率高的地区，不仅能够充分运用本地的金融资源，还能够吸引外地的资金。相反，一个缺乏投资吸引力的地区，不但吸引不到外来资金，还会被其他地区的好项目抽走资金。一个地区的贷存比（贷款/存款）能够较好地反映资金的流向。

（3）货运和客运量。一个地区的经济活力越强，物流与人流的沟通就越活跃，反映为货运量和客运量的增加。

（4）房地产开发投资。土地是不可移动的要素，它的流动性体现为土地增值。我们用房地产开发投资来替代对土地增长的考量，一个增长潜力较大的地区，能吸引较多的房地产开发投资。

二、我国原有战略性区域的典型化事实

本部分以长三角和珠三角地区为分析对象，总结出这两个我国经济增长原有战略性区域在快速增长时期的典型化事实，为下一步寻找新的战略性区域提供评价的尺度。

（一）二产比重呈现出倒 U 型变化趋势

在我国 2001 年加入世贸组织之前的 5 年，珠三角地区的二产比重停滞在 49% 左右，长三角地区甚至从近 55% 下降到 51% 左右；此后，在外部市场需求的驱动下，长三角和珠三角的二产比重逐年提高，双双在 2004 年分别达到 55% 和 53% 的峰值；2004 年之后，两个地区的二产比重不断下降，到 2012 年都下降到了 49%以下。从城市的维度来看，两个地区大部分城市的二产比重表现出类似的轨迹，其中苏州和佛山的二产比重峰值超过了 65%。

（二）城镇化从加速期步入增速趋缓期

Nortnam（1979）观察了 1800 年以来世界城镇人口增长和城镇化发展的总体趋势，发现城镇化过程主要有三个阶段，发展趋势呈 S 形：一是城镇化发展的初始阶段，经济以农业为主，人口居住分散，城镇人口比例较小；二是城镇化加速发展阶段，随着人口和经济活动显著集聚，城镇人口比重由开始时的不足 25% 上升到50% 以上；三是最终阶段，在该阶段城镇人口比重超过 65%，增

(%)

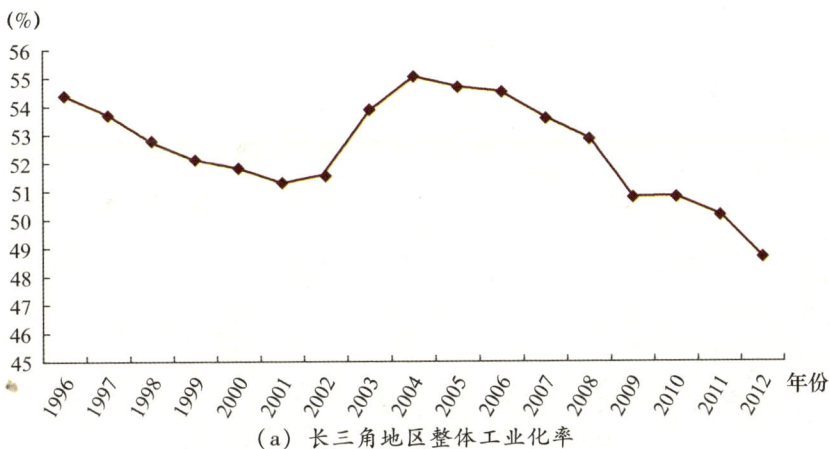

（a）长三角地区整体工业化率

(%)

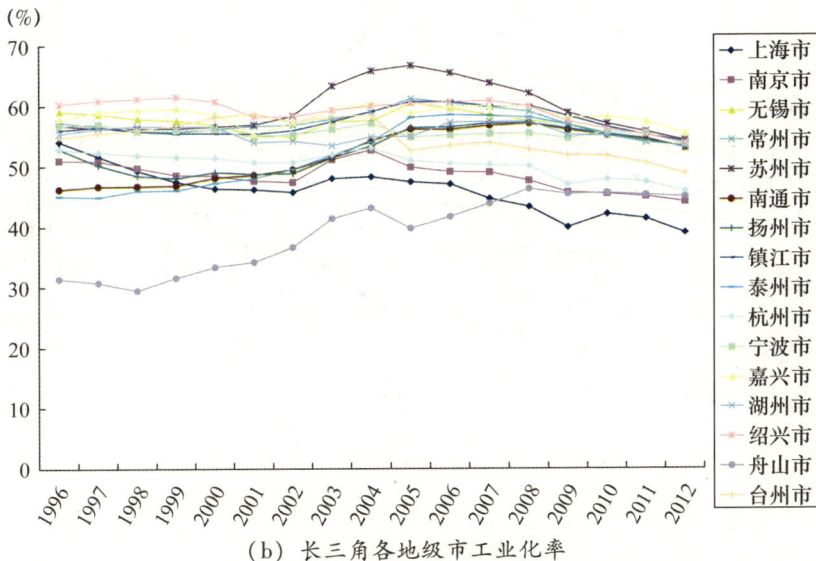

上海市
南京市
无锡市
常州市
苏州市
南通市
扬州市
镇江市
泰州市
杭州市
宁波市
嘉兴市
湖州市
绍兴市
舟山市
台州市

（b）长三角各地级市工业化率

图3-1　长三角地区整体工业化率和各地级市工业化率

数据来源：华通数据库。

长变得很缓慢。图3-3表明，长三角和珠三角地区的城镇化率都已经接近或超过65%，进入了城镇化率提升的减速阶段。

（三）非农就业人员增长强劲

近10年来，除了金融危机前后个别时间点，长三角和珠三角

(%)

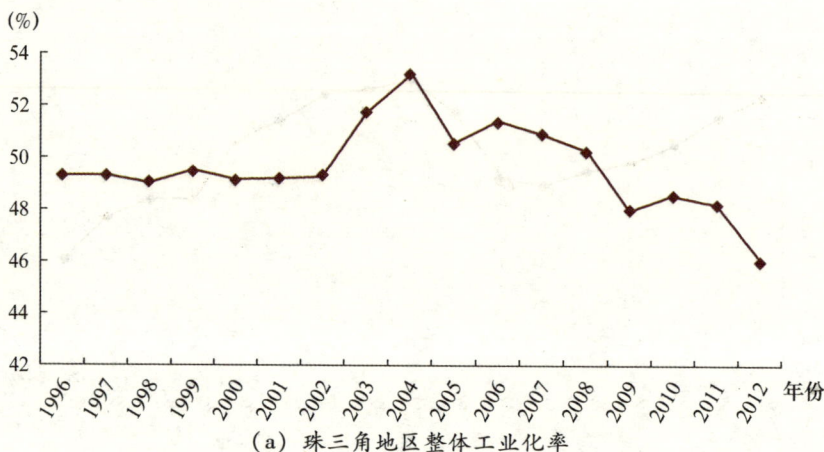

（a）珠三角地区整体工业化率

(%)

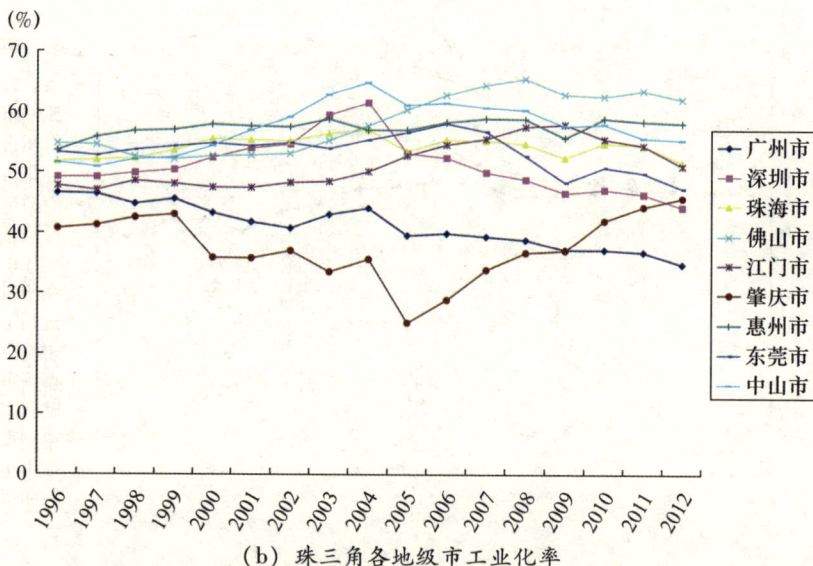

广州市
深圳市
珠海市
佛山市
江门市
肇庆市
惠州市
东莞市
中山市

（b）珠三角各地级市工业化率

图 3−2　珠三角地区整体工业化率和各地级市工业化率

数据来源：华通数据库。

地区的非农就业人员都表现出强劲的增长，两个地区 2012 年比 2003 年分别增长了 94.30% 和 86.57%。长三角地区近年来的非农就业人员保持在 10% 上下的增速，珠三角地区在大部分时间里也保持着 5% 以上的增速。一个有趣的现象是，珠三角地区非农就业人员增长率在金融危机爆发后的 2008 年降到 10 年最低点；长三角

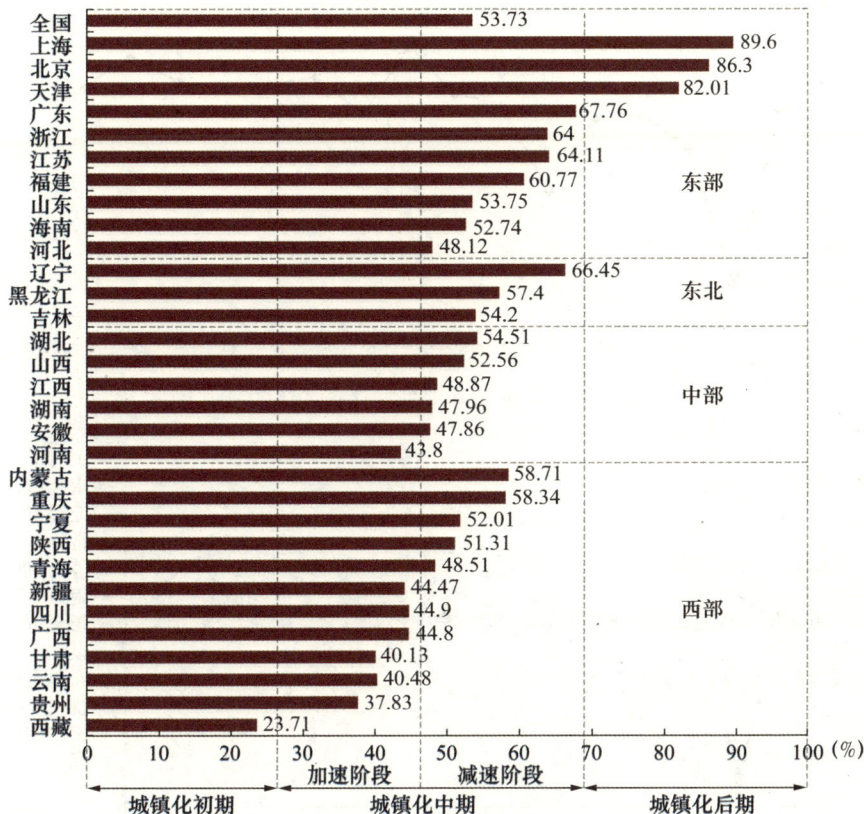

图 3-3 全国和各省市 2013 年城镇化率

数据来源:《中国统计年鉴》。

地区非农就业人数则在 2006 年就提前出现了罕见的负增长,金融危机期间倒是保持 8% 左右的稳定增长。这可能在一个侧面上反映出长三角地区更敏感地捕捉到了金融危机的气息,在企业层面更早发生了"破坏性创造"。

(四)资金聚集效应呈现高位趋缓的态势

按照我国原有监管规则,商业银行"贷款/存款"的比重必须维持在 75% 以下。在一家商业银行现实的经营中,这一指标的整

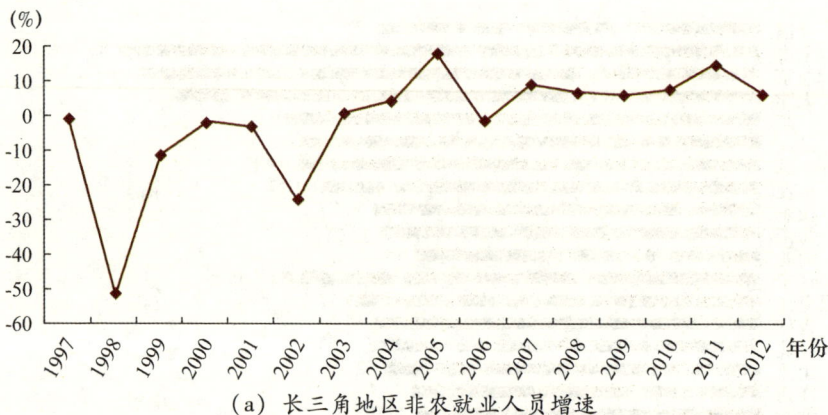

（a）长三角地区非农就业人员增速

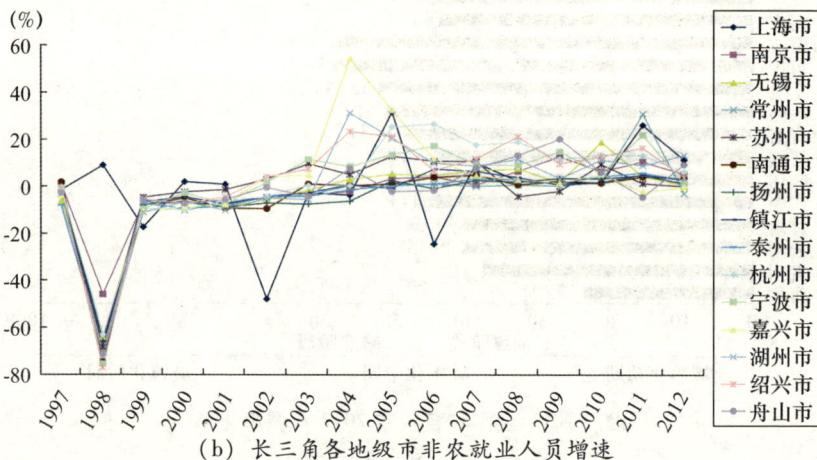

（b）长三角各地级市非农就业人员增速

图3-4 长三角地区整体和各地级市非农就业人员增速

数据来源：华通数据库。

体比重上限往往在60%～75%之间。这就意味着，如果一个地区
的贷存比在60%以下，其辖内银行的存款有一部分用于其他地区
放贷；如果一个地区的贷存比在75%以上，则意味着其信贷资金
有部分来自于外地。2003年，长三角地区贷存比超过75%，此后
10年有所下降，稳定在73%～74%的监管红线门槛。到2012年，
长三角地区仍然有半数以上的城市贷存比超过75%，表现出较为
明显的资金集聚效应。珠三角地区的贷存比要比长三角低10个百

(%)

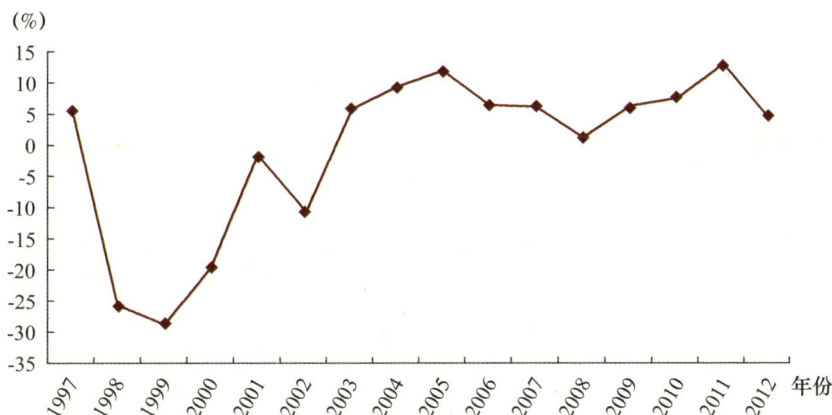

（a）珠三角地区非农就业人员增速

(%)

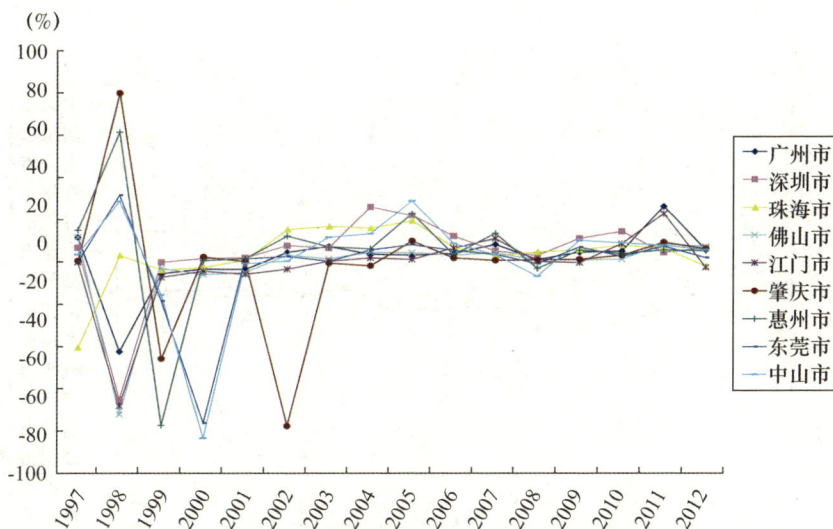

（b）珠三角地区各地级市非农就业人员增速

图3-5　珠三角地区整体和各地级市非农就业人员增速

数据来源：华通数据库。

分点，但仍然维持在62%的水平上，表明珠三角地区的资金集聚

效应在下降，但并没有出现资金外溢的情况。需要指出的是，贷

存比指标也有一定的局限性，它无法反映近年来我国股票、债券

等多元化直接融资市场快速发展的情况，这也可能是珠三角地区

贷存比偏低的一个原因。

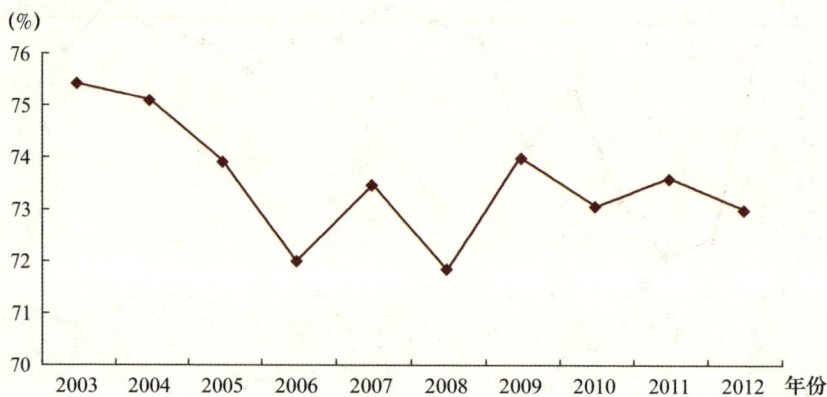

（a）长三角地区整体贷存比

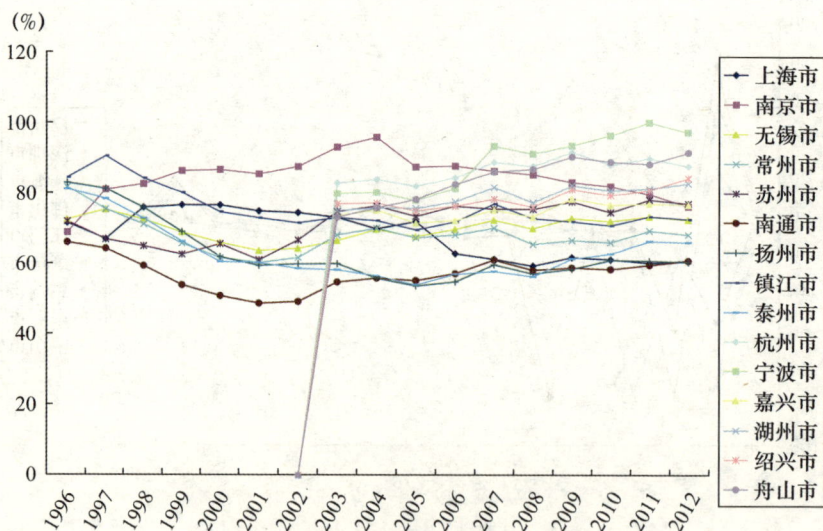

（b）长三角地区各地级市贷存比

图 3-6　长三角地区整体和各地级市贷存比

数据来源：华通数据库。

（五）交通运输量增长表现出网络化效应

随着交通基础设施的完善，长三角和珠三角地区的物流量和人流量持续增长。2012 年，长三角和珠三角旅客运输量分别达到 377185.1 万人和 482813 万人，是 2003 年的 1.9 倍和 4.14 倍，年

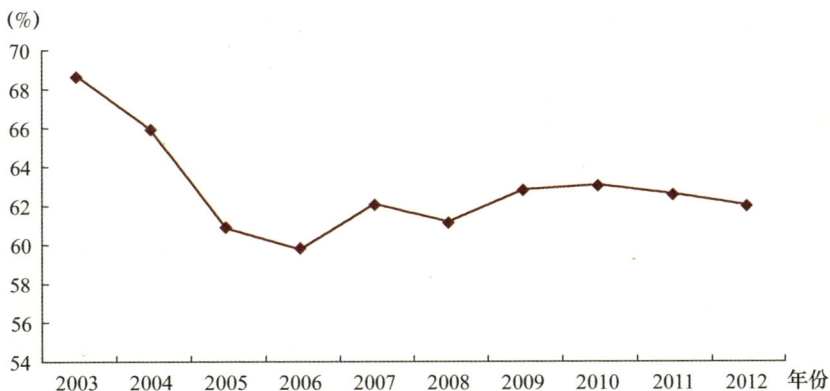

（a）珠三角地区整体贷存比

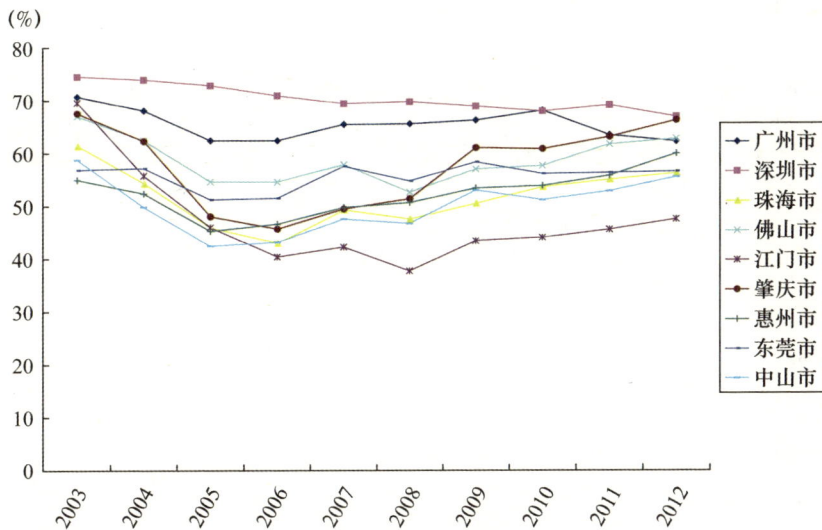

（b）珠三角地区各地级市贷存比

图3-7 珠三角地区整体和各地级市贷存比

数据来源：华通数据库。

均增长率达到7.40%和17.10%；货物运输量分别达到402309.3
万吨和196857万吨，是2003年的2.19倍和2.52倍，年均增长率
达到9.11%和10.81%。在城市维度上，就旅客运输量而言，苏
州和深圳是两个地区的领头羊，2012年旅客运输量分别占所属区
域的18.99%和38.32%；就货运总量而言，上海和广州是两个

地区的领头羊，2012 年货物运输量分别占所属区域的 23.37% 和 38.19%。

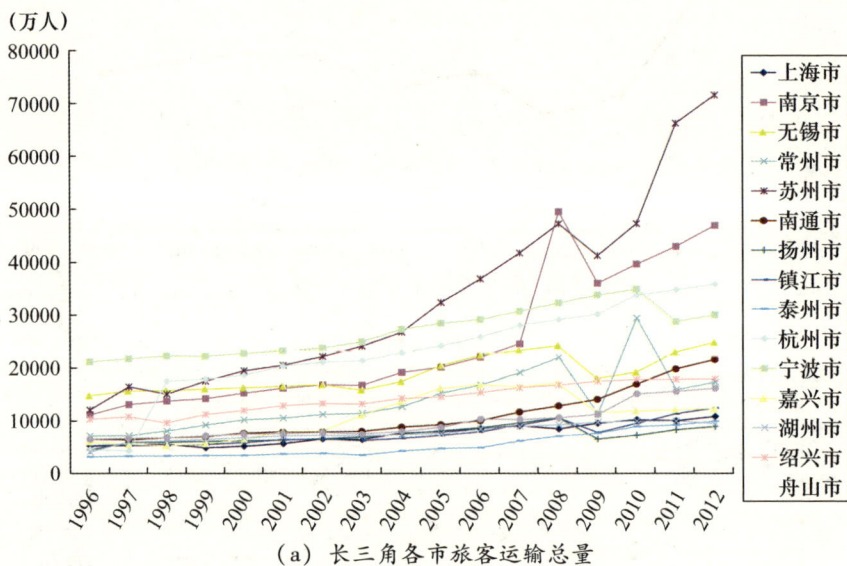

（a）长三角各市旅客运输总量

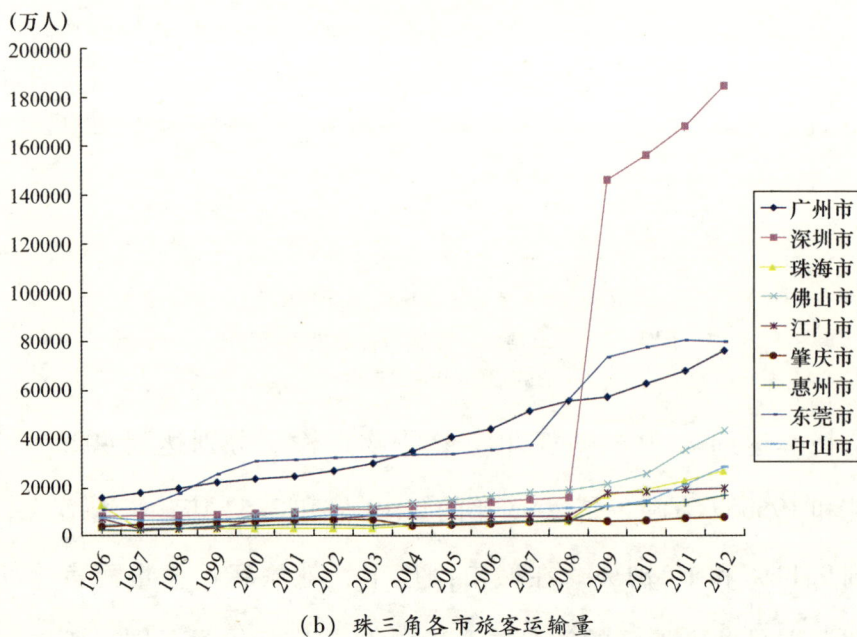

（b）珠三角各市旅客运输量

图 3 - 8　长三角地区和珠三角地区旅客运输量

数据来源：华通数据库。

（万吨）

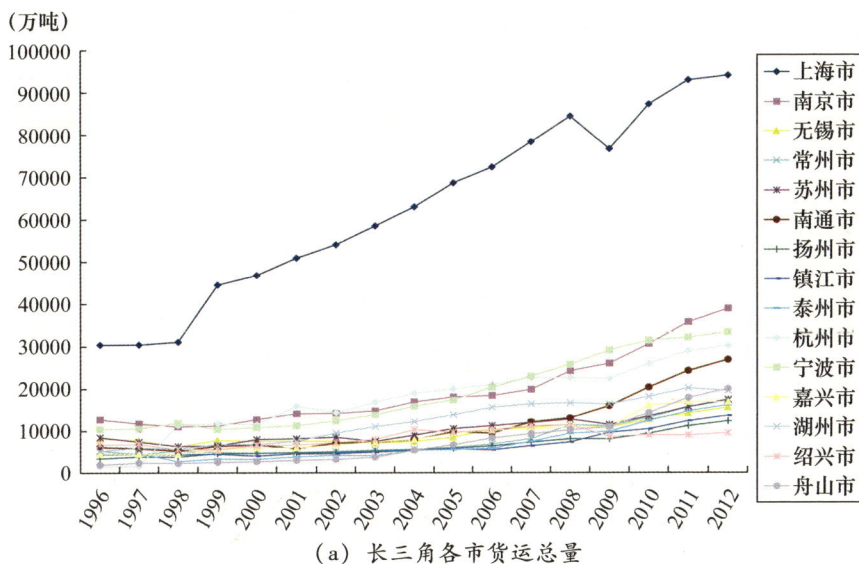

（a）长三角各市货运总量

（万吨）

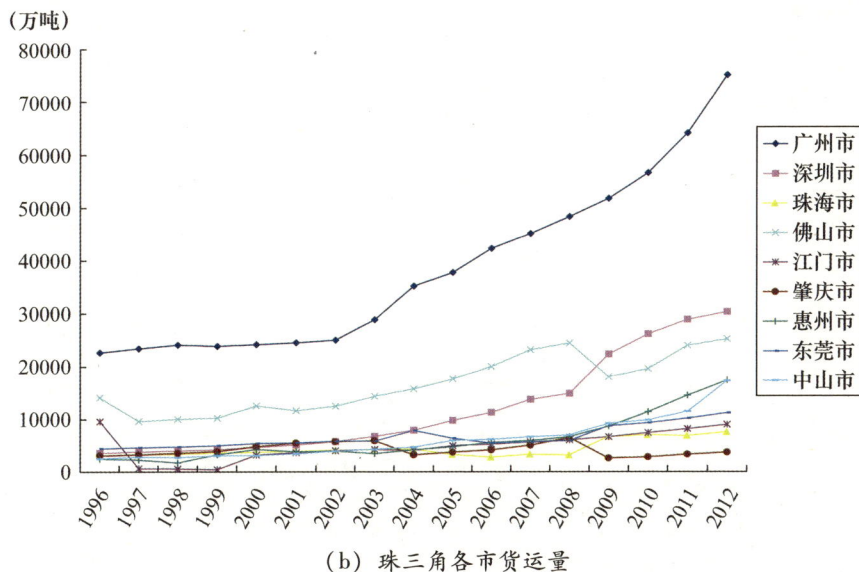

（b）珠三角各市货运量

图 3 - 9　长三角地区和珠三角地区货运总量

数据来源：华通数据库。

（六）房地产开发投资在波动中快速增长

我们用房地产开发投资指标反映土地价值的变化。一般而言，房地产开发投资增长越快，土地价值上升得越高。长三角、珠三

角地区 2012 年房地产开发投资额，比 2003 年分别增长了 395.31%
和 295.34%。但这一指标在两个地区都表现出振荡上涨的趋势，
2009 年的增速大幅下滑，有不少城市在 2008～2010 年期间出现了
负增长。

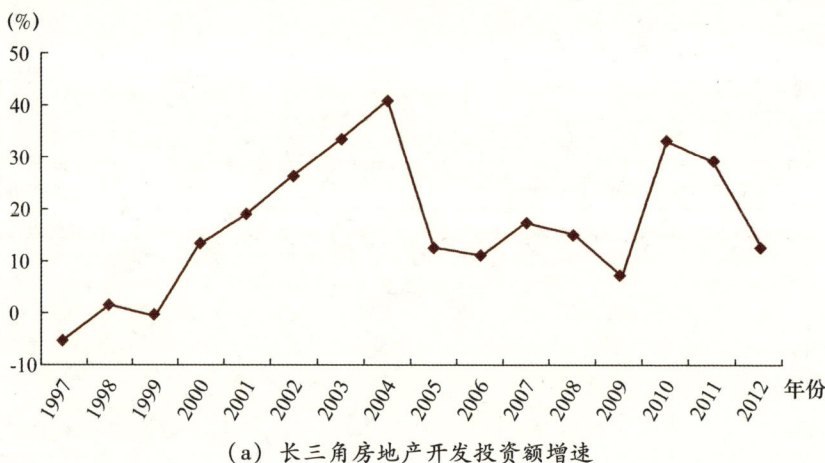

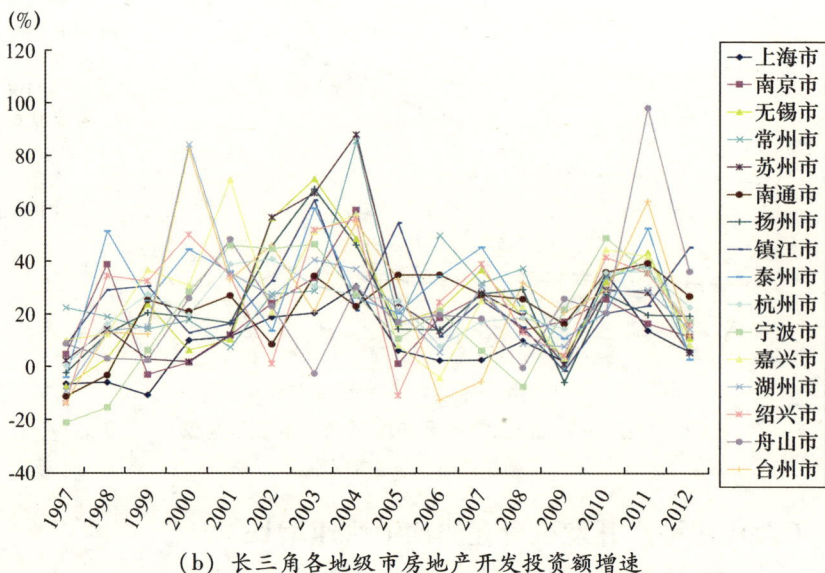

（a）长三角房地产开发投资额增速

（b）长三角各地级市房地产开发投资额增速

图 3-10　长三角地区整体和各地级市房地产开发投资额增速

数据来源：华通数据库。

(%)

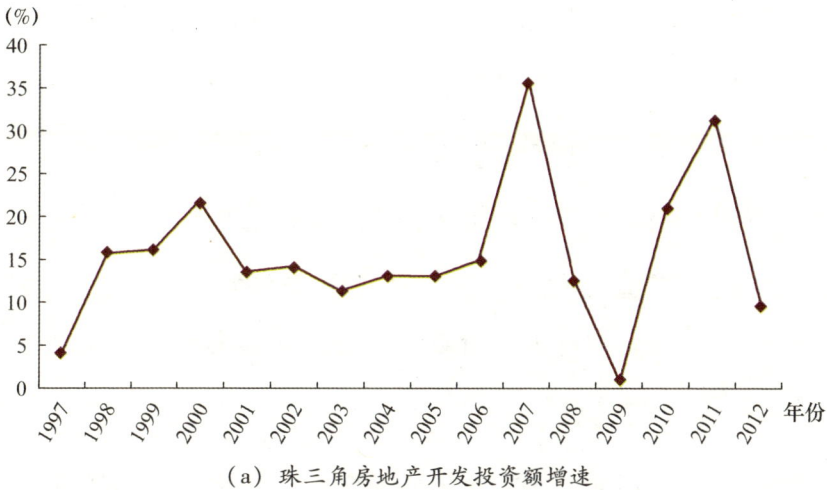

（a）珠三角房地产开发投资额增速

(%)

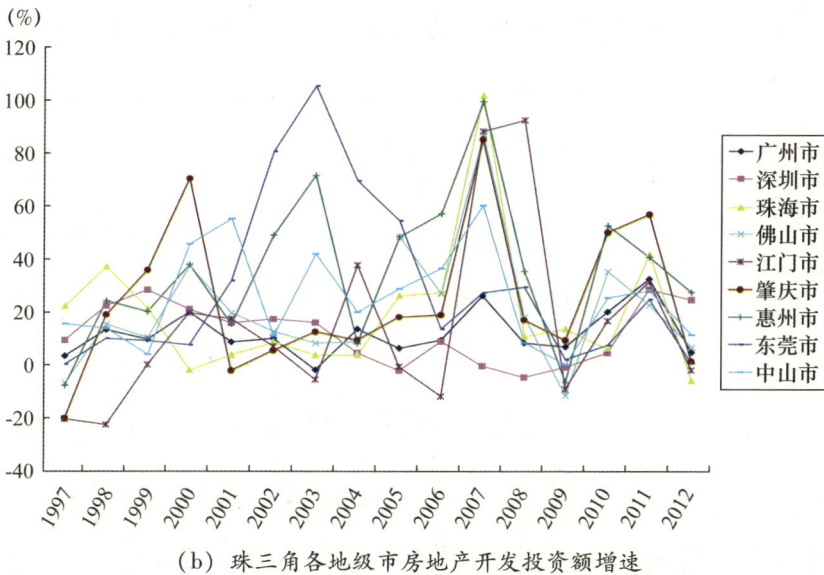

广州市
深圳市
珠海市
佛山市
江门市
肇庆市
惠州市
东莞市
中山市

（b）珠三角各地级市房地产开发投资额增速

图3－11　珠三角地区整体和各地级市房地产开发投资额增速

数据来源：华通数据库。

三、我国潜在战略性区域的识别

根据上一部分对原有战略性区域快速增长时期典型化事实的

概括，未来我国新的战略性区域既需要具备工业化、城镇化等经济结构较快变动的潜力，又需要具备聚集劳动力、资金、物流、土地等要素的吸引力。根据前文提出的识别框架和筛选尺度，我们将依次按照工业化程度、城镇化进程、劳动力增长、资金聚集、物流汇聚、土地增值等六个标准，对我国 285 个地级市进行六轮筛选，以期发现有潜力成为新战略性区域的竞争者[①]。

（一）二产比重过高的城市不具备生产率较快提升的基础

2014 年，我国第二产业增加值占 GDP 的比重为 42.64%，同比下降 1.25 个百分点，全国整体上处于工业化中期阶段。当工业化进入中后期阶段，农业比重在低位保持稳定，二产比重开始下降，服务业比重持续上升。由于服务业生产率的提升并不像工业那么明显，二产比重过高的地区不具备生产率较快提升的基础，从而限制了其成为潜在战略性区域的可能。如表 3－2 所示，2012 年，在全国地级市中，有 23 个城市的二产比重超过 65%，大部分是资源能源型城市（如克拉玛依、大庆、榆林等）。这些城市有的已经进入了资源储备下降的周期；有些虽然还有相当大的储量，但过高的二产比重已无进一步提高的空间，23 个城市中有 26% 的（6 个）城市近 3 年的二产比重出现了下降。这都预示着这些城市在中长期内难以维持经济快速增长。

---

① 需要指出的是，我们并没有先验地排斥原有战略性区域，长三角、珠三角地区的地级市也都列入了研究的初始样本。

表 3 - 2　　　　23 个城市 2012 年二产比重和近 3 年比重变化

城　　市	2012 年 二产比重（%）	近 3 年 比重变化	城　　市	2012 年 二产比重（%）	近 3 年 比重变化
克拉玛依	87.96	1.28	漯　河	68.49	- 0.39
嘉峪关	81.82	2.94	三门峡	67.99	1.94
大　庆	80.88	2.2	盘　锦	67.76	6.76
攀枝花	75.86	5.1	焦　作	67.46	0.13
金　昌	75.80	- 4.14	长　治	67.36	4.58
延　安	73.55	2.71	许　昌	67.02	- 0.28
乌　海	73.45	4.61	马鞍山	66.47	- 0.06
铜　陵	73.44	5.57	淮　北	66.13	4.74
吕　梁	73.23	9.54	芜　湖	65.87	3.23
榆　林	72.23	6.13	宝　鸡	65.19	4.3
东　营	70.85	- 3.07	濮　阳	65.12	- 0.46
鹤　壁	70.47	1.8			

数据来源：华通数据库。

（二）城镇化速度放缓的城市难以产生城乡结构转化效应

2014 年，我国城镇化率达到 54.77%，同比提高了 1.04 个百分点，是近 20 年来我国城镇化率提升速度最慢的一年，全国在整体上已步入城镇化加速度为负的阶段。截至 2013 年末，我国有 40 个城市的城镇化率超过 65%，进入到了城镇化率提升放缓阶段，未来由当地农业转移人口进入城镇高效率部门带来的结构转化效应不是很大。当然，我们也注意到，除了东北地区的一些老工业城市之外，这些城市大部分是处于原有战略性区域的发达城市。后者虽然在本地域内部的城乡结构转化潜力不大，但仍可能形成"城镇化率提升趋缓、外来劳动力增长"的格局。因此，我们并不将这些城镇化率高的城市直接排除在潜力战略区域之外，而留待下一部分分析就业人口增长时做进一步考察，保留那些城镇化率虽高但就业仍然强劲增长的城市。

表3-3　　　　　　　城镇化率步入放缓期的城市　　　　　单位:%

城　市	城镇化率	城　市	城镇化率	城　市	城镇化率
深　圳	100.0	本　溪	77.7	成　都	69.3
佛　山	94.9	海　口	76.1	昆　明	68.1
上　海	89.6	杭　州	74.9	西　宁	67.8
东　莞	88.8	银　川	74.8	合　肥	67.8
厦　门	88.7	抚　顺	74.4	郑　州	67.1
中　山	88.0	武　汉	74.0	温　州	67.0
珠　海	87.9	无　锡	72.9	呼和浩特	66.2
北　京	86.3	贵　阳	72.5	常　州	66.2
广　州	85.3	苏　州	72.3	惠　州	66.0
太　原	84.1	西　安	71.5	济　南	66.0
天　津	82.0	长　沙	70.6	福　州	65.9
沈　阳	81.0	南　昌	70.0	舟　山	65.8
南　京	80.2	宁　波	69.8		
兰　州	79.7	汕　头	69.8		

注：抚顺市为2012年数据，其余为2013年数据。

数据来源：华通数据库。

（三）人气不足的城市丧失了汇聚其他要素的吸引力

在所有要素中，用脚投票的劳动力是市场化程度最高的要素，劳动力的个人选择偏好汇总在一起的结果，塑造出不同城市的吸引力。2014年，我国新增1322万城镇就业人口，同比增长0.92%，保持了近9年来每年千万级的增长。但新增就业人口的分布并不均衡。如图3-12所示，从2002~2013年，我国就业人口增幅最大的地区是成渝、浙江西部和安徽中部；但西部和东北部不少城市的就业人口增长缓慢甚至出现了下降。全国共有 34 个地级市的就业人口在 10 年中出现负增长，101 个地级市的就业人口年均增长不足 1.5%，不到全国就业人口年均增长的 35%。对于这 135 个城市而言，就业人口增长乏力意味着城市吸引力的下滑，其背后是产业的衰退和城市的萧条，我们将其排除在潜力战略区域之外。

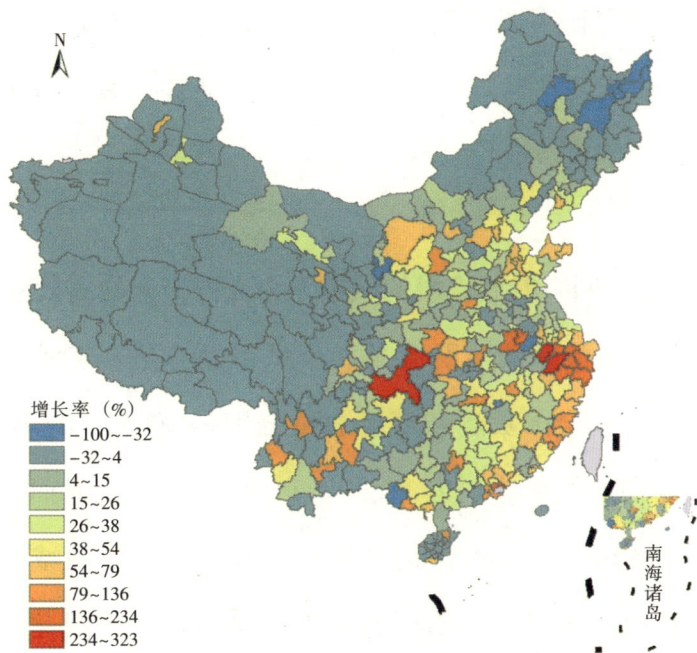

图 3-12　2003～2012 年单位从业人员增长率

数据来源：华通数据库。

（四）资金外溢的城市难以撬动经济快速增长的金融杠杆

资金是流动性最强的要素，资本在市场机制下的逐利活动构成了各地区千差万别的金融支持图景。本书用贷存比来刻画各地的资金流动情况。我们认为一个城市只要符合以下两个条件中的一个，就可被视为资金集聚的城市：（1）期末近三年（2009～2012 年）贷存比高于75%；（2）期末近三年贷存比高于50%，且比期初三年（2003～2005 年）高。如图 3－13（a）所示，贷存比低于50%的城市主要分布在中西部地区；省会城市的贷存比普遍较高，2012 年贷存比高于90%的 21 个城市中有 9 个是省会城市。如图 3－13（b）所示，期末三年贷存比提高较多的城市集中在福建和广西，贷存比下降幅度较大的城市主要分布在东北地区。在这一标准下，有 89 个城市不符合以上两个条件，属于资金外溢的城市，不符合潜在战略性区域的条件。

（五）物流网络发展较慢的城市无力支撑资源的高效配置

物资和人员流动的活跃度是一个城市经济是否充满生机的重要指标。2012 年全国货运和客运总量分别是 2003 年的 2.62 倍和 2.40 倍，年均增长率分别为 11.30% 和 10.19%。相对而言，二产比重较高的城市货运量增长速度较快，服务业主导的城市客运量增长速度较快，使用单一指标并不能准确地识别。因此，我们认为货运和客运的年均增长率同时低于 8% 的城市，属于物流发展较慢的城市，无法形成资源高效配置的网络。货运量年均增长率低于8% 的城市有 91 个，主要分布在西部和东北地区（图 3－14（a））；客运量年均增长率低于 8% 的城市有 129 个，主要分布在西部、东北和中部地区（图 3－14（b））。两项指标都低于 8% 的城市有 50个，这些城市不具备成为战略性区域的潜力。

2012 年贷存比
- 0~0.15
- 0.15~0.40
- 0.40~0.49
- 0.49~0.56
- 0.56~0.63
- 0.63~0.70
- 0.70~0.78
- 0.78~0.89
- 0.89~1.14
- 1.14~4.80

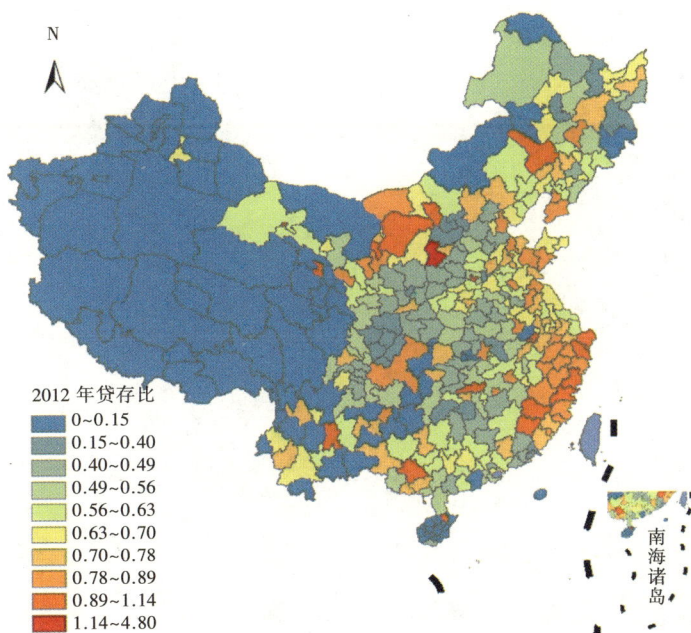

（a）2012 年贷存比

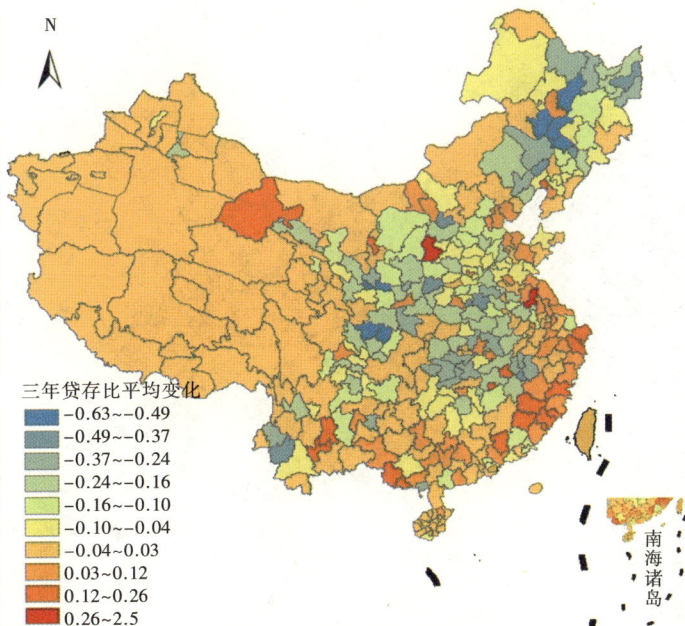

三年贷存比平均变化
- -0.63~-0.49
- -0.49~-0.37
- -0.37~-0.24
- -0.24~-0.16
- -0.16~-0.10
- -0.10~-0.04
- -0.04~0.03
- 0.03~0.12
- 0.12~0.26
- 0.26~2.5

（b）贷存比三年平均变化

图 3－13　2012 年贷存比和 2009～2012 年三年平均变化

数据来源：华通数据库。

N

年均增长率（%）

- −100
- −100~−8
- −8~1
- 1~5
- 5~9
- 9~13
- 13~18
- 18~27
- 27~45
- 45~84

南海诸岛

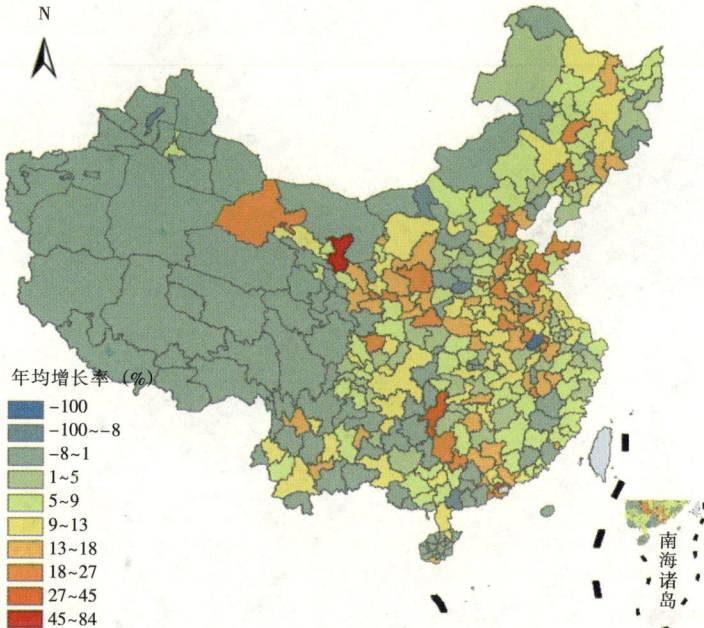

（a）旅客运输量年均增长率

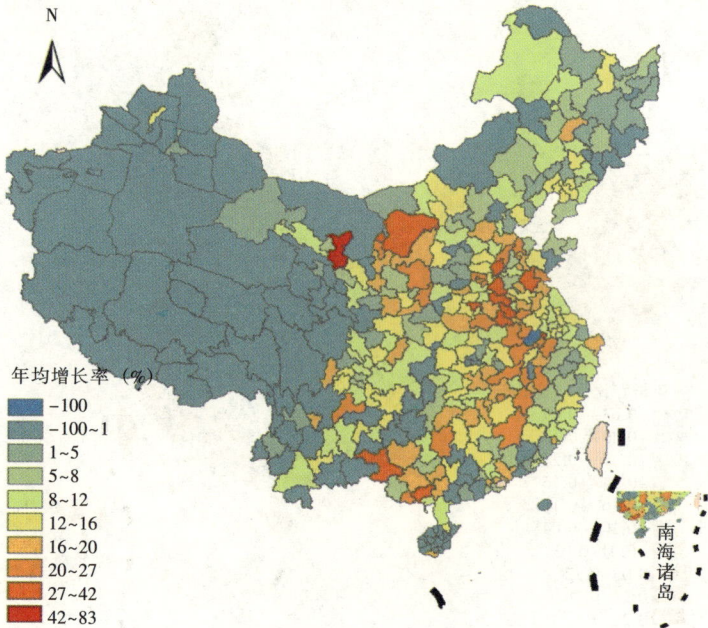

N

年均增长率（%）

- −100
- −100~1
- 1~5
- 5~8
- 8~12
- 12~16
- 16~20
- 20~27
- 27~42
- 42~83

南海诸岛

（b）货物运输量年均增长率

图 3−14　客运总量和货运总量年均增长率

数据来源：华通数据库。

（六）土地增值较慢的城市不具备成为战略性区域的潜力

我们用房地产开发投资的增速反映土地增值的情况。2003～2012 年，全国房地产开发投资的平均增速为 24.28%。如图 3 - 15 所示，房地产开发投资增速最快的城市分布得较为分散，东北、中部、西部地区都有年均增长超过 50% 的城市。相对而言，东部地区的增长显得更加温和一些，这与东部地区住房商品化启动时间在样本期之前有一定关系。我们以年均增速 20% 为界，将低于这一标准的 32 个城市视为土地增值较慢的地区，排除在潜力战略性区域的名单之外。

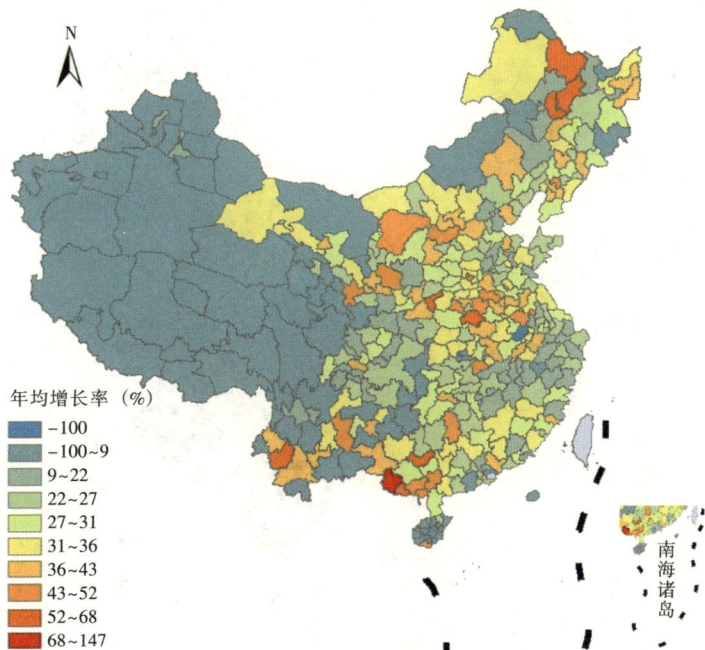

年均增长率（%）

- -100
- -100~9
- 9~22
- 22~27
- 27~31
- 31~36
- 36~43
- 43~52
- 52~68
- 68~147

南海诸岛

图 3 - 15　房地产开发投资额年均增长率

数据来源：华通数据库。

四、潜在战略性区域的环境承载力分析

经过以上六个指标的分析，我们从 285 个地级市中筛选出了 38 个潜在战略性城市。这 38 个潜在城市，除了台州、舟山、嘉兴属于原有战略性区域，其余城市都属于新生力量。如图 3－16 所示，新的战略性区域表现为多个经济带、城市群或都市圈，如长江经济带、海峡西岸城市群、北部湾城市群、成渝西安都市圈、云贵都市圈等。

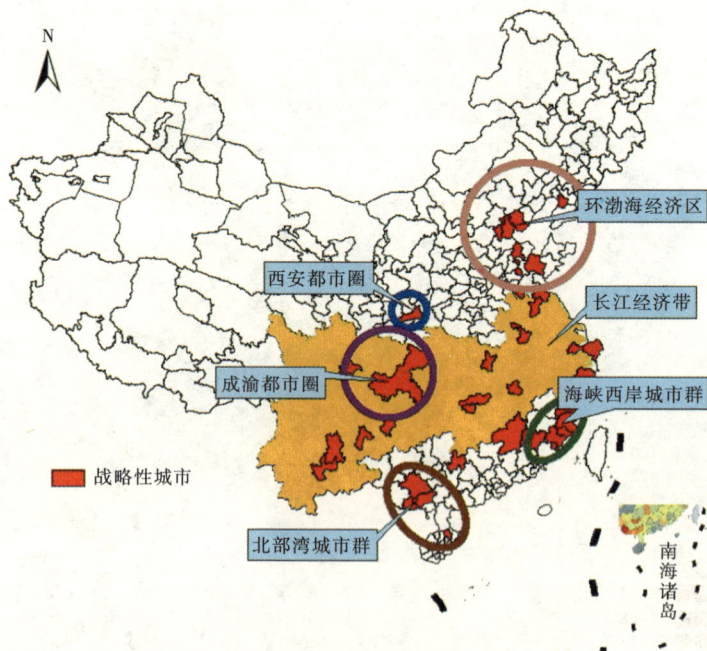

图 3－16　我国新战略性区域的识别结果

除了具备经济结构快速转换的潜力以及要素集聚的能力，这些城市还必须有足够的资源环境承载力来支撑经济的快速增长。

土地和水是城市经济社会发展最基本的两类资源，基于数据可得性的考虑，我们采用"工业用地比重"和"人均供水能力"来考察潜在战略性城市的环境承载力。前者是用市辖区的工业用地面积与城市建设用地面积的比值，后者是用城市供水生产能力除以全市用水人口得出的指标[①]。

表 3 – 4 　　　　　　　　　　　38 个潜在战略性城市

城　市	人均供水能力（立方米/人/日）	市辖区工业用地比重	城　市	人均供水能力（立方米/人/日）	市辖区工业用地比重
合　肥	0.51	0.23	长　沙	0.65	0.1
淮　南	0.53	0.2	连云港	0.49	0.23
福　州	0.68	0.16	宿　迁	0.65	0.23
厦　门	0.46	0.29	南　昌	0.62	0.2
泉　州	0.51	0.16	赣　州	0.51	0.24
宁　德	0.32	0.12	营　口	0.52	0.29
龙　岩	0.53	0.2	枣　庄	0.82	0.14
莆　田	0.74	0.18	莱　芜	0.53	0.21
南　宁	0.63	0.08	潍　坊	0.55	0.22
贺　州	0.52	0.12	滨　州	0.64	0.13
钦　州	0.78	0.25	西　安	0.54	0.22
防城港	1	0.11	成　都	0.51	0.18
六盘水	0.32	0	天　津	0.7	0.22
贵　阳	0.57	0.19	昆　明	0.52	0.21
海　口	0.96	0.09	玉　溪	0.46	0.01
廊　坊	0.43	0.1	嘉　兴	0.73	0.32
唐　山	0.66	0.31	台　州	0.53	0.33
武　汉	0.76	0.21	舟　山	0.53	0.14
湘　潭	0.86	0.3	重　庆	0.44	0.23

数据来源：华通数据库。

---

① 这两项指标的最新可得数据均为 2011 年数据。

大部分潜在战略性区域的土地承载压力可控。2011 年，全国地级市市辖区工业用地比重为 18.69%，其中长三角和珠三角地区分别为 27.36% 和 34.01%。对于 38 个潜在战略性城市来说，大部分城市的工业用地比重低于土地压力较大的长三角和珠三角地区，未来仍然存在较为充裕的土地开发潜力。工业用地比重相对较高的是湘潭（30%）、唐山（31%）、嘉兴（32%）和台州（33%），这些城市需要通过提高工业用地的使用效率才能将增长潜力转化为现实。

大部分潜在战略性区域都具备一定的供水能力。2011 年，全国地级市人均供水能力为 0.68 立方米/人/日，其中长三角和珠三角地区分别为 0.76 立方米/人/日和 0.80 立方米/人/日。对于 38 个潜在战略性城市来说，宁德、六盘水等城市的人均供水能力低于全国的平均水平，大部分潜力城市接近或超过全国平均水平，但普遍低于长三角和珠三角地区的水平，水资源的硬约束问题很突出。

虽然以上两项指标反映了城市经济社会发展的重要约束，但本部分并不根据承载力分析剔除潜在战略性区域。因为我国工业用地的使用效率还有很大的提升空间，人均供水能力也能通过区域间的调节得以提高，但环境承载力的压力值需要得到这些城市的重视。

执笔人：卓　贤　刘云中　邹学森

参考文献

［1］Bertinelli, L. and Black, D. 2004. " Urbanization and growth", Journal of Urban Economics 56：80 – 96.

［2］Biglaser G. , C. Mezzetti, 1997, " Politicians, Decision Making with Re – election Concerns", Journal of Public Economics 66, pp425 – 447.

［3］Glaser, 2008, "Cities, Agglomeration and Spatial Equilibrium", Oxford University Press.

［4］Tung, Samuel, and Stella Cho, 2001, "Determinants of Regional Investment Decisions in China：An Econometric Model of Tax Incentive Policy. Review of Quantitative Finance and Accounting, (17).

［5］陈斌开，林毅夫. 发展战略、城市化与中国城乡收入差距. 中国社会科学，2013（4）

［6］纪志宏. 存贷比地区差异研究. 金融研究，2013（5）

［7］李小建，苗长虹. 增长极理论分析及选择研究. 地理研究，1993（3）

［8］陆铭. 空间的力量：地理、政治与城市发展. 上海：格致出版社，上海人民出版社，2013

新形势下政府在形成战略性区域中的
地位、范围、作用和措施

一、引 言

本专题将针对"新的发展形势下，政府在形成战略性区域中的地位、范围、作用和措施"展开讨论①。

大致而言，"政府在新战略性区域中的地位、范围、作用和措施"可以分为两个根本性问题，一是"可欲性"，二是"可为性"。

"可欲性"问题是指政府在新战略性区域中作用发挥和措施采取的正当性何在？即为什么政府在新战略性区域的形成和发展中所发挥的各类作用和采取的各项措施具有合理性？对这个问题的回答更多要从理论层面找到依据。

"可为性"问题是指政府在新战略性区域中发挥作用的操作性

---

① 参见国务院发展研究中心重点课题立项计划书"支撑未来中国经济增长的新战略性区域研究"，2014 年 4 月。

何在？即政府在新战略性区域的形成和发展中应该如何发挥作用？对这个问题的分析则更多要从实践层面加以探讨。

　　表面来看，政府在新战略性区域中积极发挥作用、采取各项措施的可欲性似乎是不言而喻、毋庸置疑的。有鉴于"新的战略性区域在我国未来经济社会发展中的重要意义"，难道还不能有力证明政府应当在新战略性区域的培育发展中发挥积极作用、采取各种举措吗？然而，"实然"并不能直接推出"应然"，"新的战略性区域在我国未来经济社会发展中会扮演更重要作用"是个"实然"，即客观事实判断，"政府应当在新战略性区域的培育发展中积极发挥作用和采取各种措施"是个"应然"，即主观愿望判断。正如"太阳能等战略性新兴产业会对我国未来发展具有重大意义"并不能直接推出"各级政府都应该兴建相关工业园区来积极发展太阳能等战略性新兴产业一样"，"新的战略性区域在我国未来经济社会发展中会扮演更重要作用"这个客观事实判断，也并不能马上就推出政府应当在新战略性区域的培育发展中所发挥的各种作用、采取的各种措施都是具有正当性的。这个逻辑关系的成立，还需要得到理论上的支撑和实践中的检验。在下面分析中可以看到的，事实上当前我国的区域政策在实践与理论之间存在很大的脱节、存在着较大的反差，所以对于"政府在新战略性区域所作所为的正当性论证"并非是多此一举，而是在展开讨论"政府如何发挥作用和采取措施"的必要前提。

　　更进一步，"政府在新战略性区域所作所为"的"可欲性"论证不仅是"可为性"分析的前提，也间接决定了政府"可为性"

的地位、范围和可能采取的举措。正是在理论上弄清楚"政府在新战略性区域发挥作用"是必要的，以及在哪些领域、采取何种方式是正当的，才可以为接下来讨论政府在新战略性区域中应该采取哪些具体的措施奠定基础。

最后，政府在新战略性区域中作用的"可欲性"和"可为性"并非总是一成不变的，在不同的时间、不同的形势之下，政府在新战略性区域中作用的正当性和操作性也会发生较大的变化。当前，我国经济运行进入新常态，伴随着经济增速的下降，是消费、投资、出口、生产要素、产业组织、生态环境、市场竞争、经济风险、资源配置、宏观调控等各个方面的全方位变化[①]。在新形势下，政府在新战略性区域中是否应该发挥作用，以及如何发挥作用，也会与传统时期应有明显的不同。与此同时，由于是站在全国层面对于新战略性区域的分析，所以本专题侧重从中央政府的角度来讨论政府在新战略性区域中的作用。

二、新形势下政府在新战略性区域中作用的发挥必须摆脱我国已有区域政策的传统模式

（一）我国已有的区域政策具有鲜明的"特定区域指向性"和"均匀指向性"

首先，一直以来我国在区域政策上主要是采取"先挑地区、

---

① 参见"2014 年中央经济工作会议公报"，新华社，2014 年 12 月 11 日。

再给政策"的倾斜式做法。无论是改革开放之初的"经济特区"，还是90年代的上海浦东新区开放，以及后来的四大板块战略，乃至最近名目繁多的各种地区发展规划，尽管所选择的范围有大有小、出台政策的意图各有不同，但区域政策的根本逻辑还是一脉相承的，具有明显的"特殊性"和"差异性"特征，或者说是"特定区域指向的"区域政策。

其次，随着"西部大开发""中部崛起""东北振兴"等一系列政策的出台，我国的区域政策开始转入所谓的"协调发展"或者"均衡发展"阶段。这个政策意图的重点是推进不同地区的共同发展，尤其是在经济发展水平上要有所趋同，由此形成的政策目标是经济活动在我国国土上的空间分布应更为均衡，更为确切的说是"均匀"①，因此可以将这样的区域政策称之为"均匀指向的"。

在上述鲜明的"特殊区域指向"和"均匀指向"特征下，可以看到我国的区域政策实践呈现出一种看似矛盾的现象，一方面不断地挑选特定区域、给予优惠政策，从而制造出区域之间的不平等；另一方面又试图将更多的区域纳入到倾斜式的政策实践中，以追求区域发展之间的平等。

在这样的大背景下，"新战略性区域"的政策实践也很容易顺

---

① 下面将更为仔细地分析"均衡"与"均匀"的区别，我国的区域政策在很大程度上混淆两者。事实上一个经济体在空间分布可以是"均衡"的，但很不"均匀"；与此同时一个在空间分布很"均匀"的经济体，可能离经济的"均衡"状态相差甚远。

理成章地被纳入到上述逻辑中。首先，要挑选出潜在的"新战略性区域"，给予相应的政策来加快其形成和壮大，以实现其"特定区域指向"；其次，要考虑到不同地区的发展需要，将尽可能多的符合所谓新战略性区域标准的地区纳入进来，推进区域之间的均衡（均匀）发展，以实现其"均衡（均匀）指向"。

那么，上述新战略性区域政策的"特殊区域指向"和"均匀指向"的"可欲性"能否得到区域理论和区域发展实际的支撑呢？

（二）新战略性区域政策的"均衡（均匀）指向"与区域发展的事实和理论之间存在很大的脱节、存在着较大的反差

"经济活动在空间的不断集聚"是目前区域发展现实和区域理论所得出的最重要规律。在区域发展的事实层面，正如世界银行在 2009 年度世界发展报告《重塑世界经济地理》中所指出的，当前世界的经济活动最突出的地理特征就是空间的集聚，在全球范围内如此、在一个国家里如此、在一个具体地区内亦如此。世界上所有国家中，有一半的国家其国民收入的 1/3 集中在不到 5% 的国土，有 1/4 的国家其国民收入的 1/2 来自不到 5% 的国土[①]。

在区域发展的理论层面，自从克鲁格曼等一批经济学家创立"新经济地理学"理论以来[②]，已经有不少的区域理论较为成功地

---

① 参见：World Bank（2009）"Reshaping Economic Geography"，第 81 页，World Development Report 2009。

② 克鲁格曼：《地理和贸易》，北京大学出版社 2000 年版；藤田昌久、克鲁格曼等：《空间经济学——城市、区域与国际贸易》，中国人民大学出版社 2011 年版。

解释了经济集聚现象为什么会如此大范围、长时间地发生，这里的关键是新兴的空间经济学模型较好地处理了"规模报酬递增"的问题，从而将空间因素纳入了进来。事实上，如果从空间的角度来理解"斯密的劳动分工深化带来生产率提升"的论断，也能较好地解释为什么经济活动会在空间产生集聚。因为在空间上市场的扩大会导致"专业化分工"的不断深化，带来生产率的显著提高和生产规模的扩张，在空间上则逐渐形成了经济活动的"集聚"，集聚又反过来进一步促进了市场扩张和专业化分工，"市场扩张""分工深化"和"集聚"三者互相作用，共同推动经济的持续增长。

因此，无论是从区域发展的现实还是理论上，都难以支撑我国区域政策的"均匀指向"。即使从"空间均衡"模型来看，一个经济体实现了"空间均衡"的状态，即是各个经济主体通过各自的最优化选择达到了系统的一般均衡，这个各种要素资源和产品的一般均衡配置（即最优化配置）不仅是体现在经济上、也体现在了空间上。然而这种达到"空间均衡"的经济体，其经济活动是否就一定均匀分布在空间上呢？答案显然是否定的。不同经济活动主体在空间位置上的选择是受到多种因素的影响，"新经济地理学"的理论正是指出了"规模报酬递增"和"不完全竞争"的存在会使经济活动越来越集聚。

因此，尽管我国区域政策的"均匀指向"有着良好的政策愿望，但与区域发展的事实和理论相背离。同样，新战略性区域政策"均匀指向"的"可欲性"也难以得到区域发展的事实和理论的支撑，那种认为在全国范围内应该形成新战略性区域"大分散、小集中"的布局，也无法在理论上讲得通。

当然，对于我国区域政策的实践与理论的脱节可以有不同的视角加以看待。一种可能是理论滞后于实践，正如发展经济学的理论常常滞后于发展中国家的实践一样，区域经济理论也可能滞后于区域政策的实践。另一种可能是我国区域政策的制定实施并不完全基于经济的角度考虑，而更多是从政治、社会等其他角度出发，因此即使与经济学的理论不相符，也自有其正当性。但是无论如何，如果认清区域发展的基本规律，就会看到那些违背经济学原理的区域政策，往往很难达到其预期的目标，这在新战略性区域的政策中，同样会如此。

（三）新战略性区域政策的"特定区域指向"在现实操作中会遭遇很大的困难，可能产生与政策意图相悖的结果

上面从区域发展的事实和理论角度，否定了新战略性区域政策"均匀指向"的正当性，但是"特定区域指向"的正当性是否也一样难以成立呢？因为新战略性区域是那些有发展潜力的经济集聚之地，所以采用"特定区域指向"来挑选未来的新战略性区域，并不与区域集聚发展的事实和理论相矛盾。挑选特定的区域，给予各项政策优惠、创造各种条件以促使更多的要素和生产活动向这些区域聚集，看起来也是符合区域集聚发展趋势的顺理成章

之举。

然而，新战略性区域的"特定区域指向"政策在具体操作中将遭遇到"如何挑选特定区域"的困难。尽管未来国内必然会有一些地区成为新战略性区域，但要在事先能够加以准确地预先判断，却并非轻易之举。正如目前一些有发展潜力的新产业或小企业未来可能会成长为对经济社会发展具有重要影响力的支柱产业和大企业，但政府要预先准确地找出它们并加以扶持，却非易事。事实上，无论是在理论上还是现实中，政府对企业和产业的扶持已经有大量的总结和教训，政府适当地与产业和企业保持距离，应当尽量避免直接参与到"挑选优胜者"的活动中，已经成为了政府参与经济的一种共识，这样的共识在区域政策领域也同样存在[①]。

更为重要的是，一项政策的实施总是在具体的制度背景下、由特定的机构和人来实施的。所以，政策本身是否科学、精准只是政策能否获得成功的一部分因素，而能否有合理的制度环境使得相关机构和人在执行政策过程中，能够忠实政策设计的原意，是政策能否获得预期成效的更关键因素。为什么政府对企业的直接扶持经常会遭遇失败，很重要的原因之一是具体实施政策的人容易被相关的企业所俘获。区域政策的实施同样如此，也总是深受制度环境的影响，为各种各样的相关利益所扭曲。

---

① 格拉斯米尔：《牛津经济地理学手册》，商务印书馆 2010 年版。

考虑到我国现有的各地之间展开激烈的地区竞争的环境，"特定区域指向性"新战略性区域的实施尤其会面临更大的挑战。可以看到，在地区竞争的沉重压力之下，各个不同地区目前都在争抢各种各样的名号、以获取相关的政策优惠加快自身的发展。可以预料的是，如果培育发展"新战略性区域"成为我国未来区域政策的一项内容，那么势必演变成为各地争先恐后地将自身纳入国家"新战略性区域"范围的一场争夺战。

因此，采取更为科学的方法来识别我国未来的新战略性区域，提高区域政策的科学性和精准性，从技术的层面来看不无正当性。正如黄仁宇指出的，我国传统王朝治理的一大弊病是缺乏精确的"数目字管理"。所以尽量采用数字的方法，夯实政策出台的基础，提高区域政策的水平，显然是必要的。但与此同时也要充分认识到，只从技术层面来设计区域政策，而不考虑相关的制度背景，很有可能在具体实施过程中会产生与政策设计初衷完全相悖的结果。

三、新形势下政府在新战略性区域中的作用怎样可为

综上所述，新战略性区域政策的设计和实施必须摆脱我国已有"先挑地区、再给政策"的倾斜式区域政策模式，舍弃"均匀指向"和"特定区域指向"的做法。那么新形势下政府在新战略性区域中究竟应该发挥何种作用、采取怎样的措施呢？

（一）新形势下"要素在空间重新优化配置带来的生产率提高"应在"新战略性区域"中发挥更为重要的作用

从理论上看，经济长期增长的源泉在两个方面：一是要素投入的增加；二是要素生产率的提高；前者是指在既有的生产方式和技术条件下，投入更多的要素，得到更多的产出。后者是指在要素投入不变的条件，通过要素配置效率、技术水平等提高，也带来了更多的产出。我国经济运行进入新常态，意味着经济增长的动力难以像过去那样主要依靠要素投入的扩张来获得，而是将更多地要依赖要素生产率的提高。

从区域的角度来看，任何一个经济体的增长，都是分布在各个地区，在具体空间实现的。也就是说，一个抽象意义的全国经济增长，必然要落实到国家的各个具体区域上。所以根据空间经济学的理论，经济长期增长根本上也源自两个方面，一是在空间配置资源格局不变的条件下，各个区域依靠自身加大要素投入和提高要素生产率；二是在要素总投入不变的条件下，要素在区域间重新优化配置所带来要素生产率的提高。前一种经济增长的现象主要体现在单个地区上。相比之下，后一种依靠要素在区域间重新优化配置来实现经济增长。

我国经济运行进入新常态是指经济增长将更多地依赖于"要素生产率的提高"，那么体现在空间和区域上，就意味着"要素在空间优化配置带来的生产率提高"需要在经济增长中发挥出更为重要的作用。从新战略性区域的角度来看，同样也意味着未来新战略性区域的形成和发展，也要从依靠"单个地区的单打独斗增加自身要素投入"更多转向依靠"要素在空间优化配置带来的生产率提高"。

（二）新形势下新战略性区域政策应更注重跨区域的协同发展和市场一体化

要实现要素在空间优化配置所带来的生产率提高，从而在新战略性区域的形成和发展中发挥更大的作用，与以往相比就对区域政策提出了更为不同的要求，它需要新战略性区域政策的着力重点应从"个别"更多转向"整体"、从"区域内"更多转向"区域间"、从"差异化"更多转向"一体化"。

新战略性区域的形成和发展有赖于要素和经济活动的集聚，而这种集聚在新形势下将更多依靠要素在空间优化配置所带来的生产率提高。因此，新战略性区域的形成和发展要更多通过"专业化分工""市场一体化"和"集聚"来实现，而要推进分工的不断深化和经济活动的持续集聚，有两个根本的前提：一是市场的范围要足够大；二是要素的流动要足够灵活。与此相对应，就需要新战略性区域政策更多地转向如何推动不同区域间的协同发展和市场的一体化，更注重如何破除要素在不同区域流动的不合理限制，尽量降低要素在市场范围内优化配置的区域壁垒和流动成本。新战略性区域政策应该在促进市场整合、公平竞争、要素流动上多做文章，避免人为制造政策洼地、行政壁垒等不公平的竞争环境，有碍于专业化分工的深化和集聚的形成。

（三）"进一步厘清中央和地方事权，推进中央与地方关系的法治化"是新形势下我国新战略性区域政策的关键内容

由于在目前中央和地方事权共担的局面下，新战略性区域政策的实施很容易演变成不同地方争抢名号的一场大战，从而违背了新战略性区域政策的良好初衷。而要避免这种情况的发生，关键是要厘清中央和地方事权，使中央出台的新战略性区域政策跳出"先挑地区、再给政策"的传统模式，而专注于地区竞争秩序和竞争公平的维护、市场一体化和区域协同发展的推进。

要有效发挥新战略性区域政策在推进市场一体化和要素自由流动方面的作用，需要对中央和地方的事权范围进行优化和调整。应该根据"影响范围原则"，一方面中央应该收缩管辖范围，贯彻"管少管好"的原则，那些属于地方范围内的局部性事务，应下发决策权，交由地方来负责；另一方面对于那些全国性、跨区域的事务，要改变过去层层委托给地方来实施的做法，应加强中央政府在相关具体政策中的执行能力，切实担负起中央在规范地方竞争、推进市场一体化和区域协同发展中的重大责任。

需要进一步指出的是，中央和地区对事权的合理划分，并不仅仅是"尽可能详细地列出各级政府间的事权，然后再将其上升到法律法规层面"这样简单，更为关键的是要形成规范化、公开、稳定和可预期的规则和过程，来对中央和地方事权关系进行动态

化的调整。因此，如何有效引入司法调节，将中央和地方关系的调整纳入法治化轨道，将是实现中央和地方事权合理划分、促进新战略性区域政策适当调整的重要内容。

执笔人：宣晓伟

参考文献

［1］克鲁格曼．地理和贸易．北京：北京大学出版社，2000

［2］藤田昌久，克鲁格曼等．空间经济学——城市、区域与国际贸易．北京：中国人民大学出版社，2011

［3］格拉斯米尔．牛津经济地理学手册．北京：商务印书馆，2010

［4］World Bank（2009）"Reshaping Economic Geography"，World Development Report 2009

培养、发展和壮大增长极的国际经验

"增长极"最早是英国经济学家威廉·配第提出的，20 世纪 50 年代后由法国经济学家弗朗西斯·佩鲁逐渐发展起来。它主要是指产业集聚在某一空间并给本空间及其周边地区的经济增长带来影响的现象。后来，"增长极"的概念扩展为一种能够带动区域发展的特定空间。

很多人认为，增长极的确定常常是以增长结果来评价的，它可以指一个行业、一个企业、一个城市或者一个农村地区，只要它实现了经济快速增长，就可以成为一个增长极。

本专题主要从部分国家促进区域发展、形成区域经济增长极的典型案例入手，探讨国际上培养和发展增长极的共同规律，进而提出对中国区域发展的认识与启示。

一、发达国家和地区的做法

（一）美国

美国在空间（区域）发展政策方面至今尚未有覆盖全国的国土规划，也不提倡由上而下的空间规划，但是这不排除美国根据不同的区域问题而编制导向型的区域规划和立法。例如《地区再开发法》、公共用地用途调整，以及以田纳西流域整治为代表的流域综合整治等，也会有一些措施促进新兴产业空间的发展。

1. 美国硅谷

硅谷作为美国微电子的发源地，是美国最大的产业园区，也是世界上最大的微电子产业基地，占地面积约 1400 平方公里。圣克拉拉谷的电子业大约从 20 世纪 20～30 年代起就已初具规模，著名的惠普公司等都是在这一时期成立的。硅谷的半导体业创始于 20 世纪 50 年代中期，主要是对半导体、大型计算机和仪器仪表等的生产和制造，但在 20 世纪 50～60 年代，其影响远不及东海岸的电子业和半导体业。1971 年微处理器的发明是硅谷大发展的开端，微处理器主要是由斯坦福大学发明完成，使硅谷能够抢占先机进入微电子时代，从而也使整个美国进入微电子时代。此后硅谷又先后抓住了计算机软件和互联网两次大的技术变革重大机遇，从而奠定了引领美国科技产业发展的地位，使其成为美国乃至全世界最为著名的科技产业园区。

2. 促进欠发达地区经济增长极的建设

美国欠发达地区也被称为"美国的西部地区"，当然美国的西部，并不是一个确定的地域概念。美国有"旧西部""新西部"以及"远西部"之说，反映了美国西部疆域的变迁过程。在历史上，美国曾经通过廉价出售联邦土地、修建铁路、鼓励矿业开采等方式来引导人口向西迁移，从而促进美国西部地区发展。本专题讨论的重点是20世纪60年代有关美国欠发达地区建设。美国于1961年颁布了《地区再开发法》，并依法成立了地区再开发管理局①，当时设立地区再开发管理局的目的是，通过对那些失业率持续超过全国平均水平或者人均收入低于全国水平一定幅度的地区提供援助，比如规定过去12个月的平均失业率超过6%，而且过去两年内至少有一年的失业率在全国平均水平以上的地区，可以给予投资项目资金和财政支持。尤其是到60年代后期还重点选择欠发达地区发展条件比较好的地方（原则上每个县有一个）作为重点发展的中心，实行倾斜式发展，以此带动欠发达地区的发展。具体做法主要有：一是编制跨区域（县或者州）的区域振兴方案，例如在阿巴拉契亚复兴方案中就包括了13个州，振兴方案的主要目的是增加就业。从这个角度看，美国在不同时期也会编制一些针对具体问题和具体地区的发展规划；二是通过大量的联邦财政拨款加大基础设施、环境治理、人力培训等方面的投资力度，也

---

① 1965年更名为经济开发署。

包括对中小企业的支持性贷款（贴息或者低息）。通过提供公共事务和开发设施，缓解由于不发达地区带来严重而持久失业的环境问题。据统计，1965～1975年间，美国联邦政府共拨款23亿美金用于欠发达地区的开发；三是引入"增长极"的概念，例如美国的经济开发法案要求"开发中心（Development Center）"必须是具有足够规模和潜力的地区，能够通过其经济发展来减轻周边地区的不发达状况，在1975年这样的"开发中心"曾经达到260个以上[①]。

（二）日本

日本历来很重视国土规划以及相关的财政政策、产业政策，通过一系列政策优化空间发展格局。日本的国土规划体系分为全国综合开发规划、跨行政区的区域规划（包括三大都市圈建设规划、七大地区开发规划）、特殊地区规划（岛屿、山村、欠发达地区等特殊地区）、都道府县综合发展（长期）规划和市村町综合发展（长期）规划。日本国土规划关注的焦点一直都围绕着"过密"与"过疏"的问题，试图缩小大都市圈和地方经济发展差距。从形成区域经济增长极和促进欠发达地区发展的角度看，日本对于都市圈规划、建设以及促进北海道地区发展的经验比较有借鉴

---

① 美国并没有划分或者确定开发中心的统一标准，只是定性地要求具有充足的人口、资源、公共设施、产业和商业服务基础等，唯一见到的较为一致的一个指标是要求开发中心的人口应该在25万人以上。

意义。

1. 都市圈是日本形成和发展增长极的重要方式

以东京首都圈为例，加强规划引导一直是促进都市圈发展的重要措施。自20世纪50年代起，日本对首都圈规划进行了五次重大调整，主要针对人口、资本等要素过度向东京都集中的问题进行规划调整，着重强调城市功能的分散、区域产业的分工合作以及地域产业的联动，推动首都圈逐步由单一核心圈域发展成多极多核心的网络结构，实现由硬性控制到柔化管理的城市管理方式转变。由人口转移到产业转移、功能转移的城市功能外溢，以及大中小城市产业联动的城市分工与协作，缩小了日本首都圈的地域差距，显著提高了整体国际市场竞争能力。

日本首都圈作为政治、经济、文化的中心，人口流入现象更加显著。其中，不仅有来自农村的人口，也有大量的其他城市人口迁入。东京圈（1都3县）的人口，从1950年的1305万人迅速增加到1970年的2411万人。人口骤增促使东京城市地域不断扩张，大城市病日益凸显。同时也应看到，日本是一个地震频发的国家，人口和社会活动过于集中容易导致防灾减震能力下降。为了缓解东京存在的诸多大城市病，日本政府提出了首都圈构想，旨在广域范围内解决人口和产业过度集中问题，以期实现经济的均衡发展。1956年，日本政府效仿英国伦敦都市计划，制定了《首都圈整备法》。该法案修改了1950年提出的从东京都心向外延伸50公里的区域为首都圈的规定，规定从东京都心向外延伸100

~120 公里，总面积为 2.6 万平方公里的区域作为首都圈，并将首都圈分为已建成城区（既成市街地）、近郊地带和城镇开发区三个同心圆。此后的 40 年间，日本政府根据本国经济发展水平、社会活动的空间分布情况以及对未来趋势预测，先后出台了 5 部首都圈基本计划方案，分别对前期规划进行了及时调整和完善，规划了未来 15 年首都圈的人口规模，不断调整空间结构和地域功能，并提出具体的经济社会发展目标。

2. 对北海道的开发是在不发达地区培育区域经济增长极的方式

北海道位于日本最北端，由于地理位置和气候条件的限制，使其在二战之前一直发展缓慢，二战后日本开始对北海道进行综合开发。经过 50 多年的努力，北海道已经由一个经济极为落后的地区发展成为较为现代化的区域。日本实施了多方面的措施支持北海道的开发。

启动之初，日本政府就着手制定《北海道开发法》，奠定了北海道开发的法律基础。根据有关规定，不仅中央政府设立了北海道开发厅，而且北海道首府札幌市也设置了开发局，负责北海道开发，包括规划的编制、实施和公共资金的分配等。日本对于北海道的开发制定并实施过五个综合开发计划，每个综合开发计划都有一个侧重点。第一个《北海道综合开发计划》（1952～1962 年），重点开发资源和振兴产业；第二个《北海道综合开发计划》（1963～1970 年），以大规模发展工业为中心；第三个《北海道综合开发计划》（1971～1980 年），振兴产业和进行社会福利设施建设；第四个《北海道综合开发计划》（1978～1987 年），促进社会经济稳定和形成综合发展环境；第五个《新北海道综合开发计划》（1988～1997 年），旨在增强经济实力，为长期发展作出贡献。这些计划的制订和实施，对北海道的地域开发具有积极促进作用。

（三）欧洲

欧洲传统上讲有大伦敦、大巴黎、莱因－鲁尔等大都市群，这些城市是伴随欧洲经济发展而逐步形成的。促进这些大都市群形成的主要因素是市场机制，包括基础设施改善、要素的自由流动和企业/产业的区位选择。但从政府公共政策角度看，其初衷主要是为了改善原有单一的中心大城市人口过于集中、交通拥挤、生态环境恶化等问题，鼓励产业和人口向大城市周围的地区扩散，采用城市群布局方式在地域上组成一个相互关联、相互依赖的城市群体。值得注意的是，促进人口和产业分散的政策导向却促使单一中心城市向城市群再向城市化地带的演化，提高了一个国家的经济在城市化地带的集中程度。伦敦、巴黎、罗马、维也纳、柏林、法兰克福等欧洲的现代化国际大都市，其经济和城市建设的特点比较鲜明。第一，城市产业结构高度化，第三产业占主导地位，中高级生产者服务业发展很快，如伦敦、巴黎等以工业起家的城市。上世纪 80 年代，将大量的工业企业外迁，依托内河沿岸发展旅游服务业，使城市功能进行置换，服务业比重不断上升，服务产值占其国内生产总值的 70% 以上。第二，CBD（中央商务区）作用凸显，以强大的、现代化的大贸易和大金融作支撑，如伦敦是英国和世界的金融中心之一，其主要商业区集中在泰晤士河两岸地区。第三，城市信息数字化，大都市信息科技高度发展，以先进的信息技术为平台，使"技术产业"协同发展，"生产管理"全面创新。如伦敦、巴黎等信息业发达，收入丰厚，其电讯网每天 24 小时为全国和全世界服务。第四，城市交通一体化。城市交通实现全面立体化布局和大规模智能化管理。在重视发展航空港、海运港的同时，特别注重发展高效、低污染的地铁和轻轨铁路等公共交通，形成一体化的海、陆、空立体交通网络。第五，经济和政治文化活动全球化。如伦敦有 250 万外国常住人口，占总人口的 33%，有 300 多种语言。日内瓦有 1500 多个国际组织，每年召开 5000 多个国际会议。

二、欠发达国家和地区的做法

（一）巴西

1. 将中心城市作为增长极的主要方式，典型的如迁都巴西利亚

由于发展不平衡规律对经济发展的影响，经济增长速度不可能在全国各地都一样。因此，建立中心城市使其成为地区经济发展的增长极，能够带动其周边地区的经济发展。通过不同层次的中心城市的"增长极"作用，促进不同区域的经济发展，进而推动全国的经济发展，最终改变沿海和内地经济发展严重不平衡的局面。这正是巴西对发展增长极的期望。20世纪50年代担任巴西总统的儒塞利诺·库比契克比较接受增长极观念。

20世纪30~50年代，巴西已经形成较为发达的沿海地区与落后的内陆地区并存的经济发展格局。为了巴西经济的长期发展和践行增长极发展理念，儒塞利诺·库比契克总统希望在巴西的内陆重新选择一个地点建立新首都，在带动内陆落后地区发展的同时，有效地强化对各州的行政控制。在这一背景下，经过反复地斟酌选择，终于在1956年决定重建一个新首都——中部戈亚斯州的一片荒原上的巴西利亚。经过3年多时间，首都就初具规模。1960年巴西政府正式决定迁都距离海洋1000公里的巴西利亚。

迁都是一件大事，巴西迁都的规模并不大，巴西利亚在海拔1100米，气候比里约热内卢凉爽得多，在地理气候上容易接受。从当时的规划与建设看，规划人口50万，规划用地152平方公里，并不是一个特大城市，城市规划和建设费用相对并不大，因此，建设资金比较容易筹措（迁都需要通过议会批准，其建设费用基本上由巴西国家财政承担），用较少的费用在巴西中部建设一个增长极总体上讲是划算的。

2. 巴西还通过建立经济特区来建设区域经济增长极

巴西政府为了推动内地经济发展，于1972年在距离入海口

1000 多公里的亚马逊河港口城市玛瑙斯设立了"自由贸易区"。该区设有一个工业区和一个商业区，对投资商在法人所得税、工业产品税、商品流通税、商品进出口税、出售土地价格等方面实行特别优惠的政策。巴西政府对在其他地区的外商投资实行的是国民待遇，而对在亚马逊地区的外商投资则实行优惠待遇，以引导外资流向。

（二）印度

1. 印度区域经济增长极的 4 个层次

（1）区一级的服务中心。这是区域社会经济活动的最低层次，它所服务的人口广泛分布在农村，规模约为 5000～10000 人，包括一些最基本的生活服务设施。它的主要职能是把发展信息传向广大农村，疏通城市深入农村的渠道。

（2）邦以下一级的增长点。每个增长点为 10～20 个服务中心提供服务，规模约为 10000～15000 人。与上述服务中心相比，增长点的依托主要是农业部门，它最重要的经济活动是农产品的生产、加工、储运、管理。与服务中心不同之处，不仅仅是在规模和服务范围方面有差异，更重要的差别是它要能够吸收相当数量的农业剩余劳动力，减轻农村土地压力。

（3）邦一级的增长中心。这是增长极体系中的第三级。人口规模约 5～50 万人，服务人口为 100～200 万人。每个增长中心的影响面约 5～10 个增长点。它的经济活动主要是制造业，也有不同的初级产业和第三产业。它是最终产品或半成品的消费者，也是服务中心和农村产品的消费地。

（4）全国一级的增长极。这是增长极体系的最高层次。人口规模在 50～250 万人之间，超过 250 万人，管理困难，并出现规模不经济。其主要特点是，第三产业的重要性往往超过第一、第二产业，其主要职能是向增长中心和增长点扩散资金、技术、科研成果、关键性的物质生产要素和系统的信息，是区域的心脏。建设增长极体系，有利于国民经济一体化、城乡一体化。

2. 印度硅谷——班加罗尔

班加罗尔是印度第五大城市，卡拉塔纳邦的首府，班加罗尔软件园可以称得上是印度软件业的龙头老大。近些年来，印度软件业以平均每年 30.9% 的速度增长，软件出口则以平均每年 34.1% 的速度增长（大部分出口到美国），明显快于世界的平均 15% 的增长速度。班加罗尔软件园聚集了一大批世界著名的企业，比如 CISCO、IBM、Motorola、Lucent Technologies、德州仪器，班加罗尔软件园先进的软件技术上加上印度廉价的高素质的劳动力，有很强的国际竞争力。

三、培养增长极的国际经验

（一）区域经济增长极战略针对具体的区域问题

佩鲁在 1950 年正式阐述增长极的概念之后，由 Bouvidell 发展成空间或者区域概念，主要指一个城市区域中所集聚的产业不断发展，并由此带动周边区域的经济活动。增长极的理论基础主要是规模经济、运输成本的节省及集聚经济等。国际上增长极由理论概念走向政策实践主要是从 20 世纪 60 年代初期开始的。增长极被用来解决许多区域发展所面临的问题，这与当时的政策倾向密不可分，这一时期是凯恩斯主义和国家干预比较盛行的时期，反映在区域发展上就是综合性、全面性规划的鼎盛时期，比如美国在当时出台了《区域开发法》和区域振兴规划等。

1. 促进经济活动的分散化

增长极本来是用来阐述经济活动和要素在区域上的集聚的，但从国际上的实践看，增长极的第二个应用却是促进活动的分散。由于大城市以及城市带的快速发展，无论是在发达国家还是在部分发展中国家都出现了经济活动非常集中、很发达的地区，一个国家或者地区内的经济极化现象比较严重，为了构造一个良好的空间经济结构，增长极被用来建立大都市的反磁力中心，如卫星城等，也就是通过建设一个"规划"的增长极，使其具有一定的人口、经济、基础设施等方面规模，从而可以达到分散大都市人口和经济活动的目的，例如英国在伦敦、格拉斯哥等城市附近建设"新城"的政策以及澳大利亚分别在墨尔本和悉尼建设 Albury-Wodonga 和 Bathurst-Orange 等城市的做法等。

2. 改善国家的城市体系

这方面的问题和上述有一定的关联性。在 20 世纪 60 ~ 70 年代，当时大城市发展较快，中等规模的城市发展较慢，大量的人口从农村和中小城市直接流向了大城市地区，在一定程度上削弱了农村和中小城市的发展动力。因此，增长极在改善国家城市体系的作用主要表现在发展中等规模的城市，因为通过规划政策引导，人口、基础设施和经济活动集中到有一定规模的增长极，一方面可以减少人口流向大城市，减少大城市的压力，另一方面通过较为分散的中等规模城市发展，也可以促进其所在区域的发展，例如美国和哥伦比亚都曾经重点支持过中等规模城市的发展。

3. 缩小地区之间的福利差距

在某种程度上，这方面的应用是上述几个方面的综合结果。它是从区域平衡的角度出发，在每个具体的区域内有选择地发展一些重点城市和地区，也就是每个区域内的增长极，体现了"大分散、小集中"的理念，例如印度的增长极发展战略。

4. 其他方面的情形（所谓比较小型的增长极）

创造一些具体的产业中心，如旅游休闲的增长极；创造提供一些服务的中心，例如达到商业等服务的门槛；促进农村/乡村地区的开发所形成的中心。无论是在发达国家还是发展中国家，都有这样一种类型的增长极，但是两者有点区别，在发达国家主要是促进乡村地区的服务，比如商业、医疗等，而发展中国家则主要通过基础设施建设、鼓励农产品加工、储存和农村信贷促进农村地区的收入提高。

（二）区域经济增长极的空间结构和产业结构

1. 增长极的空间分布

增长极的空间分布通常包括 3 个方面。一是增长极的规模和层级。根据已有的研究，目前的理论模型并不能合理确定每个增长极的经济和人口规模，一个比较粗糙的理论模型给出的结论是：如果每个增长极面临同样的成本和收益函数，其应该有同等规模。具体实践中，也没有很好的经验方法来确定增长极的规模，借用的仍然是城市或者区域规划中的一些方法，例如产业门槛值、人口规模预测等方法，关于增长极层级的确定也与之类似。二是最优增长极的数目。这也没有明确的理论模型和结论，在实践中多由经验决定。三是增长极的分布位置。主要存在"小而近"与"大、少、远"的争论，也就是发展数目比较多、规模小、距离比较近的增长战略还是选择发展数目比较少、规模比较大、距离比较远的模式之争。

2. 增长极的产业活动

通常认为制定增长极内的特定产业活动是难以实现的，通过引入一个主导产业，以此促进增长极成长的做法鲜有成功。比较被动一点的方式是，认为基础设施和金融机构的建设能够促进增长极内产业发展，因此主张建设基础设施和发展金融机构。在选定特定的制造业不成功环境下，采用了三个替代的办法：一是鼓励服务业的跨地区流动；二是鼓励政府（包括中央和地方政府机构）部门（如行政管理、教育、医疗等公共服务部门）的重新布局；三是改造供给侧，如技术创新、过程再造等促进地方的内生增长（indigenous development）。

（三）促进增长极发展的政策措施

1. 强调立法，注重突出区域经济增长极的法律地位

如美国的地区开发，在 1961 年通过"区域复兴法案"（Area Redevelopment Act），1965 年又通过了"阿巴拉契亚地区开发法案"（Appalachian Regional Development Act）和"区域开发法案"（Economic Development Act）。在这些法案中，明确区域开发的目的是减少区域内的失业率，建立像区域复兴开发署（Area Redevelopment Administration）这样的组织机构，同时鼓励跨区域的规划，包括对重点城市区域的规划（这在美国的实践中被称之为增长极），还约定联邦有义务通过财政转移资金的方式对地区发展予以帮助。因此，这几部法案确定了美国区域复兴和开发及其具体措施的法律地位和合法性。

2. 统筹规划，注重增长极与腹地之间的协调

对于增长极的规划有多种情形，第一类情形是像印度，有着非常严格的增长极规划，印度的计划委员会负责编制全国的增长极规划，包括增长极的层级划分、全国层级的增长极的确定等；第二类情形是 20 世纪 60 到 70 年代的美国，根据当时美国区域开发的要求，美国成立了区域行动规划委员会（Regional Action Planning Commission），这是一个专家委员会，并不属于政府机构，它和联邦经济开发署以及地方政府一起，负责组织制定区域的规划，尤其是制定跨县域的区域发展规划，当然也包括大区域、跨州的区域发展规划；第三类情形是结合城市规划包括城市群和都市圈规划形成的区域经济增长极发展规划。

3. 完善基础设施，注重发展增长极的环境建设

无论是发达国家还是发展中国家都强调基础设施（包括交通通讯设施和环保设施）建设对于增长极的推动作用。美国在区域振兴方案中鼓励在欠发达地区发展基础设施，比如在中部地区的阿巴拉契亚等州建设高速公路，加强水利设施的建设等。印度为支持班加罗尔信息产业的发展大搞基础设施，筹资兴建发电厂、供水系统，扩建电信设施，人力推动邮电信息业的发展，加速了生产要素的自由流动。日本通过建设新干线加强了三大都市圈的联系，而且三大都市圈内的电气铁道、地下铁道、路面电车、公共汽车和出租车构成了地面、地下、空中三张立体交叉的公共交通网络，线路布局合理，干线、支线配合，铁路、地铁与公路交通在都市区纵横交错，交通节点上往往多种、多条线路重叠在一起设立车站，实现了无缝对接、自由换乘。除了这些硬设施之外，还要加大教育和科研的投资，增强增长极的辐射能量，这一点在硅谷、班加罗尔等高科技增长极的发展过程中非常明显。

4. 综合运用财政和金融手段，为增长极发展提供较为充分的资金来源

从财政角度看，主要包括财政资金支持，如美国在 1965 ~ 1975 年间在"区域开发法案"的框架下向中部的几个州累计投入 23 亿美元的联邦财政资金，还包括一些税收的优惠，如巴西、印度对于一些重点发展地区的税收优惠等。金融措施包括设立专门

的金融支持机构，如日本的北海道开发公库，对北海道的特定产业经营者提供长期低息贷款或债务担保，还如法国和意大利等欧洲国家也都曾向选址在特定地区的企业提供专门的低息和无息贷款。

5. 出台适度的产业政策，引导产业向增长极集聚

通过产业政策和政府的公共支出引导特定产业和企业向增长极逐步集中，包括军事采购、国家实验室的选址，尤其是直接利用军事拨款支持落后地区的工业发展。二战后，美国联邦财政的军事拨款一直向南部和西部倾斜，使这两个地区持有的军火合同始终保持在40%以上，最高年份曾达到60%，促进了该地区经济增长。1983年，军工、军用企业共向国防部提供874亿美元的商品和劳务，南部和西部合计占53.7%。

（四）培养增长极的政策主体

由于促进区域增长极发展通常与区域发展相联系，因此区域增长极相关的机构也与区域发展机构有关。例如，美国成立的地区开发署和经济发展署、印度的计划委员会、日本的国土开发厅都有专门的职能部门对此进行管理，并负责规划的编制。相关的财政和金融政策则由专门的职能机构负责。在具体执行层面上，主要由地方政府负责，例如印度班加罗尔地区建设由班加罗尔市负责，美国硅谷地区也是由地方政府负责的，但有些国家则是有上下级政府机构的合作，例如日本对于北海道地区的开发。

四、对我国的启示

1. 做好规划试点，处理好政府和市场在培养增长极方面的关系

无论是从增长极的概念还是国外的实践看，增长极既有在市场机制和市场力量的推动下发展起来的，即"自然"的增长极，也有通过政策支持而发展起来的，即"规划"的增长极。因此，从实践的角度看，需要详细编制、论证增长极的规划，并从规划的增长极中选择部分地区进行试点，配套相关政策。

2. 加强各项政策之间的协调与统一

促进区域经济增长极的发展需要规划、财政、金融、土地等多方面政策的配套协调，一方面需要在注重区域公平的前提下考虑区域倾斜政策，进一步向增长极倾斜；另一方面也需要各项政策的协调和统一，并进一步促进增长极保持一种开放的状态，成为吸引资本、劳动力的核心区。

3. 加强基础设施建设

无论那种类型的增长极，包括产业集聚地、城市群建设、区域性中心城市建设以及世界性城市建设，都需要交通、通讯、互联网、能源、环保、住房以及教育、科研和文化在内的软硬基础设施支持，也是促进其发展必不可少的条件。

4. 建立多层级、多类型的增长极，发挥不同类型增长极作用

增长极规模、发挥作用以及所要解决的问题不同，增长极就有不同的类型、层级，考虑到我国的国土面积大、各个地区的差

异也很大，需要对增长极进行分类，形成多层级、多类型的增长极。在增长极的布局上，需要考虑"大、少、远"与"小、多、近"两种方式的结合，由此配套不同的政策和实施主体。

5. 搞好增长极可以以城市和城市群为主要方式

增长极有不同的形式，大的如城市群、城市带，小的如特定产业的集聚地等。诸多形式中，不同的区域可以采用不同的方式。从全国的角度看，结合中国的城市化进程，可以将城市和城市群建设作为发展区域经济增长极的重要实现方式。

执笔人：刘　勇　龙海波

参考文献

[1] C·W·哈曼德. 英国的区域政策. 人文地理，1989（1）

[2] 赵伟. 英国区域政策研究. 开发研究，1995（4）

[3] 刘再兴等著. 中国区域经济——数量分析与对比研究. 北京：中国物价出版社，1993

[4] 陈栋生等. 中国地区产业结构. 北京中国计划出版社，1991

[5] 中国工业经济研究与开发促进会课题组. 老工业基地的新生—中国老工业基地改造与振兴研究. 北京：经济管理出版社，1995

[6] 王梦奎. 加快改革步伐，振兴我国老工业基地. 经济研究参考，1992（129）

[7] 威廉姆森（J. Williamson）. 地区非均衡和国家发展进程. 1965

[8] 弗里德曼（Friedman）. 区域政策. 1966

[9] 胡佛（Hoover）. 区域经济导论. 1972

[10] 杨开忠. 中国区域发展研究. 北京：海洋出版社，1989

[11] 汉森（Hansen）主编. 区域开发中的增长极. 1972

[12] 布朗（Brown）. 区域——国家经济模型》. 1978

[13] 李向平. 老工业基地改造对策研讨会综述. 人民日报，1996－6－4

[14] 伯格曼（E. Bergman），梅尔（G. Maier）和托特林（F. Todtling）. 关于区域经济问题的再思考. 1991

我国东部地区增长战略性区域研究

东部地区是我国经济比重最大的部分，也是我国市场经济发育程度最高、经济活动最为密集活跃、结构转型升级最为领先、自主创新能力最强的战略性区域。东部地区增长对全国整体增长具有基础性、先导性的作用。站在我国整体经济增长、区域平衡发展的角度，审视过去数年的态势、前瞻未来数年的潜力，有如下重要发现：

——过去 10 年我国的区域政策成效显著，东部地区、中部地区和西部地区在人均 GDP 上的差距明显缩小。

——考察过去两年的季度增长，东部地区不仅相对波动幅度最小，而且率先表现出趋稳的势头，有望率先进入增长新常态。东部地区具有增长的优势和潜力，在未来数年内将持续领跑全国经济。

——国家区域政策指导思想亟待微调和回调，应更加尊重和发挥东部地区的潜力和优势，区域平衡的基本思路应从以前的资金、土地等资源向中西部倾斜为主变为促进人口流动为主。

——从东部地区内部来看，长三角、珠三角和京津冀三个城市群由于其综合发展优势、新的区域政策红利和广阔发展空间，将成为东部地区的主要增长极，农民工市民化将为三大城市群增长带来新的契机。

——土地和人口政策是促进东部地区增长的主要手段，尤其是以经济和常住人口规模作为建设用地指标分配的基本依据；应按照从易到难、从小到大原则，着力在东部三大城市群开展新型城镇化试点并复制扩展，培育新战略增长极。

一、经济增长仍应以东部地区作为战略重心

本文所指的东部地区，是按照目前最广泛被接受的定义，包括北京、天津、河北、山东、江苏、上海、浙江、福建、广东和海南10个省市，对应于中部地区（山西、河南、安徽、江西、湖北和湖南6个省份）、西部地区（内蒙古、新疆、宁夏、陕西、甘肃、青海、重庆、四川、西藏、广西、贵州和云南12个省区）、东北地区（辽宁、吉林和黑龙江3个省份）。东部地区10省市是目前我国经济的重要组成部分，2014年地区国内生产总值占全国的51.2%。

东部地区不仅是我国经济的主体部分，也是长期以来经济增

长最快、制度优势最明显、带动和辐射能力最强的地区。我国的改革开放肇始于1978年底东部沿海地区的经济特区建设，1984年又开辟14个沿海开放城市，不仅率先吸收境外资本，而且利用境外先进的人才、技术和管理经验，一直是我国经济增长的排头兵和前沿阵地，为全国经济增长起到领头羊、火车头的作用。以深圳市为例，改革开放之初宝安县人口30万，GDP不足2亿元，改革开放以来30多年间一直保持了快速增长，至2014年GDP达到1.6万亿元，人口达到1078万，早已跻身北上广深四个一线城市之列。就整个东部地区而言，2014年人均GDP达到6.71万元，约为全国平均水平的1.34倍，是我国的富裕地区。北京、上海等我国最繁华、最现代化的大都市均位于东部地区。

表6-1　　　　　　　东部地区在全国经济中的地位（2014年）

地　区	面积（万公里）	总人口（万人）	人口密度（人/平方公里）	GDP（亿元）	人均GDP（万元）	进出口（亿美元）	实际利用外商直接投资金额（亿美元）
北京市	1.64	2152	1312.2	21331	9.91	4157	90.4
天津市	1.19	1517	1274.8	15722	10.36	1339	188.7
河北省	18.84	7384	391.9	29421	3.98	599	63.7
山东省	15.71	9789	623.1	59427	6.07	2771	152.0
江苏省	10.67	7960	746.0	65088	8.18	5638	281.7
上海市	0.82	2426	2958.5	23561	9.71	4664	181.7
浙江省	10.54	5508	522.6	40154	7.29	3551	158.0
福建省	12.40	3806	306.9	24056	6.32	1775	71.2
广东省	17.98	10724	596.4	67792	6.32	10767	268.7
海南省	3.54	903	255.1	3501	3.88	159	18.9

地　　区	面积（万平方公里）	总人口（万人）	人口密度（人/平方公里）	GDP（亿元）	人均GDP（万元）	进出口（亿美元）	实际利用外商直接投资金额（亿美元）
东部地区小计	93.33	52169	559.0	350053	6.71	35420	1475.0
全国	960.00	136782	142.5	684268	5.00	43019	2673.2
占全国比重	9.7%	38.1%	—	51.2%	—	82.3%	55.2%

注：①数据来源：Wind资讯；②全国GDP和实际利用外商直接投资金额按31省份加总数，由于存在重复计算等因素，其数值和实际全国数值之间存在差异；③鉴于数据可得性，GDP采用季度累计数。

（一）"新常态"下东部地区增长优势再度显现

改革开放至2004年之前，东部地区经济增长在我国几大区域中一直处于领先状态。随着市场配置资源的作用不断增强，过去年代里长期被人为压制的东部地区得以充分发挥其经济增长优势，加上充分利用打开国门带来的境外投资和对外贸易的迅猛增长，东部地区在我国经济增长中起到火车头和领头羊的作用，这种情况导致地区之间的差距日益增大。至2004年，东部、中部、西部和东北地区的人均GDP分别为20452元、8792元、7564元和14087元，最大倍值达到2.70倍，成为我国区域经济发展差距较大的时期。

区域增长的不平衡受到政府的关注。我国整体作为一个大家庭，各地区可视作不同的家庭成员，家庭成员之间发展不平衡、贫富差距扩大，对家庭整体的和谐稳定将产生不利影响。一个负责任的家长——中央政府——对此无法无动于衷，必须采取切实的措施使之恢复平衡。在政策实践中，中央政府主要采取了通过优惠政策扶持落后地区加快发展的方式：2000 年，推出西部大开发政策；2003 年，实施东北老工业基地振兴战略；2004 年，提出中部崛起计划。一系列区域发展新规划的实施，给中部、西部和

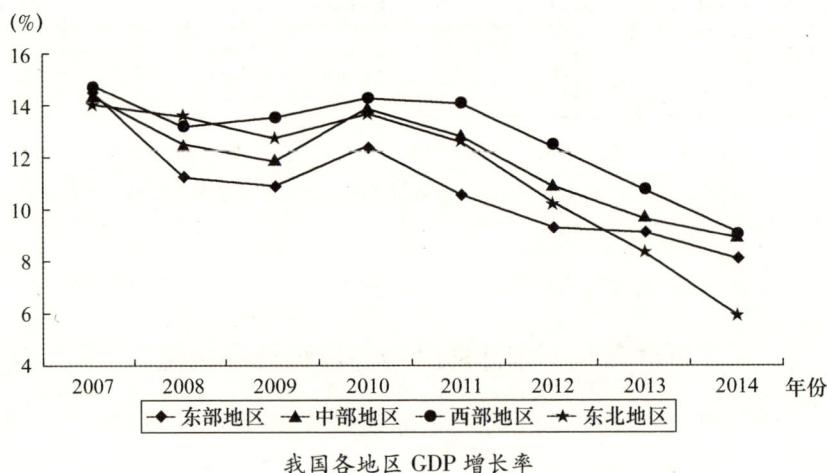

我国各地区 GDP 增长率

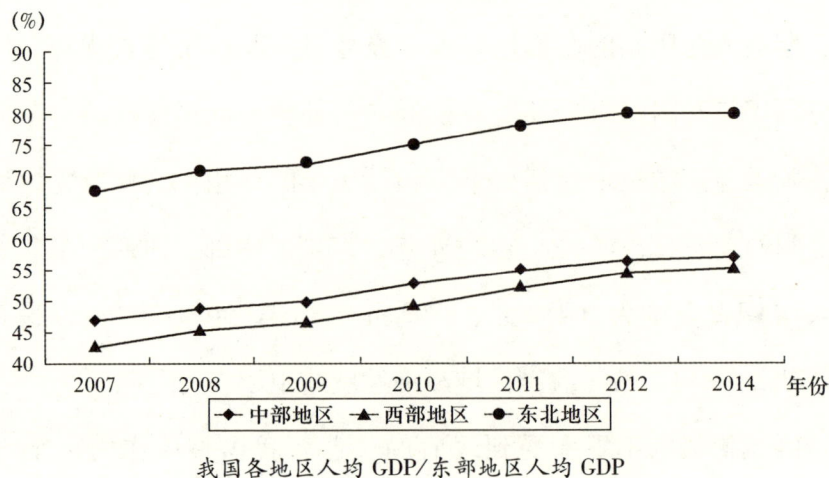

我国各地区人均 GDP／东部地区人均 GDP

图 6－1　2008～2014 年间的我国区域增长

注：①采取实际 GDP 口径；②因各省市统计口径与国家统计口径的差异，相关数据会存在差异。
数据来源：Wind 资讯，国家统计局。

东北地区赋予更多的财政、金融等优惠政策，使其可以获得更多的土地、资金、劳动力等资源，相应的，东部地区的增长优势被相对弱化和抑制，使区域增长呈现出新的态势。在政策扶持的作用下，尤其是伴随着资源、能源价格的不断攀升，2008～2012年间，中部、西部和东北地区的增长一度超过东部地区。

如图6-1所示，2008～2012年，西部地区增长和东北地区增长交替领先，中部、西部和东北地区增长均明显超过东部地区。至2014年，四个地区的人均GDP分别为67100元、38430元、37665元和52358元，最大倍值缩小为1.75倍，表明我国这一时期地区差距有所减小，也表明2000年以来的国家区域政策显现了积极的效果。

然而，2013年以来中国区域增长出现了新的态势。图6-2给出了2013年第一季度到2014年第四季度的GDP增长情况。从图中可以看出，我国整体GDP增速处于下降趋势，这也是我国经济

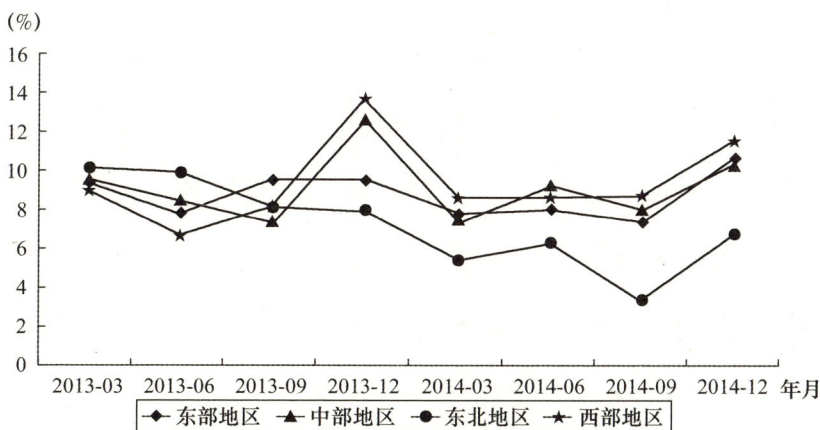

图6-2　2013年以来GDP季度增长态势

注：①采取名义GDP口径；②因各省市统计口径与国家统计口径的差异，相关数据会存在差异。

数据来源：Wind资讯，国家统计局。

新常态——从过去的高速增长转变为中高速增长的换挡。具体地分析，东部地区经济增速波幅最小、降幅逐渐收窄，逐步稳定收敛于中高速，而中部、西部和东北地区波幅震荡较大、均出现增速回落下行的趋势，尤其是东北地区深层次问题凸显，经济增速下滑趋势明显。东部地区率先进入新常态，说明东部地区经济具有良好的稳定性，将起到稳定全国经济增长、引领经济转型和产业创新的作用。

（二）东部地区仍具增长优势和潜力

1. 东部地区原有的增长优势依然存在

东部地区在改革开放以来的发展中占得先机，成为我国人均GDP 最高、技术水平最高和创新能力最强的地区，是由于相对其他地区而言具有突出的经济增长优势。

第一，区位优势。区位条件是经济增长诸多条件中不可移动性最强的一个，从初始来看它也许并不起眼，但这一个微小的优势会衍生和积累其他更多、更大的优势。在现代运输方式中海运成本最低，并由此成为最主流的国际货物贸易方式，靠近海港成为一个绝对的发展优势。陆铭的研究表明，在 2006 年，距离大港口 500 公里左右的城市土地利用效率要比大港口附近地区低大约50%[①]。东部地区的区位优势是明显的。

---

① 陆铭："建设用地使用权跨区域再配置：中国经济增长的新动力"，载于《世界经济》2011 年第 1 期。

第二，基础设施优势。东部地区人口稠密、平原面积比重高，基础设施建设具有成本低、利用率高的优点，如21世纪初建设一条高速公路，在贵州造价高达东部平原地区的10倍，这促使东部地区基础设施得以快速发展。表6-2给出了我国四大地区的面积、人口和部分基础设施指标，从中可以看出，东部地区铁路和高速公路里程占比远远超过其面积占比，表明其具有发达的铁路和高速公路网络，不仅为其生产活动提供良好条件，也给东部地区人民生活带来极大便利。

表6-2　　　　　我国四大地区铁路/高速公路里程比较

地区	铁路里程（公里）	高速公路里程（公里）	人口（万人）	面积（万平方公里）	面积占比	铁路里程占比	高速公路里程占比
东部地区	22600.00	30600.00	51461.00	93.52	9.7%	23.1%	31.8%
中部地区	22400.00	26200.00	35927.00	102.77	10.7%	22.9%	27.3%
西部地区	37400.00	29000.00	36428.00	686.08	71.4%	38.2%	30.2%
东北地区	15400.00	10300.00	10973.00	78.81	8.2%	15.7%	10.7%
合计	97800.00	96100.00	134789.00	961.18	100.0%	100.0%	100.0%

注：①数据来源：国家统计局，2012年数据；②合计人口数和面积数为四个地区加总数，与实际数之间存在误差。

第三，产业聚集优势。东部地区人口稠密、市场广阔，促使其产业门类不断齐全、产业配套不断完善，逐步形成产业集群。产业集群形成之后，集群内的企业通过共享基础设施和公共服务，有效降低经营成本，同时在市场开拓、信息获取、技术模仿等领域获得更多正外部性，造成产业聚集的马太效应。2008年全国共有4605个制造业产业集群，其中东部地区3630个，占到全国的

78.8%，其中仅广东、江苏、浙江、山东四省就占到全国的54.5%，远远超过其他地区①。

第四，制度和观念的优势。东部地区经济主体发育比较充分，民营经济占比高，使其具有更好的市场适应能力，可更多借助内生动力实现增长。由于市场机制率先发展，东部地区市场机制的成熟和完善度远高于其他地区，地区分割、市场垄断的情况相对较低。东部地区更具有观念上的优势，政府管理更为公开、透明，更加尊重市场和法治，企业创办和发展中较少受到管制和干扰。

2. 新型城镇化为东部地区增长提供新的动力

中央政府已经提出新型城镇化的发展战略。新型城镇化与以往的城镇化的最大区别在于它是以人为核心的城镇化，即致力于实现农民工的市民化。国家新型城镇化规划（2014～2020）明确提出要实现1亿左右农业转移人口和其他常住人口在城镇落户。东部地区是我国农民工最主要的聚集区，根据《2013年全国农民工监测调查报告》，当年我国外出农民工总数1.66亿人，其中约64.2%分布于东部地区。因此，东部地区不可避免地成为我国新型城镇化的核心重点地区。

新型城镇化将给东部地区经济增长带来新的动力：第一，推进新型城镇化，将东部地区已有的1.6亿农民工转化为市民，需要建设新的城市基础设施，包括道路、给排水、电力、通讯、学校

---

① 刘世锦：《中国产业集群发展报告（2007～2008）》，中国发展出版社2008年版。

等，带动投资需求将达到万亿。第二，大量农民工转化为市民，需要在东部城镇购房或得到其他产权形式的住房，将带来巨大的房地产投资需求；第三，农民工转化为市民，收入水平提高及生活方式的转变，将产生高达万亿的消费需求，带动装修建材、耐用消费品、生活服务等多个领域的增长，促进东部地区又一轮超常规增长。

（三）应更多通过人口流动促进区域平衡

一个幅员辽阔的经济体在其增长中，由于各区域之间禀赋的差异，增长速度有快有慢，导致一部分地区成为富裕地区，一部分地区成为相对贫穷和落后的地区，这是一个自然的现象。在这一现象凸显之后，中央政府着眼于国家整体的和谐稳定，采取措施使区域之间恢复均衡，也是其应有之义。但在方式上，维护区域均衡一直有两种对立或者说侧重不同的思路：一种是资源倾斜，将经济增长所需的要素更多投放在相对落后地区，尽力扶助弱者；另一种是人口流动，允许相对落后地区的人口向相对发达地区流动，流出的人口通过职业等转换实现富裕，留下的人口通过人均资源占有状况的改善而实现富裕。

但两种方式在经济增长上将实现不同的效果，前者实现的是区域之间在经济总量上的均衡或向此方向努力，后者实现的是人均经济量上的均衡，在经济总量上的区域差距不可避免地要更加扩大。在中国这样一个中央政府具有较高权威、掌握资源权力较大、区域之间按行政级别平等的国家来说，必然倾向于选择前者，实践中也是如此。2000 年后，面对日益扩大的经济增长区域差距，政府先后出台西部大开发、东北振兴、中部崛起等政策，中西部地区获得的财政、信贷规模占总量的比重持续上升，尤其地，政府还有一个杀手铜——建设用地指标，成为影响区域增长的重要工具。

国务院 1999 年批准的《1997～2010 年全国土地利用总体规划》规定"东南沿海区严格控制各类建设用地规模的扩大"，2008 年国土资源部明确"建设用地指标不得跨省占补平衡"。2011 年，东部地区住房用地指标仅占全国的 27.6%。由于建设用地供给不足，导致东部地区地价上涨，又由于房价上涨、房租上涨压迫工资上涨，给制造业和商业发展带来双重压力，增长速度受到抑制。与此同时，中西部等地区利用相对宽松的土地供给，竞相进行土地政策优惠，以低地价、零地价甚至倒贴地价吸引投资，实现快速增长，从短期来看区域平衡增长的目标一度得以接近。

然而，从长期来看这种依靠资源倾斜的区域平衡方式是难以持续甚至是有害的。第一，东部地区的增长受到抑制；第二，资源在东部地区具有更高的效率，同样一平方公里的土地，在东部地区比在其他地区可以创造更高的产值，却通过行政力量配置在其他地区，会造成资源配置效率的低下；第三，一些落后地区通过城投债等方式进行建设，累积了财政金融风险。总体上债务存量占 GDP 比重较高的省份多分布在中西部，大量收入依靠土地的抵押，其土地市场泡沫程度较高，一旦房价下降，局部性财政金融风险会突出显现。

世界银行报告（2009）显示，经济聚集和区域差距扩大只是阶段性现象，在人口充分流动的情况下，区域差距会逐渐缩小[①]。美国、日本、韩国等国家的增长明显地体现了这一点。因此，需要将区域平衡的两种方式结合起来，更多地依靠人口流动来实现区域均衡。这一思路转变的现实意义是，在未来的经济增长中，应更多地尊重东部地区在经济增长上的客观优势，鼓励东部地区增长，促使其产生更多的就业岗位，同时，打破人口流动的藩篱，使从其他地区流入东部地区的人口通过身份转换提高生活水平，最终在区域间形成人均收入和实际生活质量的大体均衡。

二、京津冀、长三角和珠三角城市群引领东部地区增长

改革开放以来，我国在东部沿海地区逐渐形成 3 个较为成熟、规模较大的城市群，从北向南依次是京津冀、长江三角洲和珠江三角洲城市群。在过去的 30 多年里，这三个城市群经济增长迅速，成为中国东部乃至全国经济的重要增长极，在带动中国经济发展和参与全球化竞争方面发挥了重要作用。

[①] World Bank：World Development Report：Reshaping Economic Geography，2009，page146.

（一）三大城市群在东部地区和全国经济增长中具有重要地位

总体来说，三大城市群在东部地区和全国经济增长中的地位十分突出。如表 6 - 3 所示，2014 年，三大城市群的土地面积仅占全国的 3.75%，却聚集了全国 20.32% 的人口，创造了全国 GDP 的 33.69%，人均 GDP 达 82951 元，是全国平均水平的 1.66 倍。

表 6 - 3　三大城市群在东部地区和全国经济中的地位（2014 年）

地　　区	面积（万平方公里）	总人口（万人）	GDP（亿元）	进出口（亿美元）	实际利用外资（亿美元）	人口密度（人/平方公里）	人均GDP（元）
全国	960	136782	684268	43019	2673	143	50026
东部地区	93.33	52169	350053	35420	1475	559	67100
三大城市群	35.98	27795	230561	30389	1162	773	82951
占东部地区比重	38.55%	53.28%	65.86%	85.80%	78.78%	—	—
占全国比重	3.75%	20.32%	33.69%	70.64%	43.47%	—	—
京津冀	21.67	11053	66747	6095	343	510	60141
占东部地区比重	23.22%	21.19%	19.07%	17.21%	23.25%	—	—
占全国比重	2.26%	8.08%	9.75%	14.17%	12.83%	—	—
长三角	11.18	10995	106012	14001	567	983	96418
占东部地区比重	11.98%	21.08%	30.28%	39.53%	38.44%	—	—
占全国比重	1.16%	8.04%	15.49%	32.55%	21.21%	—	—
珠三角	3.13	5747	57802	10293	252	1836	100578
占东部地区比重	3.35%	11.02%	16.51%	29.06%	17.08%	—	—
占全国比重	0.33%	4.20%	8.45%	23.93%	9.43%	—	—

注：①数据来源：Wind 资讯；②对三大城市群的定义同本书专题报告 2，第 77 页；③鉴于数据可得性，部分地级市人口、面积等采用 2013 年和 2012 年数值；④全国 GDP 和实际利用外商直接投资金额按 31 省份加总数；⑤GDP 为季度累计数。

三大城市群也是我国经济对外开放程度最高的地区，2014 年进出口总额占到全国的 70.64%，实际利用外商直接投资占到全国的 43.47%。三大城市群已占据东部地区经济的近 2/3，与东部地区的其他次中心如山东半岛城市群、海西城市群等构成辐射扩散和分工协作关系，共同构成我国东部地区的经济增长体系。

历史纵向来看，改革开放以来三大城市群在我国经济增长中的地位可以划分为两个阶段，如图 6-3 所示。从 1978~2005 年为第一阶段，在此期间三大城市群①占全国 GDP 的比重呈上升趋势，峰值达到 42.5%。2005 年以后，随着中西部和东北地区经济的超常规增长，三大城市群在全国经济增长中的地位逐渐下降，至2014 年，占全国 GDP 的比重下降为 38.4%。这和前文所述中央政府通过资源倾斜的方式促进区域平衡、东部地区增长受到抑制的情况是一致的。2013 年以后，随着其他地区经济增长的下滑，三大城市群的地位将会有所回升，而大体上趋于稳定。

从三大城市群之间的比较来看，它们的发展水平是不均衡的，发展阶段也存在差异。长三角、珠三角这两个城市群的发展状况明显优于京津冀城市群，主要表现在：第一，长三角和珠三角的人均 GDP 达到 10 万元左右，而京津冀只有它们的 60% 左右（表6-3），差距较为明显；第二，长三角和珠三角都形成了产业分工合理、大中小城市协调发展的布局，而京津冀城市群对北京和天津两个特大城市过分依赖，缺乏层次化的区域次中心城市，尤其是缺乏承接特大城市功能和人口的专业化城镇。不过，从目前发

---

① 由于地级市及以下长期历史数据难以获取，此处三大城市群定义与此前稍有不同，长三角按上海和江苏、浙江全省，珠三角按广东全省计算，这一处理的目的是为了观察纵向规律。

（%）

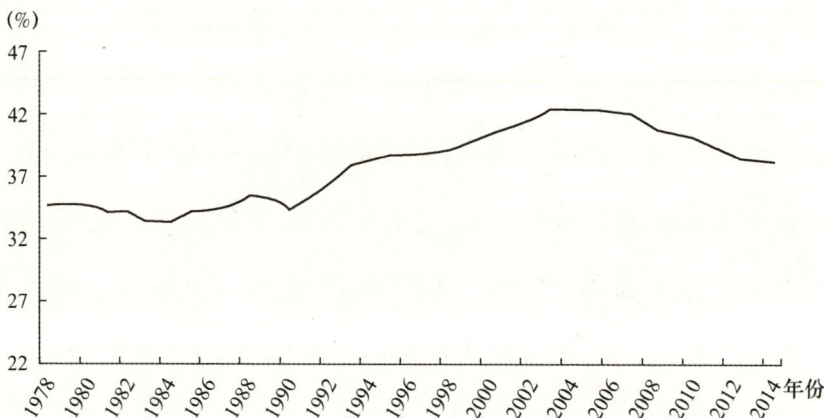

图 6 - 3 改革开放以来三大城市群在全国经济中的地位
注：①数据来源：Wind 资讯；②三大城市群按所在省份总量计算。

展趋势来看，京津冀城市群相对"年轻"，正在发挥后起优势，逐步缩小与珠三角和长三角发展上的差距。

（二）三大城市群将持续领跑东部地区

在未来 5～10 年的经济增长中，相对东部其他地区，京津冀、长三角和珠三角三大城市群具有显著的综合竞争优势，又得到中央政府新赋予的政策红利，加上人口城镇化的广阔空间，以及现有集聚规模仍未达发展极限，因此，预计三大城市群将持续引领东部地区的增长，且其增长极的地位将比目前有明显上升。

1. 综合竞争优势明显

相对东部其他地区而言，三大城市群具有明显的综合竞争优势：第一是区位优势。世界经济仍在延续向沿海地区发展的趋势，而三大城市群的多数城市均在沿海 200 公里以内，有的本身就是重要的海港，如上海，不仅是重要的海港，而且是长江黄金水道的入海点，区位优势显而易见。第二是基础设施优势。三大城市群均位于大江大河入海口的冲积平原上，基础设施建设成本较低，且经过较长时期的开发，基础设施完善。第三是人口聚集优势。对有些产业如服务业来说，人口的聚集是最首要的条件，只有人口聚集才会产生多样化的需求，以及有专业化的服务满足这些需求，并经大量的顾客分担成本。三大城市群平均人口密度773人/平方公里，不仅高于全国平均的143人/平方公里，也高于东部地区的559人/平方公里，这一优势是明显的。第四是产业分工优势。现代产业发展的重要特征是产业集聚和由此带来的专业化分工，经过长时期的发展、分化、积淀，长江三角洲和珠江三角洲的制造业产业分工已经日趋细化和成熟，已经出现大量的专业城镇，依托不同城镇之间的分工合作，得以降低生产成本、共同开拓市场、不断创新发展，形成市场竞争优势。第五是人力资源优势。三大城市群作为我国的发达地区，整体受教育水平是我国最高的。更重要的是，《2013年全国农民工监测调查报告显示》，新生代农民工60%左右进入东部三大城市群，从而降低了其劳动力平均年龄，得以获取人口红利。第六是创新优势。三大城市群每万人中的科技人员数高于全国平均，也高于东部地区平均。三大城市群成为高技能人才的聚居处，思想的碰撞、信息的交流使得这一地区成为我国科技产业和创意产业的主要聚集区。第七是制度和文化优势。三大城市群市场经济制度的建立、发展和完善程度领先于其他东部地区，更大大领先于中西部和东北地区，政府的管理理念、管理水平、管理透明度更高，企业和居民的市场意识、契约意识、守法意识更强，这些优势虽然无法量化比较，但起到的作用却不容忽视，在很多时候甚至影响更为深远。

2. 新的区域政策红利不断推出

新一届中央领导集体上任以来，京津冀、长三角和珠三角三个城市群受到了更多的重视，国家层面出台了战略规划，省级层面加强了协调合作，具有实质性的利好政策不断推出，给三大城市群增长带来了新的推动力。

2014年初，国务院成立"京津冀协同发展领导小组"以及相应办公室，中共中央政治局常委、国务院副总理张高丽担任该小组组长。国家发改委明确"抓紧推进京津冀等重点区域规划的编制"，将天津滨海新区，河北曹妃甸、廊坊、保定、张家口、承德将列为京津冀一体化"主战场"。此后北京、天津、河北三省市党政高层互访并签署《共建滨海—中关村科技园合作框架协议》《共同打造曹妃甸协同发展示范区框架协议》《共建北京新机场临空经济区协议》等13项协议。京津冀协同发展的宗旨是实现增长的互补性，京津有科研优势、人才优势、金融优势、信息优势，河北有土地资源优势、矿产资源优势、港口优势和低成本劳动力优势，京津冀之间如果能实现区域优势互补、产业转移对接、空间统筹规划，必将在广度和深度上加快整体的发展。

长三角城市群最近的政策红利是国家对上海自贸区的批准。2013年8月，国务院批准上海自贸区，试验区总面积为28.78平方公里，范围涵盖上海市外高桥保税区（核心）、外高桥保税物流园区、洋山保税港区和上海浦东机场综合保税区等4个海关特殊监管区域。上海自贸区推进国际贸易结算中心、融资租赁、期货保税交割功能、扩大保税船舶登记试点规模、研究建立具有离岸特点的国际账户等先行先试政策，尤其是负面清单制度的实行，成为上海自贸区的关键内容。上海自贸区的批准将有助于上海建成全球性金融中心，给上海经济增长带来新的动力，并以上海为龙头撬动整个长江三角洲的持续增长。

珠三角城市群的新政策红利也在不断涌现。2010年8月，国务院批复同意《前海深港现代服务业合作区总体发展规划》，珠海横琴、广州南沙也先后获批，得以以优惠政策实现超常规增长。与京津冀、长三角城市群不同的是，珠三角城市群具有靠近港澳，经济开放程度高，更容易借鉴和对接境外的法律法规、贸易规则，制度优势明显。借助这一优势，广东省积极筹划粤港澳自贸区，规划自贸区包括南沙新区、深圳前海新区、珠海琴新区以及广州综合保税区，可开发面积达到295平方公里，远大于目前上海自贸区所规划的28平方公里。如果粤港澳自贸区的规划获得国家批准，珠江三角洲地区将会产生多个新增长极，促进大珠三角地区的资源整合，形成新的整体竞争优势。

3. 新型城镇化空间广阔

改革开放以来，我国城镇化中一个非常重要的特征是常住人口城镇化率和户籍人口城镇化率之间的差值不断扩大。2014年，我国的城镇化率达到 54.77%，这指的是常住人口城镇化率，即：一年中有 6 个月以上实际在城镇生活即纳入城镇人口统计。同时，在我国的户籍制度下，还有一个户籍人口城镇化率，近年来两者之间的差值不断扩大。这一差值具有一个显著的特点：东部地区高于全国平均，三大城市群又明显高于东部地区平均，如表 6 - 4 所示。

表 6 - 4　　　2013 年常住人口城镇化率和户籍人口城镇化率的差值　　　　单位：%

	常住人口城镇化率	户籍人口城镇化率	差　值
全　国	53.7	35.3	18.4
东部地区	61.8	41.4	20.4
三大城市群	64.6	42.1	22.5

数据来源：Wind 数据。注：户籍人口城镇化率为 2012 年数。

两个城镇化率之间的差值体现的是一个地区的经济活跃程度。经济增长越活跃，则产业发展越快、吸引外来就业越多、常住人口城镇化率与户籍人口城镇化率的差值就越大，反过来说亦如此。在三大城市群，这一规律不仅体现在大城市，如北京 2014 年常住人口 2151.6 万人，户籍人口只有 1333.4 万人，如果刨掉高校、中央政府等人口，外来人口几乎占据半壁江山，还体现在交通便利、经济发达的中等城市，更体现在一些工业发达的小城市和镇区，在三大城市群很多城镇中，外来人口已经超过当地户籍人口。如 2013 年，广东东莞虎门镇户籍人口 13 万人，外来人口则已经超过 60 万人。

这一差值也体现了新型城镇化的潜力。2013 年，中央政府提出"三个1亿人"的目标，其中最首要的是实现目前已经实际在城镇生活但还没有获得城镇户籍的1亿人的定居生活。这个1亿人，主要分布在东部地区，而又主要集中在三大城市群中。常住人口城镇化率与户籍人口城镇化的差值越大，表明在外来人口市民化的过程中，需要进行的基础设施、住房等投资就越大，可实现的对物质产品、服务的需求就越大。因此，伴随着国家实施新型城镇化战略，三大城市群将发挥更大的潜力，获得比其他地区更快的增长速度。

4. 规模仍未达到极点

近几年来，随着我国城市的迅速扩张，一些特大城市的"城市病"已经初步显现，如交通拥堵、雾霾天气增加等，这增加了人们对大城市发展的担忧，三大城市群为解决"城市病"问题提供了契机。在我国其他地区，城市多为单核发展，如成都、西安、贵阳、兰州等大城市，孤零零一座大城市，周边发展水平都不高，城市扩张中极容易出现过度集中和拥堵。而京津冀、长三角和珠三角的城市群为多核发展，以长三角为例，中心为上海，南京、杭州为两翼，往下分布有苏州、无锡、宁波、绍兴，再往下是江阴、昆山、萧山、慈溪等县级市或区，再往下还有多如牛毛的工业镇区，城市层次分明、各有经济活力，为产业的协调发展和人口的分散提供了空间。如大城市发展金融、高科技和服务业，周边中小城镇发展制造业并形成产业聚集，重化工业则分布在最外围，彼此之间借助便利的交通条件，实现区域经济和生活的一体化，这是未来数十年内的发展方向。

目前三大城市群都已经初具规模，然而，与国际其他城市群相比，在人口和经济聚集度等方面，我国的三大城市群发育仍然显得不够充分。如日本三大城市群只占国土面积的6%，却集聚了将近7000万的人口，占到全国总人口的61%，创造的GDP占全国的70%。我国的城市群与之相比聚集度仍然存在较大差距，一些研究表明我国三大城市群地区仍未达到最优集聚经济对应的规模。从世界城市发展趋势来看，向沿海城市群的发展是不可逆转的规律，80%的人口都分布在沿海200公里以内。在世界主要国家中，我国的海岸线与国土面积之比相对偏低，未来产业和人口向东部沿海和三大城市群转移的程度将会进一步加深。

三、以新型城镇化撬动东部地区新增长极的战略手段

京津冀、长三角和珠三角三大城市群将成为未来5~10年东部地区增长的战略性区域，并由经济中心的引导作用，带动东部地区和全国的经济增长。要想实现这一目的，需要落实国家新型城镇化战略，采取一系列具体政策，撬动三大城市群的战略性增长。

（一）用地政策从严格控制变为相对倾斜

1. 用地政策导向应转为效率优先

经济增长需要土地、资金、劳动力等多种生产要素，在我国，

土地成为最首要的生产要素，这是因为两个原因：首先是土地的不可替代性和不可移动性，这和其他要素是非常不一样的。在经济增长中，开办工业企业、商业、建设交通设施需要土地，外来人口的居住也需要土地，在现有技术条件下几乎完全无法替代。其次是我国城镇建设用地采取行政分配制度，这与其他国家的情况是不一样的。由于人多地少等原因，我国对城镇建设用地采取中央政府的分配制度，具体由国土资源部来施行。每年各省区的建设用地整体指标均由国土资源部分配给各省区，各省区再往下层层分配，每个行政层级的年度建设用地指标都是有固定上限的，没有权力突破。因此，土地的分配在某种意义上具有控制经济增长的水龙头作用。

长期以来我国经济增长最快的是三大城市群地区，这些地区不仅产业扩张迅速，而且集聚了大量的外来人口，这是最需要建设用地的地区，也是建设用地效率最高的地区。然而，我国的城镇建设用地一直采取按行政层级而非实际需要来分配的方式，尤其是2003年以后，又将建设用地指标分配向中西部地区倾斜，严格限制三大城市群的用地，并严禁用地指标的省际转让。这样就造成了人口流入地区用地指标少、人口流出地区用地指标多的反常现象，使内陆地区得以低效扩张建设用地。相对其他地区来说，东部三大城市群用地供应最为紧张，这成为三大城市群房价大幅度上涨和工资大幅度上涨的重要原因，给经济增长带来双重压力。

这一政策违反了土地利用和城市发展的客观规律，既不合理，在长期来看也难以持续。因此，本专题报告提出"效率问题效率解决，公平问题公平解决"的思路，即：东部地区尤其是三大城市群地区土地利用效率高，应按照实际需要倾斜供给土地，由此带来的发展差距问题，用财政转移支付的方式予以解决。由于资源配置效率提高带来的"做大蛋糕"的效应，落后地区的受益反倒会更大。这如同收入差距的调节，由于人的能力强弱导致收入悬殊，可以通过所得税乃至发展慈善的方式，但不能采取剥夺强者生产资料的方式。同时，通过地区之间的人口流动作为缩小区域差距的战略手段。

2. 三大城市群用地应当从严格管控变为相对倾斜

目前，三大城市群地区是我国建设用地管制最严格的地区，2014 年 2 月国土资源部《关于强化管控落实最严格耕地保护制度的通知》重申了这一原则。必须对这一政策进行改进，将三大城市群用地从严格管控变为相对倾斜，具体可以分为以下三项措施：

第一是将建设用地分配与常住人口规模挂钩。城镇常住人口越多，就需要越多的建设用地，因此常住人口规模应当成为决定建设用地分配的最主要的指标，还要考虑到存量的历史欠债，予以适当补偿。

第二是允许建设用地指标跨省区转让。允许省级政府之间进行建设用地指标的转让，鼓励三大城市群地区和其他地区的转让。通过转让，使不发达地区分享到发达地区的土地收益，更好地实现区域公平。

第三是扩大住宅用地在建设用地中的比重。调节建设用地结构，根据我国经济增长进入新常态、工业出现饱和甚至过剩、大量外来人口住房条件恶劣的现状，加大居住用地在建设用地中的比重，解决我国城镇化占地"最后一公里"的问题，以最小的占地实现城镇化和经济增长的任务。

（二）加快放开户籍并完善公共服务

1. 三大城市群的户籍改革反倒是落后的

2014 年是我国加快城镇户籍制度改革的一年。2014 年 7 月国务院发布《关于进一步推进户籍制度改革的意见》，提出"适应推进新型城镇化需要，进一步推进户籍制度改革，落实放宽户口迁移政策……统筹户籍制度改革和相关经济社会领域改革，合理引导农业人口有序向城镇转移，有序推进农业转移人口市民化"，并制定了富有实效性的政策措施。各地区城镇据此制定各自的户籍制度改革方案，已经陆续向社会公布。

然而，上述户籍制度改革方案仍待细化，尤其是城镇化任务较重的地区和城镇，已经公布的户籍制度改革方案实质突破仍然不够。首先，城镇化发展最快、人口大量流入的是东部地区尤其是三大城市群的城镇，这些地区人口城镇化的任务显然是最重的，人口净流出的西部地区城镇相比压力要小得多，因此应当根据我国区域发展实际对三大城市群地区城镇化予以侧重；其次，在实施中实际步伐仍然过小，国务院户籍制度改革意见规定"全面放开建制镇和小城市落户限制……可以在当地申请登记常住户口"，这个步伐已经很大，因为在三大城市群地区，城区人口 50 万以内的专业化小城镇数量众多，如果真的放开将是很大的政策进展，然而在实践中，各城镇几乎都是"嫌贫爱富"，大学毕业生落户没问题，但一般意义上的外来务工人员则是可申请、难批准，缺乏实际的意义。

三大城市群地区城镇不敢放开户籍是因为城市当局提供的公共服务不足，由于这里外来人口比重高，有些重要的公共服务项目水平甚至还比不上中西部地区。如截至 2013 年底全国农民工随迁义务教育阶段子女在当地公立学校就读的比例达到 80.4%，而广东只有 52%[①]，在珠三角地区一些工业城镇只有 20% ~ 30% 的水平。北京虽然比例较高，达到了 70%，但这是以严格要求"五证俱全"和关闭民办学校等手段，实际将大量随迁子女赶回家乡就读的结果。因此，要想在三大城市群地区城镇户籍制度上取得实际进展，必须同时扩充和完善公共服务，尤其是农民工随迁子女教育。

2. 户籍和公共服务须联动扩张

应当明确东部地区尤其是三大城市群地区作为我国新型城镇化和户籍制度改革的重点地区，在这些地区同时扩充公共服务和放开户籍，实现政策的同步配套、有机配合和平稳有序。

第一是在三大城市群制定比其他地区幅度更大的落户政策，

---

① http://news.southcn.com/china/content/2014 – 09/15/content_ 108540295. htm

根据区域分工和经济发展程度，按照特大城市、大城市、中小城市和建制镇，制定层次分明的落户政策，使外来务工群体不仅可以申请而且可以实际获得当地城镇户籍。

第二是切实扩充三大城市群的公共服务资源，对制度性公共服务，如养老、医疗等社会保险，需要完善跨地区接续、加强强制性和覆盖性等；对需要城镇当局投入的公共服务，如随迁子女义务教育、公共基础设施等，则需要城镇政府准确测算，加大投入，切实扩充资源。

（三）以扩权强市实现城镇财权和事权的统一

1. 三大城市群新型城镇化财力不足

新型城镇化以农民工市民化为核心，需要大量扩充城镇的公共服务资源，首先面临财力不足的问题。三大城市群是我国外来人口最为集中的地区，很多产业聚集、外来人口集中的城镇，外来人口的数量占到半数以上，如果使这部分人口也获得均等化的公共服务，需要投入的财力必然大幅度提高。然而，自从1994年分税制改革以来，主要税种按中央和地方3∶1分成，地方的财力增长受到了制约。这也是我国地方财政日益以来依赖土地出让收入的重要原因，2011年土地出让收入与地方公共财政收入的比值超过60%，占地方可支配收入的比重超过40%①。过度的土地出让收

①　财政部财政科学研究所、北京大学林肯中心"中国土地财政研究"课题组："中国土地财政研究"，载于《经济研究参考》2014年第34期。

入，又进一步推高地价和房价，使人口市民化更难以实现。

因此，在新型城镇化中，三大城市群的城镇由于外来人口比重远大于其他地区，面临的财力缺口也是最大的。要想顺利推进新型城镇化，必须扩张城镇的财权，使其与承担的事权相匹配。这里所指的"城镇"，并不完全依行政级别，包括地级市、县级市和建制镇，它将按照新型城镇化任务的轻重，包括总人口、外来人口比重、经济规模、产业发展等指标综合而定。

2. 扩权强市实现城镇财权和事权的统一

实现三大城市群城镇财权和事权的统一，主要依靠扩权强市的方式予以实现。

第一是突出"市"的相对独立的地位，赋予其更大的事权和财权，明确其为辖区内所有常住人口提供公共服务的义务，同时在财政收支上赋予其较大的自由度，鼓励其积极性和创造性的发挥。

第二是在税收收入返还上，改进目前主要税种僵化的分配比例，按照基数不变、增量分配向地方城镇倾斜的原则进行调整，并且按照人口城镇化任务的轻重予以不同的侧重。

第三是根据地方税收收入税种减少、增收压力大的现状，参照已有的经验，尽快全面开征房产税，对超过一定标准的住房征收房产税，作为新的地方税收来源，用于市政建设。

第四是在三大城市群地区城镇建设资金不足时，允许发行市政债，吸引民间资金投入市政建设，并用未来收益还本付息，实现财政收入和支出的跨期匹配。

（四）提高试点的针对性并不断复制扩展

新型城镇化直接决定数亿人的生活面貌，也关系到整个国家的资源利用状况，中央政府肩负社会发展和稳定的责任，对这样一项重大决策不能不极为慎重，因此，在过去30多年改革开放中发挥了重要作用的试点机制成为必然的选择。2014年6月，国家发改委发布《关于开展国家新型城镇化综合试点工作的通知》，共收到169个市、县、镇的申报方案。2014年11月，发改委、财政部、国土部、住建部等11个部委初步确定了"62＋2"的试点方案，即在62个市、县和两个省（安徽、江苏）开展新型城镇化试点。

本专题报告认为，新型城镇化试点应当按照城镇化发育程度和外来人口的集中程度，更加有重点、有针对性地开展，并根据实效进行复制扩展，使其对经济增长发挥更为积极的作用：

第一是加强三大城市群在新型城镇化试点中的地位，应当以三大城市群地区作为全国新型城镇化的战略性试点区，提高三大城市群城镇在试点中的比重，并给予更大的政策创新自主权。

第二是坚持从易到难的原则，三大城市群新型城镇化试点可以暂避开北京、上海等城市病已趋明显、现有户籍居民抵触情绪较重的特大城市，优先选择产业集聚、人口集中、资源承载力强的中小城市和建制镇开展试点。

第三是在开展试点的基础上，鼓励政策创新，积累改革经验，发挥其制度示范和抽水机的作用，不断扩展试点规模，集聚更多的人口和产业，使其成为新的增长极，带动三大城市群、东部地区和全国的增长。

执笔人：赵俊超

参考文献

［1］陆铭．建设用地使用权跨区域再配置：中国经济增长的新动力．世界经济，2011（1）

［2］刘世锦主编．中国产业集群发展报告（2007－2008）．北京：中国发展出版社，2008

［3］World Bank。World Development Report：Reshaping Economic Geography，2009

［4］财政部财政科学研究所，北京大学林肯中心"中国土地财政研究"课题组．中国土地财政研究．经济研究参考，2014（34）

中部地区新的战略性区域识别研究

　　根据国家区域发展总体战略，中部地区主要包括河南、山西、安徽、湖南、湖北、江西六省。从全国地级单位的战略性区域筛选来看①，中部地区的合肥、淮南、南昌、赣州、武汉、湘潭、长沙等城市是未来新的战略性区域。从中部区域本身来讲，这些地区大多是省会或省内重要城市，具备较好的资源承载力与开发潜力，但就中部地区的区域发展重点以及制定区域内部政策而言，这种划分还不够细致，不能依此制定更明确、更具针对性的地区发展政策，需要向市县一级进一步细化。同时，因为县域是我国最基本的行政单元，每个县域相对较为独立，具备作为政策制定和执行主体的资格。例如，我国主体功能区规划也是基于县域情况制定的。因此，有必要在本部分分析中，将潜在的战略性区域识别

---

① 参见专题3。

进一步细化到县级单位，更具针对性地评价各县的发展状况，找出最具潜力的县市地区。所以本部分主要以县级单位（不包括市辖区）分析为主，筛选出中部地区县级单元的战略性区域。

考虑到近年来经济发展的周期性波动，以及数据的可得性，本部分分析以近五年县域数据（2008～2012）为基础，数据主要来自中国区域经济统计年鉴（2009～2013）和全国分县市人口统计资料（2008～2012），部分数据来自2000、2010年人口普查以及2005年人口抽样调查数据。同一指标的分析基本源于同一数据来源，因此具有横向可比性。

一、中部潜在战略性区域的筛选指标与标准

因为地区经济增长大多源于区域的中心城市（地级市），县域经济增长贡献相对较弱，本身就处于边缘地位，因此我们不能以地级市的标准来衡量县域经济的增长潜力。从县域层面来说，区域中潜在战略性区域应该是对该区域经济增长有强力支撑作用的区域。应主要具有以下特征：一是自身经济实力较强；二是近年来经济增长迅速，是区域中主要经济增长极之一；三是有能够支撑县域经济持续较长时间发展的特色产业；四是区域联系较为密切。

根据前面界定的经济增长的战略性区域的定义和条件，结合中部地区自身发展特点，我们认为中部地区潜在战略性区域，也

要满足结构转换较快和存在要素集聚趋势两个基本条件。

首先，潜在战略性区域必须是结构转换较快的地区。中部地区大部分位于黄土高原、华北平原、长江中下游平原等平原地区，省域间联系相对密切，区域分割相对不明显，要素流动较为便利，因此，在一体化的市场条件下，要素一般会流向生产效率更高的部门和地区。因此，一个地区的经济结构转换越快，其增长潜力就会越大。具体到统计指标上，主要表现为快速的工业化和城镇化进程。

其次，要素集聚也是中部县域地区潜在战略性区域的必要条件。虽然区域资源可能更多地集中于地级市的市辖区，但县域如果没有集中区域劳动力、资金、物流、土地等生产要素的能力，就不可能具备持续发展的动力，进而不可能成为潜在的增长区域。因此，战略性区域不能是人口、资金等净流出的区域。

在此基础上，结合数据的可得性，本报告构建了以下指标来衡量中部地区县域潜在的战略性区域。

表 7 - 1　　　　　　　　　　战略性区域的衡量指标

结构转换类指标	要素集聚类指标
工业化水平及增长状况	人均 GDP
	非农就业人口
城镇化水平及增长状况	固定资产投资
	交通因素

其中，在结构转换类指标中，本报告选取了工业化率和城镇化率作为反映经济结构转化潜力的指标。其中，工业化率以二产

增加值占地区生产总值的比重来衡量,城镇化率用城镇人口(年鉴中县域数据一般为户籍人口)占地区总人口的比重来衡量。同时,为反映结构转换速度,本专题还综合考虑了近五年来工业化和城镇化的增长状况,将二者增速也作为考量指标。

在要素集聚类指标中,结合数据的可得性,本专题采用了以下4个指标反映一个县域地区对各类要素的吸引力。

(1)人均GDP。一般而言,人口等流动要素会由收入(收益)低的地区流向收入(收益)高的地区,收入(收益)高的地区因为本地市场效应就会集聚更多的要素,获得更好的发展机会。因此,地区收入是吸引要素流动的重要指标。受统计数据限制,这里采用地区人均GDP作为地区人均收入的替代指标。

(2)地区非农就业人口。在现有县级单位的统计口径中,大部分县市的城市人口使用的是户籍人口,无法反映每年人口的流动情况。相比而言,非农就业人口指标包括了外来务工人员,也剔除了在外务工的本地户籍劳动力,能够更为准确地反映人口变动情况。

(3)固定资产投资。为表征县域的投资(资金)和土地要素状况,根据数据的可得性,本文选取固定资产投资作为主要考量指标。固定资产投资包括基本建设投资、更新改造投资、房地产开发投资和其他固定资产投资。该指标可以反映一个地区包括房地产投资在内的主要投资状况,间接反映资金的空间集聚状况和土地增值潜力。

（4）交通因素。县域作为最基本的行政单元，其对外联系状况对于县域经济增长潜力至关重要。近年来高铁的大范围铺开更是给县域经济发展带来了重要的契机，各地均积极争取高铁在本地设站。中部地区作为南北、东西的枢纽位置，对外交通联系状况在区域经济增长中作用更为显著。因此，本专题重点选取规划和现状中高铁通过（设站）的县市以及机场周边的县市作为衡量交通因素的主要指标。

二、中部地区近年来发展基本特征

因为中部地区与我国目前的战略性区域（京津冀、长三角、珠三角）地区的县域经济差异较大，用东部发达地区县域的指标尺度作为衡量中部地区县域未来增长潜力的标准难以得到符合标准的地区，因此，用中部地区本身发展较好（排在前列）的县市作为衡量未来发展的标准更为合理。本部分以中部492个县、县级市数据为分析基础，通过中部地区县域发展特征的分析，综合确定各项指标的衡量标准。

（一）中部地区县域工业化水平稳步上升

二产比重能够反映出地区的工业化程度。从中部各县、县级市的二产比重来看，地区二产比重平均为50.4%，最高接近90%、最低仅为9.6%，区域工业化程度差异较大。二产比重超过平均水平的县市共有 235 个，比重达到 47.8%；有 25 个县市二产比重超过 75%，比重占到 5%。

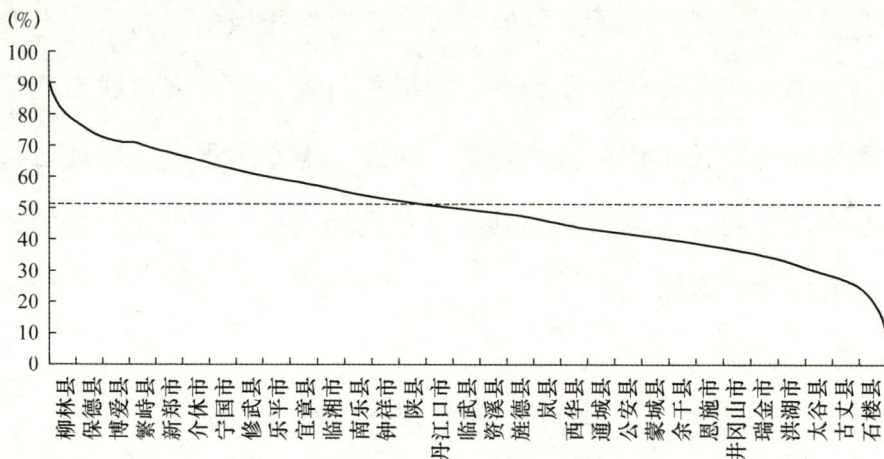

图 7-1　2012 年中部各县市二产比重分布图

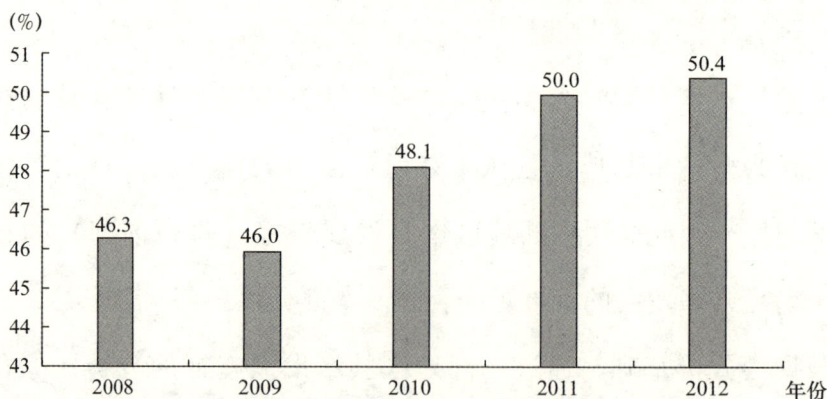

图 7-2　2008~2012 年间中部各县市平均工业化水平变化状况

从近五年增长状况来看，中部地区各县市工业化水平呈现逐年稳步上升状态，大多数县市正处于工业化初期或中期。五年间二产比重平均增幅为 4.1 个百分点，其中增长最快的县市增幅超过 25 个百分点，3/4 的县市二产比重呈现增长态势，处于工业化加速时期。

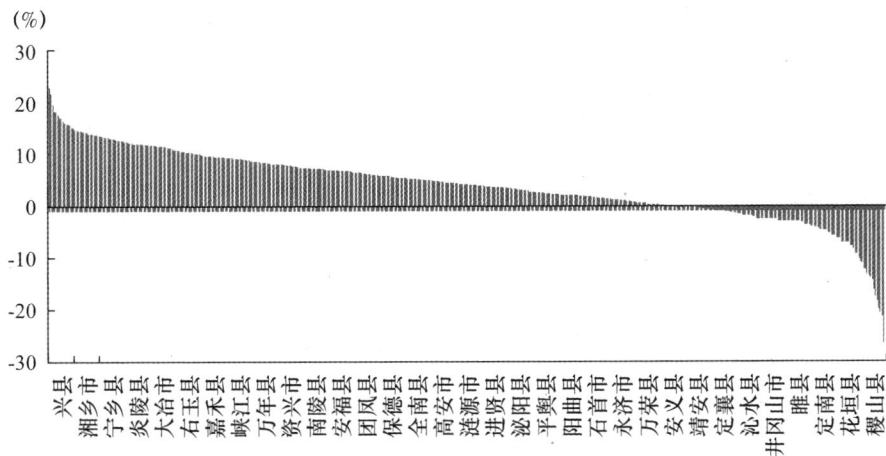

图7-3 2008~2012年间中部各县市二产比重增长状况

（二）中部地区县域城镇化分异明显

根据 Nortnam 对城镇化阶段的划分，地区城镇化率在25%~65%之间为城镇化的加速阶段。中部地区各县市2012年城镇化率平均为18.2%，最高的义马市达到80%、最低的中方县仅为4%，前20%的县平均城镇化率达到31%。达到25%~65%区间，即开始进入城镇化加速阶段的县市有72个，占县市总数的14.6%。

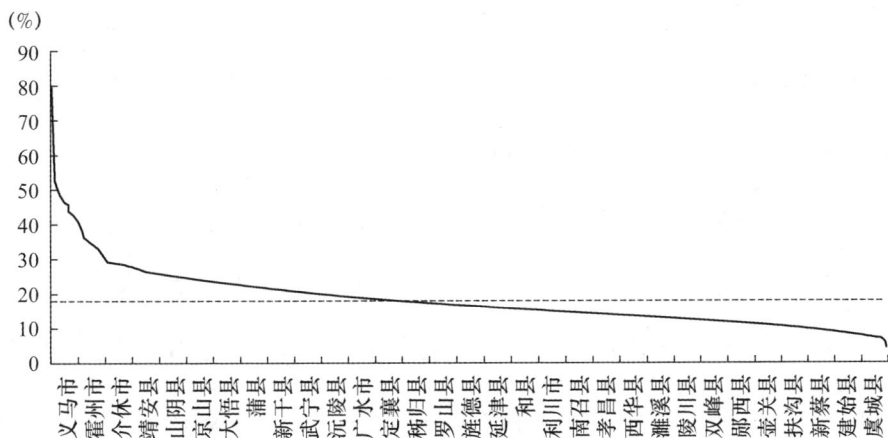

图7-4 2012年中部各县市城镇化率分布图

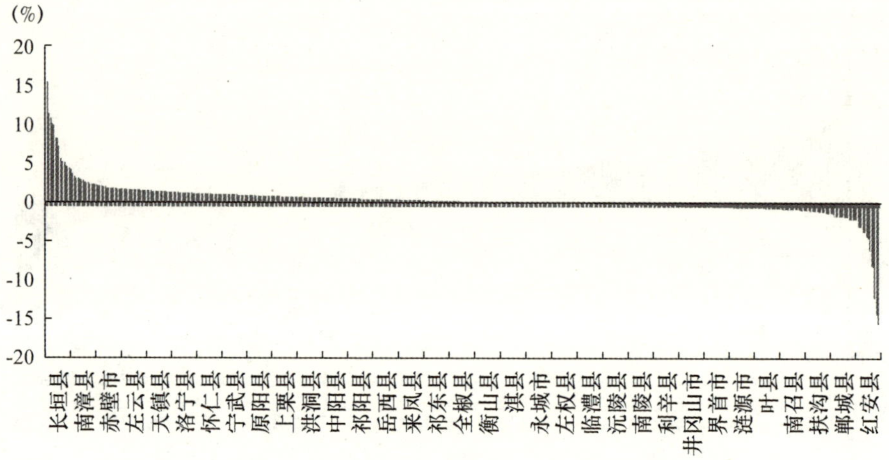

图 7-5 2008~2012 年间中部各县市城镇化率增长状况

从近五年增长状况来看，中部地区各县市城镇化率平均增幅为 0.31 个百分点，其中增长最快的增幅超过 15 个百分点，也有相当一部分县市出现了城镇化率下降的状况，前 20% 县市平均增长 2.73 个百分点。

（三）中部地区县域人均 GDP 增长迅速但差异巨大

从中部地区各县、县级市的人均 GDP 状况来看，各县市人均 GDP 平均值达到 25741.3 元，按世界银行标准，已经达到中等偏上收入标准，但是低于当年全国平均水平。从区域间分布情况看，中部县、县级市之间人均 GDP 差异巨大，最高的县已达到 111269.4 元，最低仅为 5074 元，最高人均 GDP 接近最低值的 22 倍。各县市中人均 GDP 超过平均水平的县市共有 170 个，比重为 34.6%。从近五年增长状况来看，中部地区县市人均 GDP 增长迅速，年均增长率达到 16.5%，2012 年已经达到 2008 年的 1.8 倍。

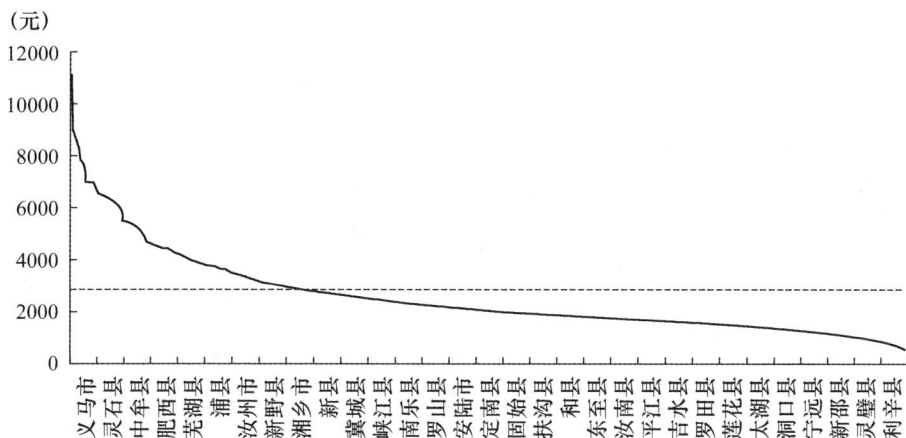

图 7 - 6 2012 年中部各县市人均 GDP 分布图

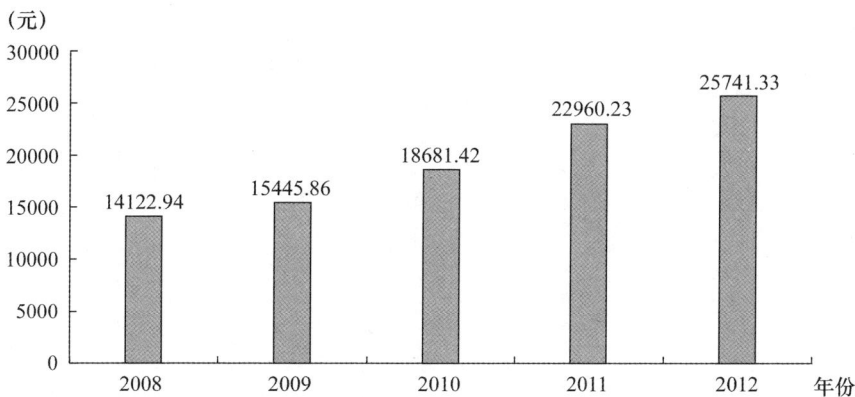

图 7 - 7 2008 ~ 2012 年间中部各县市人均 GDP 水平变化状况

（四）中部地区县域非农就业波动增长且极化明显

从中部地区各县、县级市的非农就业状况来看，各县市非农就业人员平均值达到 33870 人，低于当年全国平均水平。从区域间分布情况看，中部县、县级市之间非农就业状况呈现极化现象，少数县市集中了非常多的非农就业人口，区域间非农就业差异巨大，最高的县已接近 50 万人，但最低的县不足 4000 人。各县市中

（人）

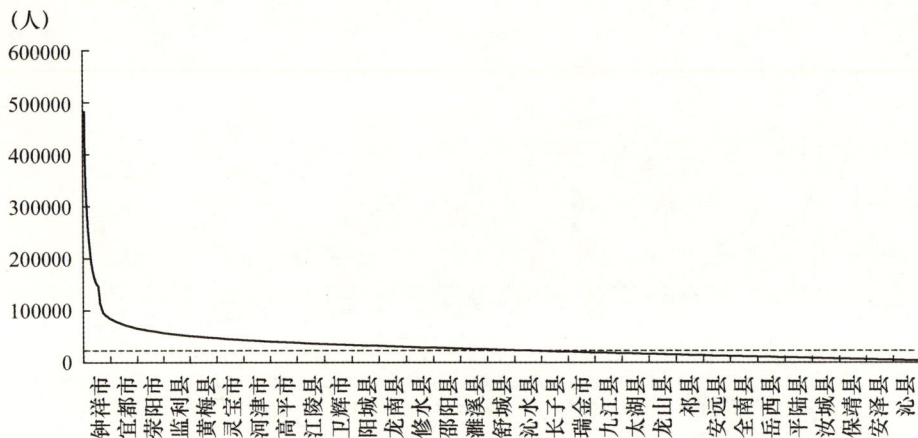

图7-8　2012年中部各县市非农就业人员分布图

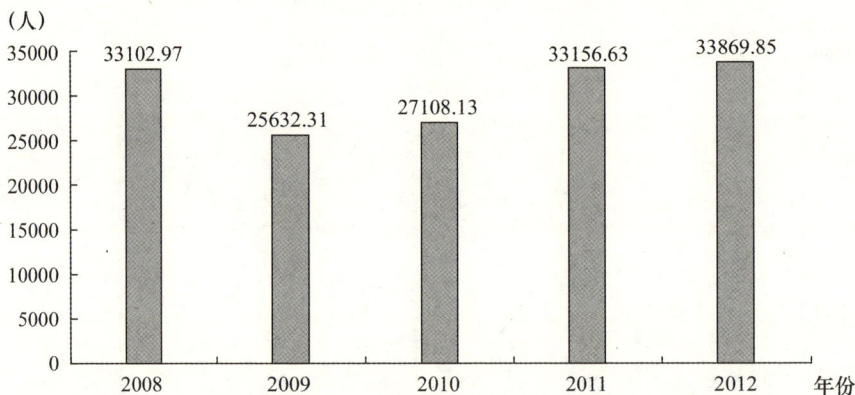

图7-9　2008~2012年间中部各县市平均非农就业人员变化状况

非农就业人口超过平均水平的县市共有 169 个，比重为 34.3%。从近五年增长状况来看，中部地区县市平均非农就业状况受到2008 年金融危机影响较为明显，在迅速的下降之后开始逐年缓慢回升，综合呈现波动增长态势。

（五）中部地区县域投资增长迅速但区域差异较大

从中部地区各县、县级市的县域固定资产投资状况来看，各

（万元）

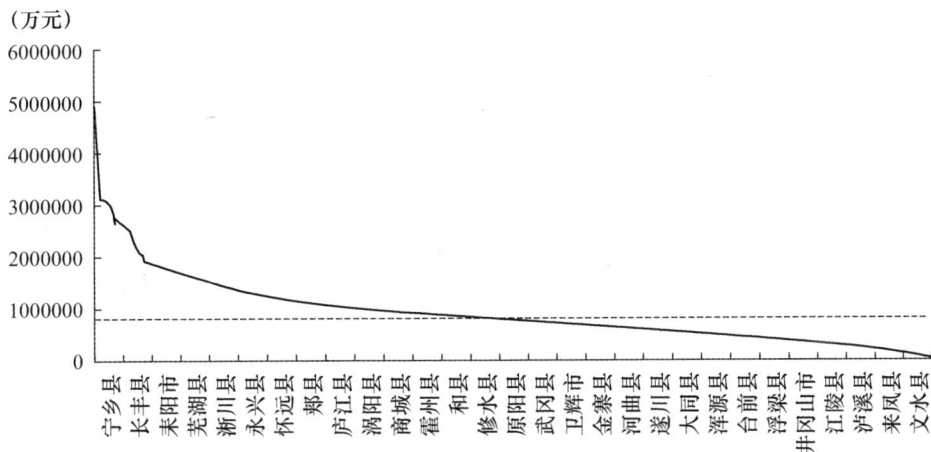

图 7 – 10 2012 年中部各县市固定资产投资分布图

（万元）

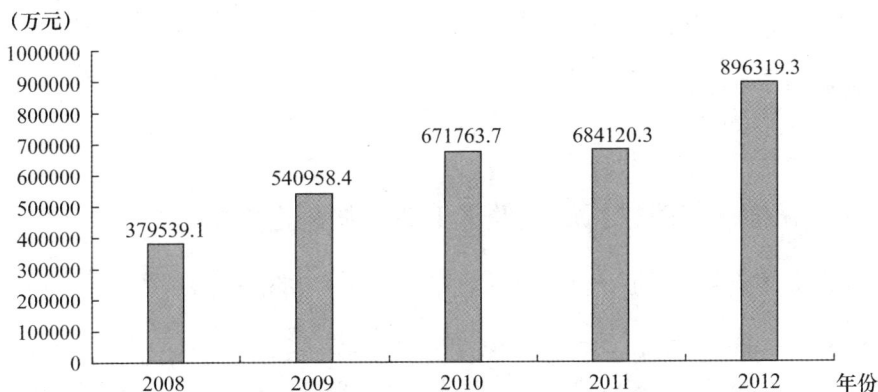

图 7 – 11 2008～2012 年间中部各县市平均固定资产投资变化状况

县市固定资产投资平均值达到896319.3万元。从区域间分布情况看，中部县、县级市之间固定资产投资差异非常大，最高的宁乡县已接近500亿元，而最低的石台县仅有4.6亿元，最高投资额超过最低投资额的108倍。各县市中固定资产投资超过平均水平的县市共有183个，比重为37.2%。从近五年投资波动状况来看，中部地区县市固定资产投资增长非常迅速，年均增长率达到24.0%，2012年已经达到2008年的2.4倍。

三、中部地区潜在战略性区域识别

根据上面中部地区各县、县级市发展的一般特征，我们可以针对性的找出其中发展较好的部分县市，并以此作为标杆建立标准，用来衡量未来潜在的经济增长区域。从前面的识别指标出发，本部分主要从工业化程度及速度、城镇化水平及速度、人均收入水平、非农就业状况、投资状况以及区域的交通状况等几个方面对中部地区的 492 个县、县级市进行筛选，最终找出有潜力成为新战略区域的地区。

（一）潜在战略性区域应处于工业化加速进程中

根据第二部分的分析，我们已经知道中部地区的县、县级市大多处于工业化初期或中期加速的进程中。如果要成为潜在的战略性区域，首先要具备一定的工业基础，在工业化相对东部发展滞后的中部地区，工业化程度应该超过平均水平才具有快速崛起的潜力。但同时，工业化进程又不能推进过快，如果工业化进入后期阶段，相对高效的二产就会进入下降阶段，不具备继续提高生产效率的潜力。因此，这里还应该对工业化水平设定上限，考虑到中部资源型城市较多，这里我们一般认为二产比重超过 75%的地区就已经过了工业化快速增长的时期，到了工业化后期，不具备成为潜力战略性区域的基础。此外，要想成为潜在增长区域，工业化进程还应该保持一定速度，在中部地区二产比重的增长应该保持前列，高于区域平均水平。

从各县市数据来看，2012 年，在中部 6 省 492 个县、县级市中，有 212 个县的二产比重超过平均水平 50.4%，但小于 75%；同时考虑到工业化增长状况，剩余县中共有 112 个县近 5 年的二产比重增幅超过平均数 4.1 个百分点。因此，从工业化水平衡量，这 112 个县市具备成为新战略性区域的基础。

表 7－2　　　　　　符合工业化要求的战略性县市（前 20 位）

县　市	2012 年二产比重（%）	近 5 年比重变化	县　市	2012 年二产比重（%）	近 5 年比重变化
长子县	69.3	22.9	老河口市	52.8	14.7
中方县	60.5	19.5	中牟县	70.9	14.6
怀宁县	65.2	18.3	湘潭县	50.6	14.5
枝江市	58.4	17.7	芜湖县	70.6	14.4
濉溪县	55.2	17.1	桐城市	67.0	14.0
界首市	54.7	16.0	潜山县	57.3	13.9
宁武县	67.6	15.9	肥东县	64.3	13.9
枞阳县	59.8	15.8	嘉鱼县	53.5	13.8
湘乡市	52.2	15.1	宁乡县	70.9	13.6
宜城市	54.4	14.8	应城市	55.4	13.6

（二）潜在战略性区域应处于城镇化加速期

中部地区的县、县级市大多处于城镇化的加速期但分异明显。结合中部地区基本情况，以及县域城镇化与一般城市城镇化的区别，如果严格按照 25% ~ 65% 的区间界定会使中部地区县域处于城镇化加速期的地区过少。因此，我们认为超过平均水平 18.2%，且未达到城镇化放缓阶段65%的县市，即可认为处于城镇化加速期，具备成为潜在的战略性区域的城镇化基础。

从各县市数据来看，2012年，在中部6省492个县、县级市中，有193个县的城镇化水平介于18.2%和65%之间，具备成为新战略性区域的基础。

表7-3　　　　　　　符合城镇化要求的战略性县市（前20位）

县市	省份	城镇化率	县市	省份	城镇化率
侯马市	山西省	53.0%	吉首市	湖南省	43.2%
冷水江市	湖南省	51.1%	津市市	湖南省	42.7%
南漳县	湖北省	49.2%	丹江口市	湖北省	41.9%
老河口市	湖北省	48.3%	保康县	湖北省	40.7%
孝义市	山西省	47.9%	霍州市	山西省	40.2%
宜城市	湖北省	46.7%	德兴市	江西省	38.4%
谷城县	湖北省	46.5%	丰城市	江西省	37.9%
枣阳市	湖北省	46.1%	德安县	江西省	36.9%
大冶市	湖北省	44.1%	许昌县	河南省	36.2%
应城市	湖北省	43.6%	房县	湖北省	35.4%

（三）潜在战略性区域应有相对较高的人均GDP水平

中部地区的县、县级市人均GDP总体低于全国平均水平，且区域间差异巨大。一般说来，有潜力成为新战略性区域的县市，其人均收入应该具有一定的吸引力，才能吸纳其他劳动力不断涌入。因此，从这个角度来看，各县市中以人均GDP代替的人均收入指标应该至少达到平均水平，才具备成为潜在战略性区域的基础。

从各县市数据来看，2012 年，在中部 6 省 492 个县、县级市中，有 171 个县的人均 GDP 高于平均水平 25741.3 元，具备成为新战略性区域的基础。

表 7 - 4   符合人均 GDP 要求的战略性县市（前 20 位）

县 市	省 份	人均 GDP（元）	县 市	省 份	人均 GDP（元）
义马市	河南省	111269.4	新郑市	河南省	70114.4
宜都市	湖北省	88964.6	远安县	湖北省	70095.5
长沙县	湖南省	88656.0	新安县	河南省	69722.6
柳林县	山西省	86736.0	沁源县	山西省	69666.0
襄垣县	山西省	83040.0	古 县	山西省	67417.5
孝义市	山西省	82546.0	沁阳市	河南省	67324.7
偃师市	河南省	77032.2	灵石县	山西省	65787.0
沁水县	山西省	76266.0	资兴市	湖南省	65706.0
荥阳市	河南省	74570.5	巩义市	河南省	65024.2
山阴县	山西省	70151.0	当阳市	湖北省	64773.7

（四）潜在战略性区域应有较好的非农就业

中部地区的县、县级市非农就业水平也总体低于全国平均水平，且区域间差异巨大。一般说来，就业是用脚投票的结果，有潜力成为新战略性区域的县市，其非农就业水平应该相对较高。因此，从这个角度来看，各县市中非农就业指标应该至少达到平均水平，才具备成为潜在战略性区域的基础。

从各县市数据来看，2012 年，在中部 6 省 492 个县、县级市中，有 170 个县的非农就业人数高于平均水平 33870 人，具备成为新战略性区域的基础。

表 7 – 5 符合非农就业要求的战略性县市（前 20 位）

县　市	省　份	非农就业人数（人）	县　市	省　份	非农就业人数（人）
钟祥市	湖北省	482820	枝江市	湖北省	113000
孝昌县	湖北省	401053	麻城市	湖北省	98050
谷城县	湖北省	255500	远安县	湖北省	97200
红安县	湖北省	221000	永城市	河南省	95216
长阳土家族自治县	湖北省	182769	汨罗市	湖南省	87267
长沙县	湖南省	172219	大冶市	湖北省	86280
汉川市	湖北省	161770	宜都市	湖北省	80910
浏阳市	湖南省	151623	登封市	河南省	78201
南昌县	江西省	148360	应城市	湖北省	77798
林州市	河南省	115846	新郑市	河南省	76313

（五）潜在战略性区域应有较高的投资水平和吸引资金能力

中部地区的县、县级市固定资产投资水平总体低于全国平均水平，但近年来增长迅猛。投资的水平反映了地区基础建设、房地产建设等的强度，间接反映了地区吸纳和使用资金的能力。有潜力成为新战略性区域的县市，其投资水平应该相对较高。因此，从这个角度来看，各县市中固定资产投资指标应该至少达到平均水平，才具备成为潜在战略性区域的基础。

从各县市数据来看，2012 年，在中部 6 省 492 个县、县级市中，有 184 个县的固定资产投资高于平均水平 896319.3 万元，具备成为新战略性区域的基础。

表 7-6　　　　　　　　　符合投资要求的战略性县市（前 20 位）

县　市	省　份	固定资产投资（万元）	县　市	省　份	固定资产投资（万元）
宁乡县	湖南省	4923422	禹州市	河南省	2972400
浏阳市	湖南省	4359867	大冶市	湖北省	2913400
南昌县	江西省	4048158	安阳县	河南省	2790255
长沙县	湖南省	3362352	乐平市	江西省	2748499
肥东县	安徽省	3165823	肥西县	安徽省	2718315
新密市	河南省	3069700	新郑市	河南省	2702900
中牟县	河南省	3068500	新安县	河南省	2627160
巩义市	河南省	3047400	长丰县	安徽省	2584058
荥阳市	河南省	3046900	登封市	河南省	2576200
林州市	河南省	3024439	望城县	湖南省	2534475

（六）潜在战略性区域应有便捷通达的对外交通

要素的流动是衡量一个地区是否具有活力的重要指标，而最重要的要素之一——劳动力在区域中的流动主要依赖于便捷的对外交通基础设施。中部地区处于承接东西与南北的重要区位，多个重要的交通枢纽都位于中部地区，因此，是否具有便捷通达的对外交通是衡量中部地区各县市能否成为新战略区域的重要指标。甚至，即使某地区经济基础较弱、经济增速缓慢或缺乏资源基础，一旦它具备了枢纽性的交通区位，仍然有较大潜力成为快速增长的区域。因此，拥有便捷通达的交通资源，却不具备较好的其他结构转换以及要素集聚指标的地区，我们可以称之为次战略性区域，这些地区仍有成长为战略性区域的较大潜力。

目前对城市对外联系和区域间要素流动影响最大的就是高铁

和机场，已有或者规划有高铁站以及临近机场的县市，都应该有潜力成为战略性区域，所以这里统一将其纳入次战略性区域范围。根据我国高铁规划和促进中部崛起规划，结合目前中部地区已有的高铁站点和机场，可以得出中部地区 35 个县市具备交通优势，有潜力成长为战略性区域。

表 7 –7　　　　　　具备交通优势的（次）战略性县市

高　铁	设站县	高　铁	设站县	机　场	周边县
郑西高铁	荥阳市	京沪高速	定远县	吕梁机场	方山县
	巩义市		丰城市	五台山机场	定襄县
	渑池县		樟树市	上饶机场	上饶县
	灵宝市		新干县	衡阳南岳机场	衡南县
昌九城际	德安县		峡江县	邵阳邵东机场	邵东县
	永修县	昌赣客专	吉水县	井冈山机场	泰和县
	新建县		泰和县	昌北国际机场	新建县
京广高铁	赤壁市		万安县	景德镇机场	浮梁县
	衡山县		兴国县	长沙黄花国际机场	长沙县
	耒阳市		赣　县		
沪蓉高铁	麻城市	汉福高铁	九江县		
	巴东县		武穴市		
沪昆高铁	洞口县	济茂高铁	吉首市		

（七）中部潜在战略性区域识别

综合上述对工业化水平及增速、城镇化水平及增速、人均GDP、非农就业、固定资产投资以及交通状况的分析，我们最终可以从中部地区 492 个县、县级市中筛选出 16 个符合结构转换和要素集聚条件的战略性地区，以及 32 个（剔除与战略性区域重复的县市）虽然不符合结构转换和要素集聚条件但具备特殊交通优势的次战略性区域。结合前面部分地市一级层面分析结果，可以综合确定中部地区的潜在战略性增长区域包括合肥、淮南、南昌、赣州、武汉、湘潭、长沙等七个地级市（辖区）以及新建县、瑞昌市等16个县或县级市，同时还包括了荥阳市、巩义市等32个次战略性区域。

表 7-8　　　　　　　　16 个县级战略性区域汇总

地　区	省　份	2012 年二产比重（%）	近 5 年二产比重变化	2012 年城镇化率（%）	人均GDP（元）	2012 年非农就业人口（人）	2012 年固定资产投资额（万元）
新建县	江西省	51.8	4.3	24.8	33743.2	36740	1844668
瑞昌市	江西省	71.5	9.2	25.9	26451.7	51465	1251346
辉县市	河南省	72.4	8.0	28.4	37543.1	55735	2063264
大冶市	湖北省	66.1	11.8	44.1	45678.5	86280	2913400
宜都市	湖北省	61.7	10.4	28.7	88964.6	80910	1787510
当阳市	湖北省	53.6	13.5	26.1	64773.7	40927	2065937
枝江市	湖北省	58.4	17.7	27.5	58612.2	113000	1909205
谷城县	湖北省	59.4	13.1	46.5	39557.3	255500	1258505
老河口市	湖北省	52.8	14.7	48.3	43491.0	43846	1169870
宜城市	湖北省	54.4	14.8	46.7	39136.2	37394	1263800
钟祥市	湖北省	53.6	12.0	22.7	29320.9	482820	1706760
云梦县	湖北省	51.5	10.5	22.3	28888.7	51594	1217010
应城市	湖北省	55.4	13.6	43.6	29413.7	77798	1323758
汉川市	湖北省	59.1	10.0	19.4	30327.2	161770	1758402
汨罗市	湖南省	62.2	5.5	22.4	42497.0	87267	1582838
资兴市	湖南省	70.1	8.1	33.1	65706.0	49575	1489097

表 7 - 9　　　　　　　　　32 个县级次战略性区域汇总

地　区	省　份	2012 年二产比重（%）	近 5 年二产比重变化	2012 年城镇化率（%）	人均GDP（元）	2012 年非农就业人口（人）	2012 年固定资产投资额（万元）
荥阳市	河南省	69.6	0.8	15.2	74570.5	65676	3046900
巩义市	河南省	70.8	- 5.2	18.4	65024.2	64113	3047400
渑池县	河南省	70.9	- 3.5	27.5	54491.1	23900	1808300
灵宝市	河南省	73.2	7.4	15.3	61044.0	48027	2127800
德安县	江西省	71.2	9.1	36.9	25475.7	18214	601895
永修县	江西省	65.6	3.7	29.3	23460.3	28061	1207067
赤壁市	湖北省	49.6	- 1.9	34.1	50799.9	56380	1796605
衡山县	湖南省	34.8	1.8	12.4	25172.0	22622	487114
耒阳市	湖南省	43.5	1.3	16.1	26105.0	62221	1868712
定远县	安徽省	31.0	8.9	14.3	11936.0	23077	938036
丰城市	江西省	53.0	2.9	37.9	22572.5	58345	1867625
樟树市	江西省	59.4	3.2	25.8	39216.0	36363	1668010
新干县	江西省	52.7	4.3	21.3	23647.0	13537	678083
峡江县	江西省	50.5	9.3	24.1	25373.6	9896	440869
吉水县	江西省	46.0	2.2	25.6	16185.4	21996	582896
泰和县	江西省	54.6	12.8	18.1	17933.2	18048	791526
万安县	江西省	47.6	10.4	17.2	15109.7	14307	378243
兴国县	江西省	47.0	5.4	15.1	12485.2	28743	548304
赣县	江西省	56.8	3.6	16.5	16783.4	29859	849293
方山县	山西省	71.3	- 1.0	19.9	18324.0	13200	121314
定襄县	山西省	58.8	- 0.7	18.2	18886.0	10036	224997
上饶县	江西省	75.7	17.2	13.6	16183.7	28400	1175202
衡南县	湖南省	49.7	13.9	12.2	21911.0	60968	953135
邵东县	湖南省	49.2	7.2	12.9	25246.0	39809	1221394
浮梁县	江西省	55.8	- 2.8	22.6	25753.1	26631	388469
长沙县	湖南省	72.4	4.6	14.4	88656.0	172219	3362352
麻城市	湖北省	44.0	18.3	17.8	20431.7	98050	1677900

续表

地　区	省　份	2012 年二产比重（％）	近 5 年二产比重变化	2012 年城镇化率（％）	人均GDP（元）	2012 年非农就业人口（人）	2012 年固定资产投资额（万元）
巴东县	湖北省	40.6	5.6	11.4	15491.1	36810	438254
洞口县	湖南省	33.0	7.8	12.8	13240.0	29063	870321
九江县	江西省	63.1	5.9	24.4	21014.5	22042	727406
武穴市	湖北省	48.4	6.0	21.0	27704.4	44864	1304114
吉首市	湖南省	34.5	−3.1	43.2	31537.0	51023	611220

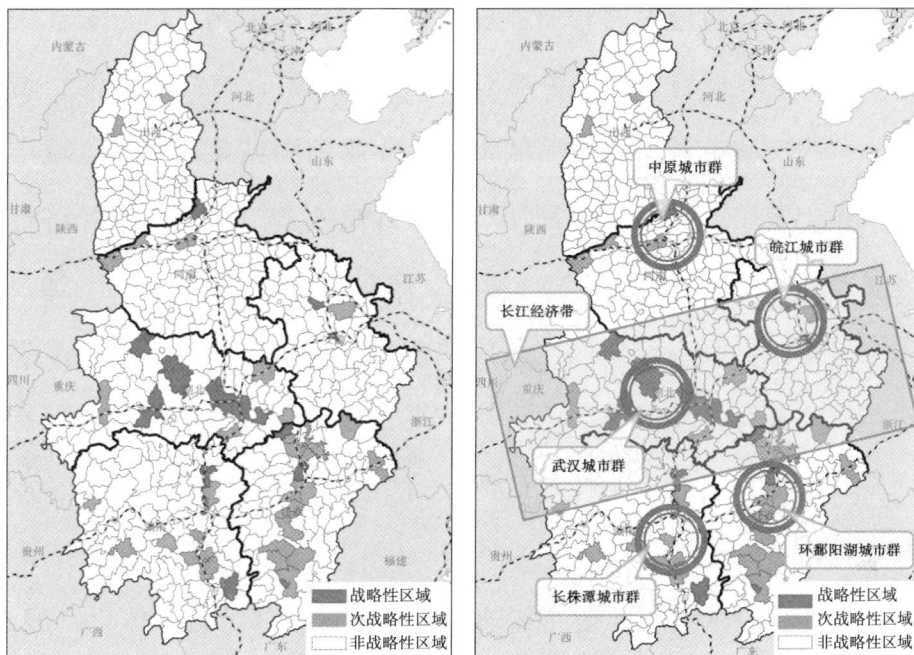

（a）中部地区新战略性区域分布图　　（b）中部新战略性区域与已有城市群（带）

图 7 - 12　中部地区新战略性区域识别结果

从结果来看，中部地区县域层面战略性区域识别与地级单位识别结果大体一致。从空间分布来看，中部六省市的战略性区域和次战略性区域主要围绕高铁线路铺开，从布局上新的战略性区域表现为中原城市群、皖江城市群、武汉城市群、长株潭城市群、环鄱阳湖城市群等城市聚集地区，以及长江经济带等经济轴带，与国家城镇化总体战略格局基本一致。

四、加快中部新战略性区域发展的建议

以重点城市群（带）为抓手，积极培育区域经济新增长极。按照促进健康快速发展和加强规范管理并重的原则，结合长江中游城市群发展规划，支持中部地区中原城市群、皖江（江淮）城市群、武汉城市群、长株潭城市群、环鄱阳湖城市群等重点城市群一体化发展。加快推动长江经济带战略实施。推动长江经济带发展规划纲要出台，加快实施交通、产业、环保等重大项目。加快国家级新区、临空经济区、承接产业转移示范合作区、综合配套改革试验区等各类国家级重点功能平台建设，促进各类功能区有序发展。加大重点战略性地区的支持力度，积极培育新的增长点和增长带。

加快建设网络化的交通基础设施，推动中部区域一体化发展。加快中部地区综合立体交通走廊建设，深入推进区域性产业基地和大型枢纽设施建设，进一步发挥中部地区承东启西桥梁纽带作用。依托高铁、航空等交通枢纽优势，积极推进长江经济带综合交通枢纽建设和东西交通大通道建设，并以此积极推动产业有序转移，打造东西向和南北向联系畅通的区域大市场。

　　加强中部地区县域经济统筹力度，推动县域工业化与城镇化协调发展。县域经济发展不平衡、工业化与城镇化脱钩是制约中部地区战略性区域发展的重要问题。为加快中部地区新战略性区域崛起，应进一步加强县域经济的统筹力度，充分发挥传统战略性增长区域的带动作用，以优惠措施鼓励要素进一步向新战略区域流动。同时，将工业化发展与推动农村剩余劳动力转移结合起来，在继续组织好劳务输出、积极推动农业规模化经营的同时，加大城镇建设和园区建设力度，尤其要加快县一级园区建设，鼓励民间资本进入，推动中部地区县域经济崛起。

执笔人：兰宗敏

参考文献

[1] 侯永志，刘云中．中原经济区的规划逻辑．中国经济报告，2013（1）

[2] 兰宗敏．积极探索中原经济区发展新路径．新浪网，2013－12－26

[3] 张军扩等．区域协调发展：新挑战与新任务．北京：经济科学出版社，2011

[4] 世界银行．重塑世界经济地理．北京：清华大学出版社，2009

[5] 国家统计局．中国区域经济统计年鉴．北京：中国统计出版社，2009～2013

[6] 国家统计局．全国分县市人口统计资料．北京：中国统计出版社，2008～2012

加快在东北地区培育新增长极的对策措施

尽管东北地区正处在经济社会转型的艰难时期，但是作为我国工业化起步最早的地区之一，无论是产业基础还是资源要素条件都具有较大的潜力再次成为新时期的增长极。关键是要转变发展理念，创新发展路径，推动深层次的体制机制改革，着力化解该地区所存在的结构性矛盾。一是要加快推动东北地区的协同发展，构建合理的城市分工体系。做大做强哈尔滨、沈阳、大连、长春等大城市，使其成为新时期引领东北地区和全国经济增长的重要区域，再培育一批具有专业化特色的区域性节点城市，将多个分散、无序竞争的城市转变为有机融合、功能明确的城市体系。二是尽快在东北地区推行"多规合一"，建立区域一体化的规划协调机制。建立统一的科技资源开放共享平台，促进科技人才的跨区域流动和信息资源的共享，推动区域协同创新。三是创新财政金融政策，在本地区试点发行特定收益用途的绿色债券，积极开展碳金融试点，支持东北地区的转型发展。四是要加快推进统一市场体系的建设，为东北地区的协同发展创造条件。五是有序推进国企混合所有制改革，为东北转型发展增添新的动力。注重引导国有资本向重大装备制造、新材料等行业聚集，这样既有利于发挥东北国企的既有优势，也有利于引导其向高端制造业转型发展。

东北地区作为我国四大区域板块之一，拥有全国 8.3% 的土地资源，聚集着上亿人口，水资源、矿产资源与国内其他地区相比都具有一定优势。同时，该地区毗邻俄罗斯、朝鲜、韩国、日本等国家，东北三省和内蒙古自治区陆地边境线长达 8676 公里，海岸线长达 2920 公里，是我国实施面向东北亚地区开放战略的重要地区。但由于多种因素的影响，东北地区的经济社会发展正面临着前所未有的挑战。亟须采取有效政策措施破解发展瓶颈，加快推动该地区的转型发展，这也是落实国家区域协调发展总体战略的必然要求。

一、深入认识东北地区在我国区域经济中的战略地位

（一）东北地区是我国重要的粮食基地，对保障国家粮食安全具有重要意义

2013 年，东北三省粮食产量达到 1.18 亿吨[①]，占全国的比重

[①] 包括谷物、豆类、薯类。

高达20%，其中黑龙江粮食总产量位居全国首位，在保障国家粮食安全方面具有不可替代的作用。从农业资源条件来看，东北地区的土壤以黑土、黑钙土、暗草甸土和白浆土为主，是世界三大黑土带之一。耕地中质量好的一等耕地占59%，高出全国平均值20个百分点，二等地33.17%，三等地与不宜农耕地7.13%，是我国一等地比重最高、三等地比重最低的地区。[①] 水资源也相对较为丰富，2013年东北三省水资源总量2490.1亿立方米，占全国的比重为9%。其中，黑龙江的资源优势更为突出，其人均水资源量位居全国第7位，总量占全国的比重为5%左右。农用地总量位居全国第6位，总量占全国的比重为5.8%。据测算，东北地区粮食单产潜力为1.04×10^4公斤/公顷，目前的粮食单产仅为生产潜力的40.4%，提高粮食单产的潜力还很大。[②]

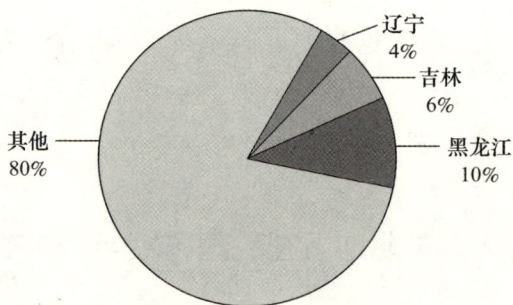

图8-1　东北地区粮食产量占全国的比重

---

① 刘昌明：《东北地区有关水土资源配置生态与环境保护和可持续发展的若干战略问题研究》，科学出版社2007年版。

② 金凤君：《东北地区发展的重大问题研究》，商务印书馆2012年版。

（二）东北地区特殊的地理区位，在我国对外开放总格局中具有重要地位

东北地区位于东北亚的中枢位置，而东北亚是世界政治和经济大国集中分布的区域之一，对于亚太地区乃至全球政治经济格局具有重要影响。因此，深化东北地区与周边国家和地区的开放合作，对于新时期实行更加积极主动的对外开放战略，优化我国对外开放区域格局，提高东北亚区域合作水平具有重要战略意义。一是有利于构建战略资源的大通道，通过东北地区与俄罗斯等周边国家在资源及加工领域的深入合作，建立能源、矿产、森林等战略性资源的稳定供应体系，维护国家的能源安全；二是有利于构建向东北亚地区的物流通道，我国与东北亚国家在资源禀赋、产业发展等方面存在显著的互补优势，通过深化经贸合作，既有利于全面带动东北地区的经济发展，也有利于提升我国在东北亚区域的战略地位。

（三）东北地区是我国重要的森林生态功能区，对维护国家生态安全具有至关重要的作用

东北地区（包括内蒙古呼伦贝尔盟和兴安盟）是我国面积最大、资源分布最集中、生态地位最重要的生态森林功能区。大小兴安岭林区是嫩江、黑龙江水系及其主要支流的重要源头和水源涵养区，为中下游地区提供了宝贵的工农业生产和生活用水，并具有调节气候、保持水土的重要功能，为东北平原、华北平原营

造了适宜的农牧业生产环境，庇护了全国 1/10 以上的耕地和最大的草原[1]。此外，该地区有林地所占比例大，活立木蓄积量大，是我国重要的碳汇区，在吸收二氧化碳、减缓气候变暖方面具有重要作用，是我国应对气候变化的重要支撑地区。[2]

二、东北地区发展总体状况及面临的突出问题

（一）东北地区经济总体规模在全国的比重持续下降

改革开放之初，东北三省生产总值（GDP）之和占全国的比重为 14%，其中辽宁 GDP 占全国的比重为 6.6%，位居全国 30 个省（市、自治区）的第三位，黑龙江为第 9 位，在全国区域经济中具有重要的地位。但自上世纪 90 年代之后，东北地区出现了明显的经济衰退。即使在 2003 年国家实施东北老工业基地振兴战略之后，衰退趋势也没有逆转。2013 年，东北地区 GDP 占全国的比重仅为 8.6%，黑龙江已降至 2.2% 左右（如图 8-2 所示）。2014年前三季度，东北地区 GDP 占全国的比重已降至 8% 以下，三省经济增速排名位列后 5 名。

（二）东北地区产业优势明显衰退

东北地区是我国最早工业化的地区之一。20 世纪 30 年代，东

---

①② 资料来源：《大小兴安岭林区生态保护与经济转型规划（2010~2020）》。

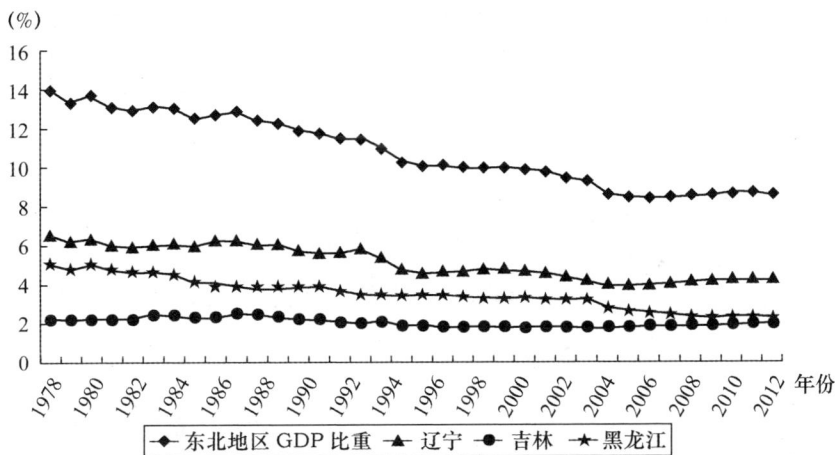

图 8 - 2　1978～2013 年东北地区 GDP 比重的演变

数据来源：根据历年中国统计年鉴计算。

北已基本形成完整的工业体系，成为当时东北亚最先进的工业基地。国家在"一五""二五"和"三五"时期鉴于东北地区的产业基础，又布局了大批钢铁、化工、重型机械、汽车、飞机、军工等重大工业项目，如鞍山钢铁、长春一汽、沈阳机床、吉林电力等项目。但在上世纪 90 年代之后，东北地区既有的产业优势逐渐衰退。本报告利用区位熵①、相对投资收益②两项指标对辽宁、吉林和黑龙江三省 21 个制造业行业进行了分析，如图 8 - 3、图 8 - 4和图 8 - 5 所示。对于辽宁，非金属矿物制品、农副食品加工和通用设备等行业在全国具有一定的优势；吉林只有交通运输设备和医药

---

①　指一个地区特定部门的产值在地区工业总产值中所占的比重与全国该部门产值在全国工业总产值中所占比重之间的比值。区位熵大于 1，表明该产业在该地区具有一定的区域优势。区位熵越大，则表明区域专业化水平越高，区域优势越明显。如果区位熵小于或等于 1，则表明该产业在本地区的比较优势尚未显现。

②　指区域某产业的投资收益与其他地区或全国同产业投资收益的比例。由于数据的局限性，本报告用总资产贡献率衡量投资收益。当相对投资效益大于 1 时，表明该地区该产业的产业效率高于平均水平，具有一定的区域优势和良好的成长性。

行业具有一定的优势；黑龙江仅有石油加工具有一定优势。需要引起重视的是，黑龙江多个行业的投资收益已低于全国平均水平。

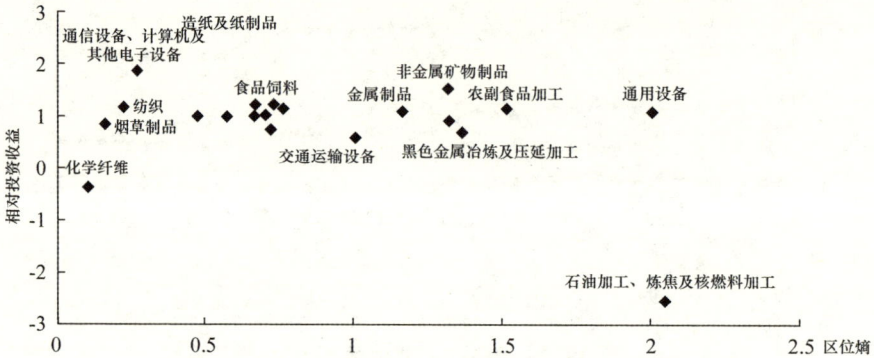

图8-3　辽宁制造业分行业区位熵和相对投资收益（2012年）

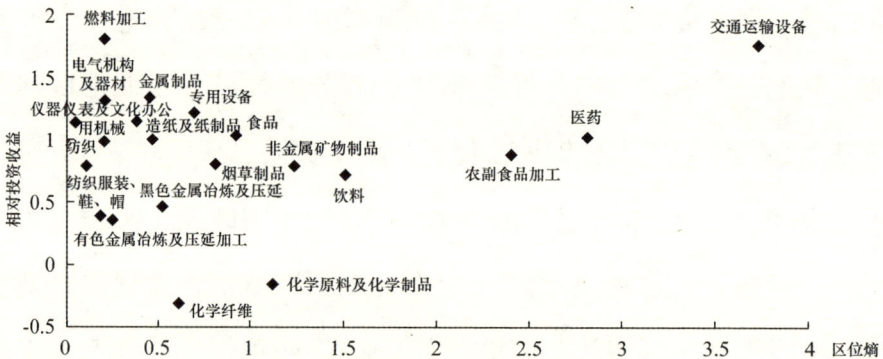

图8-4　吉林制造业分行业区位熵和相对投资收益（2012年）

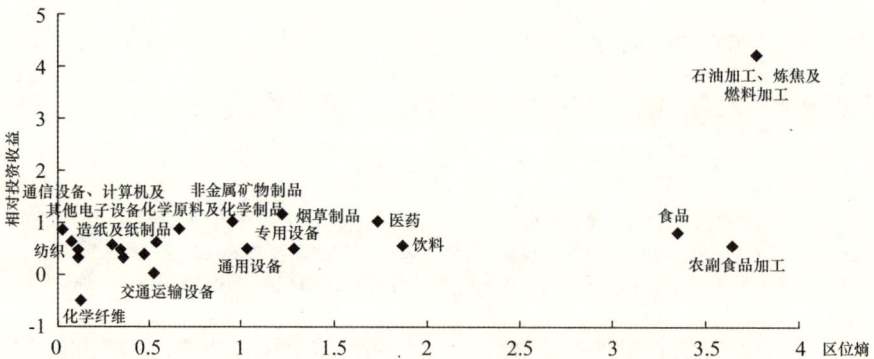

图8-5　黑龙江制造业分行业区位熵和相对投资收益（2012年）

（三）东北地区基本形成以三大省会城市为核心的城镇体系结构

根据我国城市规模划分标准（2014），东北地区35个地级及地级以上城市中，特大城市为1个，Ⅰ型和Ⅱ型大城市分别为2个和6个，其他均为中小城市，所占比例超过70%。基本形成了以沈阳（特大城市）和哈尔滨、长春（Ⅰ型大城市）为核心的城镇体系布局。前三位城市人口所占比重为22.1%，中小城市人口所占比重超过60%[①]。分省来看，黑龙江城镇体系结构中分化较为显著，除了哈尔滨、齐齐哈尔之外，其他城市规模都偏小（如图8-6所示）。

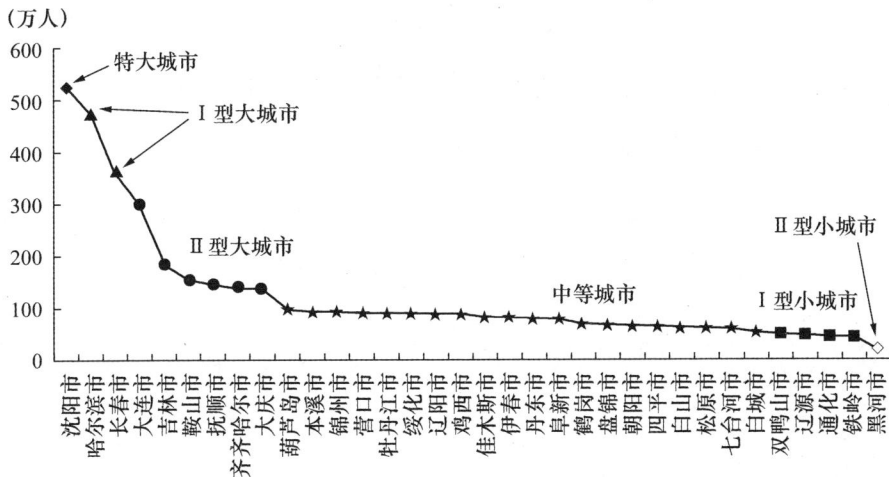

图8-6　东北地区不同规模城市分布

从经济发展水平来看，整个东北地区地级及以上城市中有16个城市的人均GDP水平低于全国平均水平（2012年），只有4个

---

① 数据来源：根据中国城市统计年鉴2013计算。

城市的人均可支配收入超过全国平均水平，农村居民人均纯收入除了绥化和白城之外，均超过全国平均水平。需要关注的是，城市人均可支配收入较低的城市主要集中在黑龙江地区，而农村人均收入较低的地区主要集中在吉林。

（四）东北地区经济发展面临的突出问题及潜在风险

自从 2003 年，国家先后出台了《关于实施东北地区等老工业基地振兴战略的若干意见》《东北地区振兴规划》和《关于近期支持东北振兴若干重大政策举措的意见》等系列政策措施扶持东北地区的转型发展，尽管取得一定成效，但矛盾和问题依然突出，并蕴藏着一些潜在风险，需要加以防范。

1. 部分地区人口外迁趋势日益显著，人口老龄化加剧

近十年，东北地区的人口呈现出三大趋势。一是人口布局持续向较大规模区域中心城市集聚。根据第六次人口普查数据，东北地区人口总规模与 2000 年（第五次人口普查）相比大约增加了 282 万人，占全国的比重还有所下降。但人口空间布局出现了显著变化，沈阳、大连、长春、哈尔滨四市的人口占东北地区总人口的比重已达到30.2%，比2000 年增加了近10 个百分点。二是部分城市人口出现净减少。主要是一些以资源型产业、重化工业为主的地市，如抚顺、吉林、齐齐哈尔等地（如表 8-1 所示）。从不同行业的就业人数来看，东北地区在最近十年也是发生了显著变化。一些地区不仅在农林牧渔业、采掘业、制造业等行业出现了就业

人数下降的趋势，在餐饮、交通运输、教育等服务业也出现了同样的趋势。更需要关注的是，部分较大规模的区域中心城市，如哈尔滨、齐齐哈尔、锦州等地的就业总数也出现了下降。这反映出经济不景气对该地区就业所造成的不利影响，范围正在扩大，影响程度正在加剧。三是东北地区人口老龄化的压力正在加剧。东北三个省65岁及以上人口的比重都出现了不同程度的上升，其中辽宁最高，为10.31%，已超过全国平均水平。这不仅会加重地方财政负担，在某种程度上也会对经济结构的转型产生负面影响。

表8-1　　　　　　　　　东北地区人口净减少的地市[①]

辽　宁	吉　林	黑龙江
抚顺、阜新、铁岭、朝阳	吉林、辽源、白山、白城	齐齐哈尔、鹤岗、双鸭山、伊春、黑河、绥化

2. 经济增长动力不足，地方财政风险加大

近几年，随着我国宏观经济增速的下降和经济结构的调整，东北地区经济也受到了显著的影响，支柱产业的盈利水平普遍下降，企业亏损面扩大，这将直接影响地方财政收入增长的空间。2013年，辽宁、吉林和黑龙江人均财政收入水平为7616元、4205元和3330元，分别相当于全国人均财政收入平均水平的80.2%、44.4%和35.1%[②]。从地市层面来看，部分地区的财政收入状况更不容乐观，如齐齐哈尔、伊春等地人均财政收入尚不足1000元

---

① 资料来源：根据第五次和第六次人口普查数据计算。
② 数据来源：根据中国统计年鉴计算。

（2012 年），仅相当于全国平均水平的 1/10。这不仅影响本级政府的正常运行，也会影响本地区提供基本公共服务的能力和投资环境的改善，形成经济的转型发展。

3. 创新要素未得到有效利用，区域创新能力较低

从创新要素的构成来看，东北地区具有一定的优势。东北三省共有高等学校 253 所，研发机构 456 个。黑龙江拥有的研发机构数量位居全国第 4 位，辽宁居第 7 位。但是从研发投入来看，受到经济转型、企业利润下降等多种因素的影响，自 2008 年之后，东北地区的研发投入强度与全国平均水平的差距逐渐拉大（如图 8 − 7 所示）。2013 年，吉林省研发投入强度为 0.92%，不到全国平均水平的 1/2。从创新的效益来看，2013 年，东北三省规模以上工业企业新产品销售收入与新产品开发经费支出比，不仅低于全国平均水平，也低于安徽、四川、云南等部分中西部地区。这表明该区域的创新对经济增长的支撑作用与其他地区相比还存在着显著的差距。

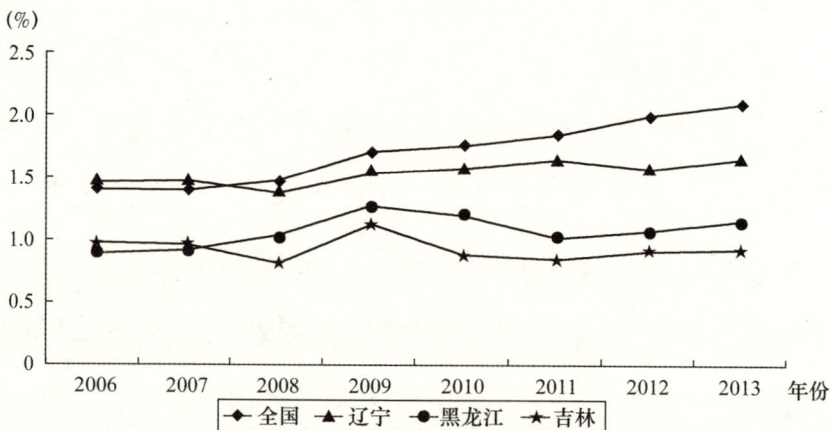

图 8 − 7　东北地区研发投入强度的比较（2006 ~ 2013）

三、对策建议

尽管东北地区正处在经济社会转型的艰难时期，但是作为我国工业化起步最早的地区之一，无论是产业基础还是资源要素条件都具有较大的潜力再次成为新时期的增长极。关键是要转变发展理念，创新发展路径，推动深层次的体制机制改革，着力化解该地区所存在的结构性矛盾。

第一，加快推动东北地区的协同发展，构建合理的城市分工体系。东北地区作为我国四大区域板块之一，内部各地区之间在资源禀赋、区位条件、产业发展等诸多方面都具有较强的互补性。但由于行政体制、财税制度等方面的原因，造成该地区在发展过程中尚未形成合理的分工体系，产业同构、地区之间的恶性竞争等现象依然较为突出。不仅影响资源要素的配置效率，还会影响整个地区的经济发展环境。在未来的发展过程中，应首先转变发展思路，按照东北各地区"一盘棋"的思路，加强不同地区功能定位的统筹，积极主动地推动跨区域分工与合作，将各地区之间的竞争劣势向合作优势转换，构建功能定位明确、优势互补、合作共赢的协同发展新格局。哈尔滨、沈阳、大连、长春等大城市要继续发挥区域核心城市的辐射带动作用，成为新时期引领东北地区和全国经济增长的重要区域。再结合四大核心城市发展的特点，培育一批具有专业化特色的节点城市，从而将多个分散、无序竞争的城市转变为有机融合、功能明确的城市体系，提升东北地区整体经济发展的优势和潜力。

第二，创新跨区域合作机制，加快资源要素空间布局的优化。东北地区人口、产业的布局相对分散，并且多数分布于内陆地区。上下游产业以及相关支持性产业之间地域分割的现象比较突出，难以形成与新时期开放的市场竞争环境相适应的产业集群。另外，这种分散的生产力布局也不利于生态环境的保护。因此，建议要加快推动跨区域合作机制的建立，以促进资源要素向优势地区聚集，实现区域协同发展。一是建立区域规划协调机制。尽快在东北地区实行"多规合一"，加强区域之间产业发展、基础设施、基本公共服务设施建设等规划的协调。有效引导人口、产业等由资源枯竭、环境承载力下降的地区向沿海等具有优势区位的大中城市转移。二是建立跨区域生态环境治理的有效机制。东北地区不仅内部资源环境压力正日益加大，还是我国重要的生态屏障区之一。按照主体功能区的发展理念，加快构建跨区域生态环境保护的协作机制，加强区域生态工程的建设，扩大整个区域发展的绿色空间。三是建立跨区域创新资源共享机制。这是东北转型发展能否成功的关键。要建立统一的科技资源开放共享平台，促进科技人才的跨区域流动和信息资源的共享，推动重大科技基础设施的共享应用，加强科技创新成果的共享，促进创新在本地区的转换能力；整合区域优质创新资源，重点围绕重大装备制造、生物制药、石油化工等行业共性技术的协同创新，引领该地区重要支柱产业的转型升级；构建区域科技成果交易和服务平台。建立区域内统一的科技评价标准和认证制度，经本地区科技部门认定的科技企业、产品、机构等资质，均应予以互认，并享受本地同等优惠政策。

第三，创新财政金融政策，支持东北地区的转型发展。当前，随着东北地区结构调整的深入，地方财政收入增长明显趋缓，再加上人口老龄化、资源环境压力加大等多方面因素造成的财政支出压力不断加大，使得资本瓶颈成为制约该地区发展的重要瓶颈因素之一。化解这一瓶颈，需要国家加大财政转移支付力度，但由于国家正处在"三期叠加"的转型发展阶段，经济和财政收入下行压力也非常大，传统的财政政策工具可操作的空间已非常小。因此，需要创新财政金融政策工具。可在借鉴国际经验的基础上，在本地区试点发行特定收益用途的绿色债券，积极开展碳金融试点。这样既可以拓宽地方政府转型发展的融资渠道，形成一种约束激励机制，引导地方投资向低碳绿色方向发展，防止出现为了短期的利益而盲目投资，也可以通过碳金融发挥东北地区的生态资源优势，为该地区的发展提供新的融资工具。

第四，加快推进统一市场体系的建设，为东北地区的协同发展创造条件。东北地区的转型关键是要加强不同地区之间的联动发展，加强区域之间的产业关联度。而实现联动的关键是要推进统一市场体系的建设。一是要消除区域性的政策壁垒，建立统一的市场准入标准、职业资格认证、质量安全标准等，推动资源要素商品的自由流动；二是要建立统一的资本市场体系，加强土地、技术、产权等要素市场的互联互通；三是推进基本公共服务一体化建设，加强不同地区之间社会保障、医疗保险、养老保险等跨区域的有效衔接，合理布局基础公共服务设施。

第五，有序推进国企混合所有制改革，为东北转型发展增添新的动力。东北地区作为我国老工业基地，国有企业比重较高。尽管经过多年改革，但是该地区的国有企业仍受到传统体制机制的束缚，大量遗留问题尚未得到根本解决，企业办社会、离退休职工数量较多，东北地区的国有企业在社会保障等方面的负担较重。另外，东北地区的国有企业集中于资源型企业，或者是传统制造业行业，受结构调整的影响，盈利能力急剧下降。这些问题使得国企创新投入严重不足，陷入发展困境，解决的根本途径就是要深化国企改革。2014年，我国在《近期支持东北振兴若干重大政策举措的意见》文件中已明确提出支持东北在国有企业改革方面先行先试，并允许本级国有企业部分股权转让收益和国有资本经营收益专项用于支付必需的改革成本。但在改革的过程中，还要对各种风险进行充分的评估，要在深化改革国企职工社会保障、养老保险的基础上，有序推进国企混合所有制的改革，防范就业风险的集中出现。在引入新的资本参与东北国企改革的过程中，要注重引导国有资本向重大装备制造、新材料等行业聚集，这样既有利于发挥东北国企的既有优势，也有利于引导其向高端制造业转型发展。

执笔人：孙志燕

参考文献

[1] 铁正英.中国工程院重大咨询项目，东北地区有关水土资源配置生态与环境保护和可持续发展的若干战略问题研究（综合卷）.北京：科学出版社，2007

[2] 金凤君.东北地区发展的重大问题研究.北京：商务印书馆，2012

西北地区新增长极培育思路、战略重点与政策举措

一、西北地区新"增长极"发展现状

发展经济学认为，增长极的形成大体需要具备五个方面的条件：必须要有一批有创新能力的企业和企业家，必须具有规模经济效益，核心城市对周边城市的辐射带动作用较强，核心和外围彼此间的经济联系较为紧密，具有良好的投资环境和生产环境。也就是说，增长极的甄别选择主要可以从创新与先导部门的成长性、经济规模、经济结构、核心城市的辐射带动以及城市间的经济联系五个方面来衡量。

从西北地区发展历史和现实来看，受地理条件、资源禀赋以及生态环境等多方面因素的制约和影响，可作为重点开发或大规模建设的区域较少，经济地理分布大体集中在各省省会城市及其周边地区、交通要道节点城市、资源和能源富集地区。按照发展

经济学对增长极形成的一般判断标准。西北地区符合上述条件的增长极主要是以西安、银川、兰州、西宁、乌鲁木齐这些省会城市为核心的关中地区、宁夏沿黄地区、兰西地区、天山北坡地区，这些区域是西北地区发展条件、发展基础和发展水平最好的区域。从西北地区上述增长极的发展现状来看，主要呈现出以下几方面特征。

第一，经济体量相对较大但发展差异显著。关中地区、宁夏沿黄地区、兰西地区、天山北坡地区四大增长极在人口、地区生产总值、固定资产投资规模等方面均占到西北地区的一半以上。2011 年，四大增长极常住人口约 5803 万人，在西北地区占比达到59.7%；地区生产总值 17926 亿元，在西北地区占比高达 64.3 %；固定资产投资 11695 亿元，在西北地区占比达到 55.4%；地方财政收入达到 1297 亿元，在西北地区占比达到 42.6%（见表 9 - 1）。

表 9 - 1　　　　　　　　2011 年西北地区四大增长极经济规模

	单　位	四大增长极	西北地区	四大增长极占西北地区比重
常住人口	万人	5803	9723	59.68%
地区生产总值	亿元	17926	27915	64.22%
固定资产投资	亿元	11695	21109	55.40%
地方财政收入	亿元	1297	3042	42.64%

数据来源：根据《中国区域经济统计年鉴（2012）》计算而得。

但是，各个增长极之间的发展差异极大。2011 年，关中地区常住人口达到 2890 万人，在四大增长极中的占比为 49.8%，约为宁夏沿黄地区的5.8倍，天山北坡和兰西地区的2.4倍；关中地区的地区生产总值达到8382亿元，在四大增长极中的占比为46.8%，约为宁夏沿黄地区的4.5倍、兰西地区的2.9倍；关中地区固定资产投资达到7100亿元，在四大增长极中的占比为60.7%，其他地区则均不到2000亿元；关中地区地方财政收入为527亿元，在四大增长极中的占比为42.6%，约为宁夏沿黄地区的3.4倍、兰西地区的3.2倍（见表9－2）。

表9－2　　　　　　　2011年西北地区四大增长极经济规模比较

	单位	关中地区	天山北坡	宁夏沿黄	兰西	关中地区占四大增长极比重
常住人口	万人	2890	1199.6	514.8	1197.6	59.68%
地区生产总值	亿元	8382	4874	1848	2822	64.22%
固定资产投资	亿元	7100	1021	1498	2076	55.40%
地方财政收入	亿元	527	447	157	166	42.64%

数据来源：根据《中国区域经济统计年鉴（2012）》计算而得。

第二，现代产业体系初步形成但传统能源产业所占比重较高。关中地区区位和交通条件优越，公路、铁路、航空等基础设施较为完善，形成了以先进装备制造、电子信息、航空航天、新材料、生物技术、信息技术等为主的现代产业体系，是西北地区经济发展综合实力最强的区域。兰西地区、天山北坡地区和宁夏沿黄地区煤炭、石油、天然气、盐、有色金属等能源和矿产资源储量极其丰富，是我国重要的亿吨级大型煤炭基地和千万千瓦级大型煤电基地所在地，依托能源和资源优势，这些区域形成了以能源、化工、冶金等为主的产业结构。例如，宁夏沿黄地区化学、黑色金属、有色金属、石油加工等产业在工业增加值中的占比达到53.3%。天山北坡地区石油天然气、石油加工、黑色金属冶炼、化学原料等行业在工业增加值中的占比达到57%。

第三，工业化和城镇化水平较高但人口密度和空间效率差异较大。2011年，四大增长极工业总产值达到20732亿元，工业化率平均达到51.1%；城镇总人口达到2819.1万人，城镇化率平均达到50.35%，人口密度达到162.55人/平方公里（见表9－3）。其中，关中、天山、宁夏、兰西地区第二产业占所在省比重分别为44.7%、78.2%、95.1%、41%，工业总产值占所在省份的比重分别为45.1%、78.2%、99.2%、46.4%；关中、宁夏、兰西地区的城镇化率分别是所在省份平均城镇化率的1.05、1.07、1.04倍。

表9－3　　　　　2011年四大增长极工业化和城镇化情况

地　　区	工业总产值（亿元）	工业化率（%）	城镇人口（万人）	城镇化率（%）	人口密度（人/平方公里）
四大增长极	20732	51.1	2819.1	50.35	162.55

数据来源：根据《中国区域经济统计年鉴》（2012）计算而得。

但是，四大增长极人口密度和空间效率存在较大的差异。关中地区人口密度达到323.8人/平方公里，是四大增长极平均人口密度的1.99倍，是人口密度最低的天山北坡地区的13倍。关中地区地均GDP达到939万元/平方公里，分别是天山北坡、宁夏沿黄、兰西地区的9.3、2.1和2.3倍（见图9－1和图9－2）。

（人／平方公里）

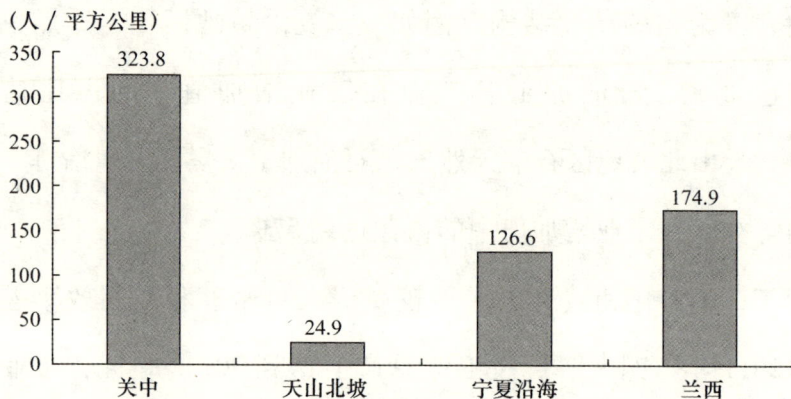

图 9 - 1　2011 年西北地区四大增长极人口密度

数据来源：根据《中国区域经济统计年鉴》（2012）计算而得。

（万元／平方公里）

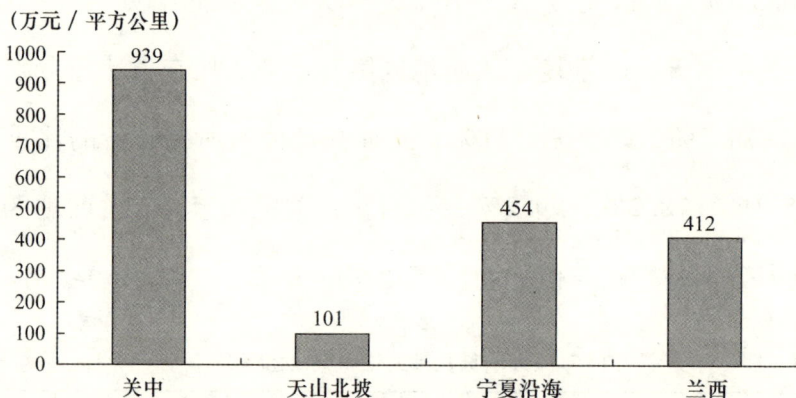

图 9 - 2　2011 年西北地区四大增长极地均 GDP

数据来源：根据《中国区域经济统计年鉴》（2012）计算而得。

第四，科技资源较为丰富但主要集中在关中地区。四大增长极聚集了西北地区主要的科技教育资源，而在四大增长极中又主要集中于以西安为中心的关中地区。以西安为核心的关中地区是全国科教资源最密集的区域之一，大约有 100 多所高等学校、1000 多所科研机构、100 多名万科技人员，科技园区和高新技术产业园区众多，企业创新和研发能力较强，电子信息、新一代信息技术、高端装备制造等先导部门和战略性新兴产业创新产出比重较大。

譬如，2013 年，西安市 R&D 经费内部支出 25.67 亿元，专利申请总量达到 36983 件，连续八年保持 30% 以上的增幅，每万人发明专利拥有量达到 11.38 件，是全国平均值的 3.5 倍；授权的发明与实用新型专利主要集中在先导优势产业领域。

第五，基础设施和发展环境不断改善。随着西部大开发战略的深入实施，西北地区交通基础设施路网规模进一步扩大，连接主要城市的高速公路、铁路、航空等综合性交通运输体系更加完善，特别是郑州到西安、兰州到乌鲁木齐、拉萨到日喀则的高铁开通，使西北地区主要城市的交通基础设施更加便捷。同时，固定电话、移动通讯、光纤、互联网宽带等邮政通讯和信息基础设施建设速度和覆盖率得到大幅度提升，四大增长极移动电话用户数、互联网宽带接入用户数均占到所在省份的 50% 以上（见表 9 - 4）。此外，随着改革的深入、市场化进程的推进以及电子商务等互联网经济的兴起，四大增长极的投资环境与营商环境不断改善，创业、创新氛围日益浓厚。

表 9 - 4　　　　　　　2011 年西北地区四大增长极信息化情况

	移动电话用户数（万户）	移动电话用户数占所在省份比重（%）	互联网宽带接入用户数（万户）	互联网宽带接入用户数占所在省份比重（%）
关　中	2254.7	71	310.6	77
天山北坡	1041	52	150.1	57
宁夏沿黄	474.7	86	51.5	93
兰　西	872.6	58	98.8	76

数据来源：根据《中国区域经济统计年鉴》（2012）计算而得。

二、西北地区新"增长极"发展存在的问题

随着经济发展以及西部大开发战略的深入实施，西北地区新增长极实现了快速发展，但是与东部地区成熟的增长极相比，还存在一定的差距，其在国家战略层面作为增长极的作用和职能仍然略显不足。

第一，经济总量较小，规模效应不足。尽管关中地区、宁夏沿黄地区、兰西地区、天山地区是西北地区经济总量规模最大的几个重点发展区域，但是与东部地区、中部地区一些增长极相比，经济总量还是相对较小。2011年，西北地区经济总量最大的关天地区，仅是长三角地区经济总量的10.2%、珠三角地区的19.2%、京津冀地区的17.8%；西北地区经济总量最小的宁夏沿黄地区，仅是长三角地区经济总量的2.3%、珠三角地区的4.3%、京津冀地区的3.9%（见图9-3）。经济总量规模较小是制约上述地区承担国家战略、发挥真正意义上的增长极的主要问题所在。

第二，经济结构不合理，城市集聚效应较低。由于资源禀赋、所有制结构等方面的原因，西北地区第二产业占比较高，第三产业发展相对滞后，特别是第三产业中的生产性服务业发展滞后。除关中地区形成了较为综合的现代产业体系以外，宁夏沿黄地区、兰西地区、天山北坡地区则仍然以采掘、有色、能源、装备制造等产业为主，高新技术产业和生产性服务业占比较低。同时，经济

（亿元）

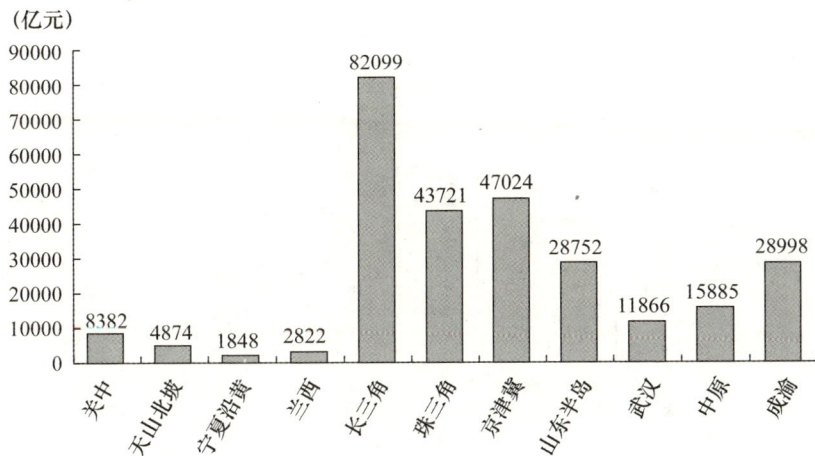

图9-3 中国主要增长极地区生产总值

数据来源：根据《中国区域经济统计年鉴》（2012）计算而得。

发展水平较低、城市建设的滞后以及相关社会制度改革的滞后，上述地区城镇化水平整体低于东部地区主要增长极。此外，受区位、产业结构和经济发展水平的制约，除天山北坡地区相对较高外，西北地区其他增长极对外开放程度仍然大大低于东部地区和中部地区的增长极，甚至低于西南地区的成渝地区（见图9-4）。

第三，核心城市辐射带动力不足，城市间经济联系较弱。西北地区增长极核心城市的人口和经济活动集聚程度较低，经济规模较小，对周边城市的带动作用有限。西北地区除西安以外的核心城市的人口规模均小于500万，地区生产总值均低于5000亿元，显著低于东、中部地区增长极的核心城市，甚至远远低于西南地区的成都和重庆（见图9-5）。同时，受市场发育程度较低、地方政府同质化竞争以及行政壁垒等因素的制约，西北地区增长极中核心城市与周边城市之间的市场分割程度较高，经济联系较弱，

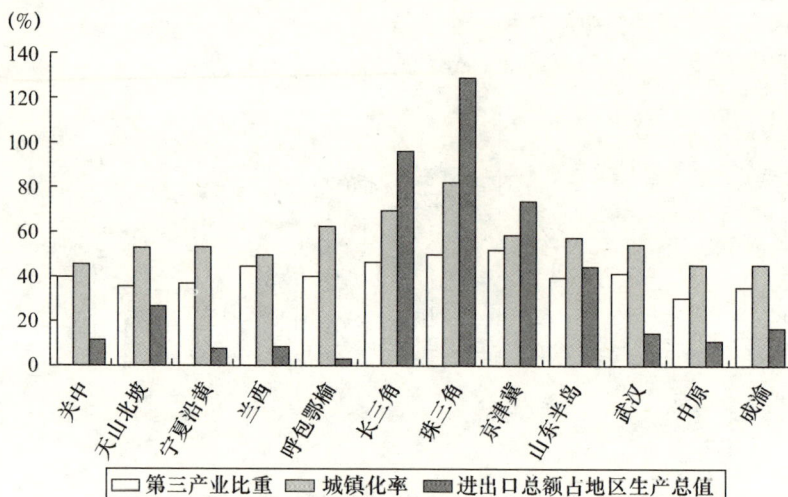

图9-4 中国主要增长极经济结构比较

数据来源：根据《中国区域经济统计年鉴》（2012）计算而得。

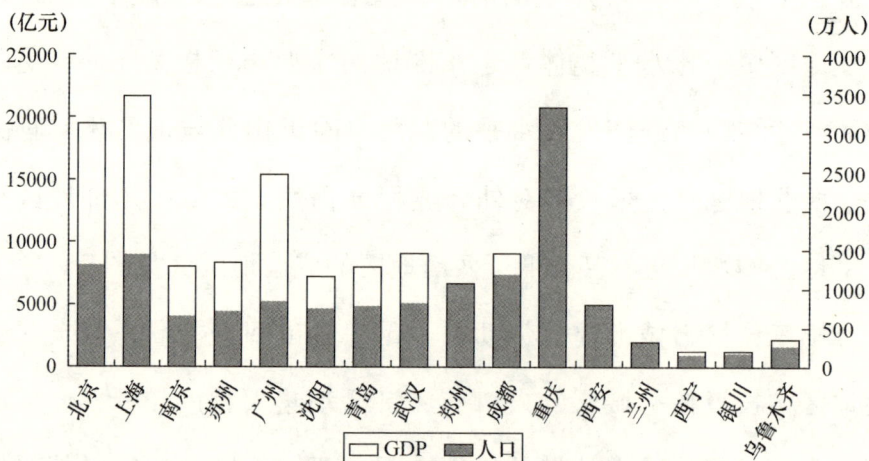

图9-5 中国主要增长极核心城市规模比较

数据来源：《中国统计年鉴》（2013）。

核心城市的辐射带动力以及外围城市配套能力均较弱。

此外，宁夏沿黄地区、兰西地区、天山地区以资源和重工业为主的产业结构，导致产业链条较短，产业前后向联系较弱，城市间的产业分工与协作关系不紧密。经济较为发达的关中地区尽管产业体系较为完善，但同质化发展特征较为明显，城市间的分工协作以及经济联系相对东部地区明显较弱。2011 年，关中地区空间功能分工程度为 2.02，显著低于长三角地区、珠三角地区和京津冀地区，也低于辽中南地区和山东半岛地区（见图 9 - 6）。

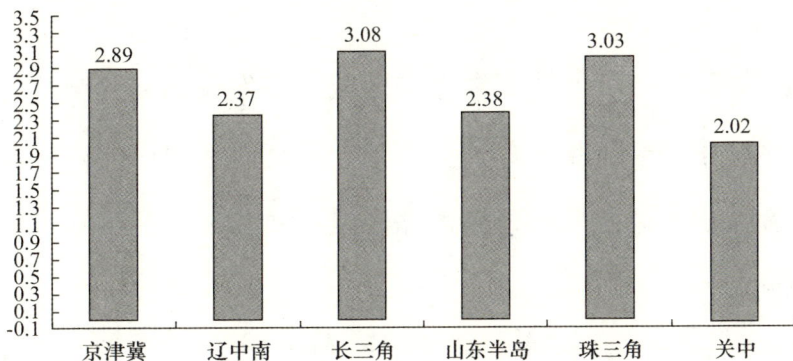

图 9 - 6　中国主要增长极空间功能分工情况
数据来源：作者计算而得。

　　第四，创新能力较低，先导部门成长性不足。由于人力资本、技术研发、产业结构以及发展环境等方面的因素，西北地区技术创新能力总体较弱，先导性部门成长性较低。即使在创新要素和人力资本较为密集的关中地区，科研机构和相关要素主要集中于军工和中央直属的大型国有企业，受所有制、科研管理体制等方面的制约，出现中央科研单位与地方经济发展、科研活动与经济发展、国有大中型企业技术研发与市场需求之间的三个"两张皮"现象。技术研发与转化应用之间的融合、军民之间的融合以及产业间的融合程度较低，影响了技术联系、部门联系、产业联系，使得研发、创新和人力资本对经济增长的作用受到制约。这些因素导致西北地区增长极的创新远远低于东部地区的增长极，先导部门和产业的成长性有限，制约了增长极的创新引领和辐射带动作用。

三、西北地区新"增长极"培育思路

适应中国经济发展的新常态和区域经济发展的新趋势，为了进一步增强中国经济增长的回旋余地，提高西部地区的内生发展能力，需要积极调整区域发展思路，促进西北地区新增长极的形成和崛起。

第一，突出总量和规模扩张。西北地区增长极在人口规模、经济总量、密度等方面均与东部地区存在较大的差距，经济规模过小制约了其从经济意义上承担增长极相应的作用和职能。经济发展理论和实践均表明，成为增长极首要的条件是经济体量要达到一定的规模。尽管从全国范围来说，转方式、调结构是主线，但从西北地区自身发展阶段来看，仍然处于经济活动加速集聚的阶段，仍然处于工业化和城镇化加速推进的时期，其面临的突出问题仍然是如何加快发展、如何增强其辐射带动能力。因此，在西北地区增长极培育过程中，首要的任务是实施总量和规模扩张战略，特别是加强增长极核心城市的人口集聚规模和经济体量，不断提高核心城市的人口和经济密度。

第二，注重多元化发展。西北地区国土面积较大，各省、各增长极在历史地理、区位条件、资源禀赋、发展基础、产业结构、发展环境等方面存在较大差异，并且在一定程度上形成了独具特色的发展路径和发展模式。譬如，以西安为中心的关中地区，形成了包括高端装备制造业、航空航天、电子信息、新材料等在内的现代产业体系。以银川为核心的宁夏沿黄地区则形成了以能源化工、新材料、清真食品及穆斯林用品、特色农产品加工等为主的产业体系。兰西地区则形成了以能源、装备制造、食品和纺织为主的产业体系。天山北坡地区则形成了以能源重化工、特色农牧业、边境贸易物流等为主的产业体系。因此，在增长极的培育和发展过程中，必然基于各地区的发展条件、比较优势和竞争优势，因地制宜地制定增长极培育思路，探索符合各地区实际的多元化发展路径。

第三，强化区域和区际合作。西北地区人口密度和收入水平相对较低，本地市场规模有限，制约着经济进一步发展。同时，西北地区高技能劳动力和研发人员较为缺乏，地区研发创新能力较弱，更多地依靠资源和能源化工产业，中高端装备制造以及生产系服务业发展滞后。能源化工产业发展也主要依赖于国家和央企的投资，地区内生发展能力仍然较弱。因此，在目前内生发展能力较弱的情况下，推进西北地区增长极发展，一方面需要加强国内区域合作，积极承接东部产业转移，获得经济发展所需的劳动力、技术、管理等要素，积极推动产业升级，深度参与全国市场；另一方面需要通过向西开放，加强国际合作和国际贸易，不断拓展国际市场，以此提高西北地区增长极的内生发展能力。

第四，协同发挥市场与政府的作用。随着中国转型发展的深入，特别是十八届三中全会提出要使市场在资源配置中发挥决定性作用，地区的发展，包括经济增长极的培育，必然要以市场机制为基础，推动产业的集聚，促进产业成长与区域发展。但是，考虑到西部地区增长极一些区域尚不具备完全的内生发展能力，如果没有国家层面的投资和相关政策的支持，没有外部资本的大规模援助，仅仅依靠西北地区自身难以适应和满足国家战略的需要，难以承担起国家层面增长极的作用。但如果单纯依靠国家投资和倾斜式政策的支持，又会对投资和优惠政策产生依赖。而且，这种依赖外部投资不断增长的开发路径也难以长期持续下去。因此，西北地区增长极要实现长期的发展，必须同时注重市场和政府的作用，要最大限度地发挥"有效市场"和"有为政府"的组合在不同阶段、不同领域的作用，既注重在解决同一问题上的合力，又要发挥各自独立的作用。

四、西北地区新"增长极"培育战略重点

基于西北地区新"增长极"发展现状及存在的问题，按照上述培育思路，西北地区新"增长极"的培育需要有重点、分层次地推进。

第一，以加快核心城市发展来推动增长极经济规模的扩大。西北地区经济增长极需要进一步扩大经济规模，实现总量扩张。一是进一步实施集聚式发展战略，强化核心城市在经济增长极中

的带动作用。加大核心城市道路交通等基础设施、公共服务、产业园区、城市新区建设，不断改善城市营商环境，进一步提高人口集聚和产业发展支撑能力，吸引人口和经济活动向增长极集聚，提高核心城市的规模经济效应和辐射带动作用。二是统筹推进人口管理、土地管理、财税金融、城镇住房、行政管理、生态环境等重点领域和关键环节的体制机制改革，在加快改革户籍制度的同时，创新和完善人口服务和管理制度，促进人口有序流动、合理分布和社会融合，实现农业转移人口稳定地向主要增长极地区转移。

第二，以特色优势产业培育为重点来提高增长极产业支撑能力。随着中国经济增长阶段的转换，西北地区增长极应由过去的要素驱动战略向效率驱动战略转变，以资源配置效率和利用效率的提高来增强区域自主发展能力，将技术创新、信息化改造与管理提升相结合，加大特色优势产业培育力度，为增长极发展提供产业支撑。一是以提高内生发展动力为主线，提升传统特色优势产业。进一步深化优势资源转换，以延伸产业链、增加产品附加值为重点，完善配套产业，提高资源产品精深加工水平。用高新技术和先进适用技术改造提升传统产业，不断提高特色优势产业的技术装备水平和产品竞争力，促进产业升级，巩固、壮大、提升能源化工、矿产加工和农牧产品加工等传统资源型特色优势产业。二是以技术创新和体制创新为支撑，大力发展现代特色优势产业。以自主创新能力的提升和优势资源的深度转化为核心，充分发挥西安的科技资源优势，大力发展以高端装备制造业、航空航天和电子信息、新材料、可再生能源为重点的新兴产业，推进产业转型升级。三是以提高产业配套能力为目的，进一步加快生产性服务业发展，努力提高现代生产性服务业的比重和水平，促进产业发展由生产制造型向生产服务型转变，实现产业融合发展。四是以促进产业升级为导向，积极承接产业转移。合理选择产业承接方向，优化承接产业转移领域和结构，采取补链承接、提升承接、延伸承接等多种方式，高起点、高标准、高环保门槛承接装备制造、能源原材料、高新技术、现代服务业、农牧产品加工业和现代服务业，提升西北地区增长极产业发展水平。

第三，以区域一体化和区域合作推动增长极创新发展。西北地区新增长极在扩大对内、对外开放的基础上，应进一步强化合作开发模式，健全合作机制，在资源开发、产业投资、技术交流、市场开拓、教育培训、生态环境保护等领域，深化区域合作。一是将产业发展与承接产业转移、向西开放的地缘优势结合起来，依托"丝绸之路经济带"建设，深化西北地区与东中部地区以及周边国家的经济合作，构筑西北地区新增长极对内对外区域合作的新格局。二是借助东部地区人才、资金、技术、管理等方面的优势，以及招商引资方面的经验，探索东西合作共建产业园区、丝绸之路经济带自由贸易区等合作平台。创新产业园区的开发模式和管理机制，鼓励东部地区直接参与合作园区的开发建设和运营管理，实现共同建设、利益分享。发挥宁夏银川、甘肃兰白经济区承接产业转移示范区的示范带动作用，继续推进西北地区新增长极中重点经济区、中心城市、资源富集区和重点边境口岸城市承接产业转移示范区建设。积极支持中新生态产业园、中德生态产业园、中欧合作示范园区等产业园区落户西北地区。三是充分发挥新疆、宁夏向西开放的区位优势和文化优势，拓展与周边国家在投资、产业、技术、贸易等领域的深度合作。积极发展面向俄蒙、中亚、阿拉伯国家乃至欧洲的出口加工基地和商贸物流中心，加快推进边境（跨境）经济合作区、边境自由贸易区、中欧合作示范区、中欧自由贸易区、中国－中亚合作示范区、中国－阿拉伯合作示范区、中俄中蒙能源合作示范区等平台建设，加强与欧盟、东盟、阿拉伯国家等国际中心市场的联系，促进西北地区增长极的发展。

第四，以核心城市与周边城市的空间功能分工来提高增长极的经济联系。从增长极区域范围来看，按照空间功能分工的格局，不断提高要素的空间配置效率是未来增长极发展的重点。一是适应区域分工和协作共享发展新趋势，重塑增长极发展理念。按照空间功能分工和协作共享的原则，由城市个体单独发展理念向城市集群发展理念转变，由单一的城市竞争理念向城市合作理念转变，由城市等级体系发展理念向城市扁平化合作理念转变，由地域联系意义上的增长极发展理念向功能联系意义上的增长极发展理念转变，由有边界的增长极发展理念向无边界增长极发展理念转变，发挥城市协同集聚经济的作用，提高要素空间配置效率。二是引导核心城市重新进行功能定位。核心城市应不断改善城市环境和配套服务，吸引高技能劳动者集聚，大力发展生产性服务业，实现由要素驱动向创新驱动转变；中小城市应进一步发挥自身低成本的优势，积极承接制造业转移，主要定位于为核心城市服务配套。三是加强增长极核心城市向外围城市产业转移过程中的对接与协同，通过综合分析转出与转入地区的要素禀赋结构、主导产业以及产业链特点、技术吸收能力、配套设施等方面的情况，以承接产业或产业链转移园区为平台，按照产业链合作的思路，以承接核心企业为关键，以补链式招商为重点，带动相关企业进入，提高产业转移过程中的对接效率和要素空间再配置效率。

第五，以区域联通和发展环境塑造为重点优化增长极的发展环境。增长极的形成和发展离不开良好的基础设施和发展环境。一是要加快增长极内部和增长极之间基础设施的互联互通。针对西北地区新增长极高等级公路和铁路密度较低、路网协同效应不高、同城化水平较低等问题，应进一步提高交通基础设施建设等级，优化连通性交通基础设施路线规划与布局，加快核心城市和周边城市间轨道交通、高速公路等城际快速通道的建设。同时，加大增长极之间以及增长极与东中部增长极的互联互通。以丝绸之路经济带基础设施互联互通为基础，重点建设和完善西北地区连接中东部地区的大通道，西北地区连接西南地区、周边国家的通道。二是打造良好的营商环境和创新环境。增长极的成长和发展需要先导性的企业和产业发展，而先导性的企业和产业的发展离不开良好的制度环境、政策环境、金融环境和创新文化氛围。

因此，需要加快现代市场经济观念的宣传和培育，进一步消除传统的自然经济观念和计划经济观念的影响。发挥城市创业平台作用，放宽政府管制，降低交易成本，激发创业活力。完善扶持创业的优惠政策，形成政府激励创业、社会支持创业、劳动者勇于创业的新环境、新氛围。运用财政支持、税费减免、创业投资引导、政策性金融服务、小额贷款担保等手段，为中小企业特别是创业型企业发展提供良好的经营环境。

第六，以信息化推动新增长极跨越式发展。随着以互联网、新能源和物联网为代表的第三次工业革命兴起，信息化日益成为地区发展的重要推动力，同时也成为导致地区差距扩大的重要因素。信息化在一定程度上改变区域发展路径，加快增长极的快速成长与发展，成为改变传统发展方式和实现跨越式发展的新途径。一是加快西北地区信息基础设施的发展，实施信息基础设施全覆盖工程，扩大新增长极地区信息基础设施覆盖面。加快"宽带、广电、通讯"信息基础设施的改造和升级，提升信息网络覆盖面，推进电信网、广电网、互联网、物联网和无线网的"多网融合"。二是在具有良好制造业发展基础的关中地区，加快信息化、互联网对制造业的改造提升，率先实施"互联网＋"行动计划，推动移动互联网、云计算、大数据、物联网与现代制造业的结合，推进数字化、网络化、智能化制造，促进电子商务、工业互联网和互联网金融发展，加快推进制造业和生产性服务业的融合发展。三是在西安、银川、西宁、乌鲁木齐等核心城市推进智慧城市基础设施的试点，推进"数字城市""智慧城市""无线城市"和"光网城市"等重大工程建设，推动物联网、云计算、大数据等新一代信息技术创新应用，实现与城市经济社会发展深度融合。加速推进信息感知和智能化在社会保障、社会管理、医疗、教育、文化、卫生等社会领域的应用融合，构建智慧城市公共管理平台和支撑服务体系，提高城市管理效能和公共服务水平。

五、西北地区新"增长极"发展的政策举措

西北地区新增长极的培育和发展，需要在区域发展战略、政策支持体系、援助合作、体制改革等方面进行调整和完善，保障新增长极的快速发展。

第一，将新增长极培育纳入西部大开发规划以及丝绸之路经济带建设。国内外发展环境变化带来的新要求以及西北地区自身发展阶段转换引起的开发重点的调整，要求分类型区域、各有侧重的推进发展。一是在问题区域通过国家援助和区域合作等途径重点解决集中连片贫困地区、民族地区等问题区域的脱贫和社会稳定问题，确保发展权利、发展机会的基本公平；二是在一般地区通过加快推进公共服务均等化途径来提高当地居民的生活水平和公共福祉，实现区域协调发展；三是在重点经济区通过大规模开发建设将其培育成新的增长极，辐射带动其他区域发展，成为西北地区内生发展能力提高的主要载体，成为承担国家发展战略

的重要支点。也就是说，在注重解决问题区域和一般区域发展的同时，应重点突出新增长极的培育，以新增长极为重点区域率先实现内生深度开发，成为经济增长新常态下带动和引领西北地区发展的主要节点。同时，从丝绸之路经济带建设和西部大开发之间的关系来看，更加突出了由地理意义上的空间区域向经济意义上的重点经济区域的转变；从发展路径来看，更加强调通过对外开放和区域合作方式来推进；从发展方式来看，更加强调由分割式、独立发展向一体化、协同发展转变；从发展目的来看，更加强调由促进国内区域协调发展向国际合作转变。由此，丝绸之路经济带建设应把"将重点经济区域培育成为重要的增长极"纳入规划，在增长极发展的基础上通过区域合作和国际合作，加强增长极之间的互联互通和协同发展。

第二，实行分类管理的"增长极"政策体系。西北地区各增长极发展差异极大，为提高新增长极培育政策的有效性，应根据各增长极的特征和面临的主要问题，针对各增长极的发展基础和发展潜力，实行分类管理的差别化支持政策体系。关中地区具有良好的高新技术产业、电子信息、高端装备制造业基础，应突出对其创新驱动发展的政策支持力度。宁夏沿黄、兰西地区能源化工产业发展基础较好，特别是新能源发展潜力巨大，应突出对其效率驱动发展的支持，特别是新能源发展的准入和配套发展的政策支持。天山北麓地区能源化工、对外贸易与合作条件较好，应加大对外开放、国际合作带动其发展的政策支持力度。

第三，加大国家援助与区域合作力度。新增长极的培育需要协调外部援助与内生发展的关系，将国家直接投资、国有大项目融入当地的产业发展中，增强当地的内生发展能力。一是将对口支援工作纳入法制轨道，建议仿效美国西部开发经验，设立《地区援助法》。对口支援的任务、时限、资金、项目、成效、监督、考核、奖惩等各方面工作都需要进行立法，以确保对口支援工作的规范有序和持续推进。二是在继续加大重大基础设施和重点工程投资项目的基础上，突出对西北地区教育、科技、研发资源的援助与合作，促进基础性科技资源、教育资源和医疗卫生资源向西北地区配置，不断提高西北地区新增长极的人力资本水平以及技术吸收能力、技术应用能力和技术创新能力。同时，加大对产业园区建设和管理、中小企业发展、大众创业等方面的援助与合作，不断提高其产业发展的支撑和配套能力，为特色优势产业的发展提供良好的配套条件。此外，加大市场开放和准入等方面的区域合作，进一步提高援助和合作的有效性。三是在发挥中央政府和对口省份主导的援助合作基础上，充分发挥各类市场主体、基金组织、国际组织的协同作用，特别是优先支持与丝绸之路经济带开发基金和亚洲基础设施开发基金等开放性、国际性平台的合作，通过建立子基金或率先启动投资项目等方式，加快推进增长极建设。

第四，完善相关优惠政策。一是梳理西部大开发规划、全国主体功能区规划以及相关区域规划中涉及的倾斜性财政转移支付、贸易投资、城镇化改革、对外开放等方面涉及的财政转移支付政策，适当归并整合一些专项转移支付存量资金，提高转移支付资金的规模和效率。二是加大基础设施、基本公共服务、城镇化、国际合作、生态环境保护等方面重大工程向西北地区投资的倾斜力度，提高基础设施、城市建设、公共服务等方面的投资补助标准。三是在税收、产业、土地和生态环境等方面制定和落实支持新增长极发展的差别化政策及其细则，把区域性优惠与行业优惠结合起来，针对扶持的产业和领域，通过税收扣除、加速折旧、投资抵免、再投资退税、递延纳税、提取准备金、税收抵免等间接优惠方式，加大基本建设、特色优势产业、国有企业改革等方面的支持力度。四是加大对增长极全面深化改革的支持力度。支持西咸新区、兰州新区推进城市建设、城镇化、土地管理、市场监管等方面的改革试点，重点国家级高新技术产业园区和国家级经济技术开发区推进自主创新和转型升级综合配套改革，在国际合作、自由贸易园区设立、通关合作机制试点等方面给予相关政策倾斜和支持。

执笔人：赵 勇

参考文献

[1] 张学良.2013中国区域经济发展报告——中国城市群的崛起与协调发展.北京：人民出版社，2013

[2] 赵勇，白永秀.中国区域政策宏观调控职能的影响及未来取向.贵州社会科学，2015（5）

[3] 魏后凯，赵勇.深入实施西部大开发战略评价与政策建议.开发研究，2014（1）

西南地区区域增长极研究

改革开放的前 20 年，国家实施沿海倾斜战略，西南地区虽然发展较快，但相对沿海地区滞后，在全国经济地位比重降低。1978年，全国 GDP 为 3645.22 亿元，西南地区的 GDP 总额为 454.48 亿元，占全国比重为 12.47%。2000 年，全国 GDP 达到 89404 亿元，西南六省区 GDP 为 10707 亿元，比 1978 年增长 22.56 倍，占全国的比重降低到 12%。

自国家实施西部大开发战略以来，西南地区经济增长提速，经济总量迅速增加，一改经济比重长期下滑趋势。2014 年，西南地区 GDP 总额为 81462 亿元，占全国 GDP 比重达到 12.7%。更重要的是，近年来，随着区域经济的发展，西南地区已初步形成了成渝经济区、北部湾经济区、滇中经济区、黔中经济区等有重大战略意义和显著辐射带动作用的区域增长极。区域内城市规模不断扩大，城市分工进一步优化，经济实力明显增强。为进一步推动各类生产要素在城市间、城乡间的自由流动和优化配置，促进大中小城市和小城镇协调发展，进一步实现区域统筹发展、城乡统筹发展，创造了有利的基础。本专题将以这四个经济区为例对西南地区战略性增长极进行讨论。

一、西南地区战略性区域的发展概况

（一）基本情况

1. 成渝经济区

成渝经济区位于长江上游，地处四川盆地，地域范围包括重庆市的万州、涪陵等 29 个区县，四川省的成都德阳等 15 个市，共计 146 个区县级行政单元，区域面积 20.61 万平方公里。2012 年，其人口为 10363 万，GDP 总量为 31293 亿元，分别占四川、重庆 2 省人口和 GDP 总量的 83% 和 87%。

2. 北部湾经济区

广西北部湾经济区地处我国沿海西南端，由南宁、北海、钦州、防城港、玉林、崇左所辖行政区域组成，陆地国土面积 4.25 万平方公里。2013 年末总人口 2100 万人，占自治区人口 39.8%。2014 年 GDP 达到 6789.96 亿元，占自治区 GDP 的 43.3%。

3. 滇中经济区

滇中经济区位于全国"两横三纵"战略格局中包昆通道纵轴的南端，是中国连接太平洋、印度洋的陆上枢纽，也是中国面向东南亚、南亚开放的核心区域。此区域包括昆明、曲靖、玉溪、楚雄四个州市,总面积94558平方公里,占云南省国土面积的24%。2012年,区域人口1751.8万人,占云南省总人口的37.60%,GDP占云南省的58.02%。

4. 黔中经济区

黔中经济区处于全国"两横三纵"城镇化战略格局中沿长江通道横轴与包昆通道纵轴的交汇地带,包括贵阳市全部和遵义市、毕节市、安顺市、黔东南州、黔南州部分地区,共33个县(市、区),面积53802平方公里,占贵州省的31%。2011年常住人口1571万人,占贵州省的45%。

(二)主要特点

1. 区域发展以城市群为主要载体

虽然我国西南地区在城镇化进程中形成了不同发展模式和发展路径,但从发展趋势上看,城市群日益成为西南地区最大的人口集聚区及城镇密集区,其经济增长速度及城市化率远高于其他地区。同时,城市群规模等级体系初步呈现。

表 10 - 1 西南地区城市群概况

城市群名称	包含城市	
	核心城市	节点城市
成渝城市群	成 都	德阳、绵阳、广安、宜宾、乐山、泸州
	重 庆	南充、自贡、雅安、眉山、内江、资阳
北部湾城市群	南 宁	北海、钦州、防城港
滇中城市群	昆 明	曲靖、玉溪、楚雄
黔中城市群	贵 阳	遵义、安顺、都匀、凯里

2. 空间上呈现沿交通干线的网络化分布特征

从空间分布来说，近年来，西南地区按照"以线串点，以点带面"的原则培育发展沿交通干线及大江大河流域布局的城市群，具体来说包括沿长江干流及宝成—成渝铁路沿线的成渝城市群，沿南昆铁路沿线的滇中城市群、黔中城市群、北部湾城市群。

3. 功能定位逐渐明晰

从城市功能定位上来看，各城市群在推进城镇化进程中逐步明确了建立在自身比较优势基础上的功能定位和发展方向（见表10－2）。

表10－2　　　　　西南地区城市群功能定位及发展方向

城市群名称	功能定位
成渝城市群	全国统筹城乡发展的示范区，全国重要的高新技术产业、先进制造业和现代服务业基地，科技教育、商贸物流、金融中心和综合交通枢纽，西南地区科技创新基地，西部地区重要的人口和经济密集区
北部湾城市群	面向东盟国家对外开放的重要门户，中国—东盟自由贸易区的前沿地带和桥头堡，区域性的物流、商贸、加工制造基地和信息交流中心
滇中城市群	我国连接东南亚、南亚国家的陆路交通枢纽，面向东南亚、南亚对外开放的重要门户，全国重要的烟草、旅游、文化、能源和商贸物流基地，以化工、冶金、生物为重点的区域性资源精深加工基地
黔中城市群	全国重要的能源原材料基地、以航天航空为重点的装备制造基地、烟草工业基地、绿色食品基地和旅游目的地，区域性商贸物流中心

资料来源：根据《全国主体功能区规划》等国务院相关文件整理。

二、西南地区战略增长区域当前发展面临的主要问题

（一）经济发展水平较低

1. 部分中心城市的辐射能力偏弱

中心城市的发展实力和水平在很大程度上决定了整个战略性区域的发展前景。根据相关测算（表10－3），南宁、昆明、贵阳等中心城市在打造经济核心增长极方面存在较大差距，特别是在经济实力、城市影响、基础设施、区域开放程度、居民生活质量等方面与成都、重庆、西安这些西部地区中心城市存在较大差距，对城市群内其他城市的辐射作用较小。

表10－3　　　　　　　西南地区中心城市核心增长极评价指数

城市	位次	综合指数	经济实力指数	城市影响力指数	基础设施保障指数	区域开放指数	城市品质及居民生活质量指数
成都	1	68.1	52.5	79.1	76.6	81.5	51.1
重庆	2	63.1	55.9	63	74.3	85.1	29.6
昆明	3	36	30.9	37.7	24.1	50.5	55.8
贵阳	4	30.2	37.7	14.9	31.91	9.4	55.8
南宁	5	24.2	18	33.3	14.9	28.9	36.9

数据来源：成都市统计局。

2. 中小城市发展活力不足

在西南地区增长极当中，有部分城市群的中等城市数量较少，缺乏城镇体系演变发展的承接城市。不仅如此，很多中等城市仅仅是人口规模意义上的中等，城市综合功能薄弱，在经济发展能

力、产业结构、城市基础设施建设水平、公共服务水平等方面与大城市相比还存在很大差距，甚至不如东部地区的一个建制镇。此外，我国西部城市群的中等城市多为资源型城市，长期保持着以重工业为主的单一性产业结构、产品缺乏市场竞争力，随着可用自然资源的日益枯竭，城市可持续发展能力面临极大挑战。

3. 小城镇农村经济特征明显

在经济区内一些落后地区，小城镇多以传统农业为主，尚未形成集聚经济，分布零散，辐射农村作用有限，部分小城镇甚至仅仅是建制上的改变，经济发展水平与农村相差无几。

（二）城市群结构体系仍不完善

1. 城市数量及规模发展不协调

国外发育成熟的城市群基本上都呈现出以大城市为核心，以若干卫星城市为支撑，大中小城市协调发展的金字塔型结构体系。但目前我国西南地区城市群的内部结构普遍存在较大缺陷，城市规模普遍偏小，城市结构体系也不尽合理。例如在成渝城市群中，超大城市首位度过大，特大城市和大城市层级薄弱，大城市数量偏小，承载人口有限，中等城市和小城市数量大，建制镇更是为数众多，但对人口的吸纳能力弱小。黔中城市群中则没有大城市，缺乏相应的副中心城市。

2. 城镇密度空间分布不均衡

受制于自然条件、经济发展水平、文化等诸多因素的影响，西南地区城镇空间分布较不平衡，区域差异显著。在地势相对平坦的四川盆地沿主要交通干线形成的成渝城市群是我国西部地区城镇密度最大的地区，每万平方公里拥有的城镇高达 94 座，而全国平均水平为 45 座，西部平均水平则为 25 座。成渝城市群中，成都与重庆作为中心城市，两者直线距离在 350 公里以上，中间缺乏其他大城市作为支撑。再如北部湾城市群，南宁作为城市群中心偏居一端，与北海、钦州、防城港距离较远，地域结构也不尽合理。

3. 城市群面积扩张速度与人口增长速度不相称

从理论上来讲，城市化的过程应该是土地集约利用的过程。但反观我国近年来的城镇化发展过程，城镇面积扩张与城市人口密度相背离成为我国城镇化的鲜明特征之一。西南地区城市群同样也普遍面临着建成区面积增速与城市人口密度增长差距越来越大的问题。例如，重庆 1997～2000 年期间城市建成区增长了 1.5 倍，但城镇常住人口仅增加了 79.66%。这表明，西南地区部分城市群发展主要依靠消耗大量土地资源来推动，导致了城市产业结构存在严重失衡、城市中心与边缘发展水平的差距进一步扩大。

（三）部分区域内城市产业结构关联度低，同构现象严重

"城市群"区别于"一群城市"的最大特点是，在城市集聚过程中形成了产业的分工与协作，从而实现各种资源要素在空间内的自由流动和优化配置，最终形成区域产业链。这条产业链不仅能密切城市之间的经济联系，在一定程度上也加速了区域一体化步伐。长期以来，西南地区主要通过发展具有比较优势的传统资源开发产业来带动区域经济发展，工业化进程滞留在重工业阶段，且产业结构趋同化现象严重。近年来，随着地区产业结构的不断调整，产业同构现象在一定程度上得以缓解，但比较优势及协作效益仍不明显，特色经济发展不足，生产要素在区域间合理流动及配置的机制尚未形成。产业同构现象导致了城市群内的重复建设与资源浪费，城市间缺乏一定的产业关联性，城市间的恶性竞争激烈，在一定程度上削弱了城市自身经济发展能力，也不利于城市群整体的发展。

三、制约西南地区战略性区域发展的原因分析

（一）政府与市场的作用配置不合理

与东部地区区域和城市群发展的内生动力及制度创新不同，西南地区的发展更多来自于当地政府的强势推动，过度强调自上而下的政府规划整合力，而忽视了自下而上的市场配置资源的力量。部分地区在将城市群作为推进城镇化主要载体的同时，对城市群在发展到一定阶段必然会产生的生态环境危机和"大城市病"缺乏预见性，在城市规划、建设、发展过程中没有给予充分考虑，为城市群的发展埋下隐患。

此外，市场机制主导的城市群经济发展本身就有导致区域发展不平衡的弊端，而政府的主导作用应当矫正市场在区域经济发

展中的失灵现象。但我国西南地区部分城市群在推进城镇化进程中，存在过分注重城市首位度、增长极的现象，这在某种程度上导致政府漠视中小城市及小城镇在城市群中平等发展的机会，从而使得生产要素在行政力量的干预下向中心城市高度集聚，使得原本不平衡的区域经济变得更加失衡。

（二）区域合作协调机制缺乏

我国西南地区在近年来的发展过程中，普遍认识到建立协作机制的重要性，但在现行的行政体制藩篱尚未破除的情况下，不存在行政隶属关系的城市区域间仍存在着行政分割现象。地方政府基于自身利益考虑，必然会导致激烈的竞争与博弈，使得城市群内各城市之间的合作面临极大阻碍。部分城市出于保护本地经济的需要，往往会有意识地阻止生产要素跨行政区域的自由流动，从而严重制约了区域性的公平竞争和统一市场的形成。此外，由于地方政府各自为政，导致区域内的公共基础设施往往呈现出碎片化分布、重复建设等特点，难以共建共享，使得区域内资源无法有效配置，严重阻碍了城市群整体的发展。

四、西南地区增长极发展的战略思路

（一）坚持三个原则

1. 坚持区域间和城市间的统筹协调

以城市群为主要形式的区域发展，并不是单纯的城市扩张，也不是简单的城市组合，它是以一个或多个城市为中心，辐射周边城市和地区的联动发展。既有产业上的互补，也有基础设施上的共享，使得各种资源要素在区域间自由流动，实现区域内大、中、小城市和小城镇乃至乡村地区的均衡发展，实现城乡范围的全覆盖。

2. 坚持以人为本推进城镇化

城市群是战略性区域发展的主要形式，也是作为城镇化发展的最高形态。人，既是城镇化的主体，也作为城镇化客体的一部分。人的集聚促进了城市的发展，而城市化的推进则是要进一步满足人类各种物质文化需要，最终实现人的自由全面发展。

3. 坚持可持续发展

西南地区的发展要把生态文明建设放在首位，严格按照我国主体功能区的规划，在限制开发和禁止开发的区域建立自然保护区，落实生态补偿机制，不能再走以牺牲资源和环境为代价来换取经济发展的老路。要大力发展循环经济，建设生态宜居城市，实现人与自然和谐共生，走一条可持续发展的道路。

（二）理顺三个关系

1. 理顺政府与市场的关系

战略性区域发展作为一项复杂的系统工程，必然会涉及经济体制改革，而改革的核心则在于处理好政府与市场的关系，使市场在资源配置中起决定性作用，并且更好地发挥政府作用。但是随着经济全球化的不断推进和我国社会主义市场经济体制的日益完善，市场在资源配置中的重要地位也愈加凸显。因此，在进一步推进西部城市群建设的过程中，应当进一步转变政府职能，使政府工作重点转移到创造良好发展环境、提供优质公共服务、维护社会公平正义上来。加快完善现代市场体系，建立公平开放透明的市场规则，建立主要由市场决定价格的机制，着力清除市场壁垒，实现资源在区域内自由流动及有效配置。

2. 平衡内生与外联的关系

战略性区域不是一个孤立的个体，其健康发展不仅需要依靠自身综合实力的不断提升，也需要更好地融入全国甚至全球产业链当中，实现内生增长与对外开放的良性互动。一方面，西南地区的战略性区域在发展过程中，应坚持以创新驱动引领内生增长，通过体制改革不断激发市场主体的创造力与活力，大力推动以企业发展需求为导向的涵盖资金、人才、技术等各方面的科技创新服务体系建设，优化区域创新环境，推动和加快国际化进程，吸引全球高端产业要素和创新资源的加速流入。另一方面，应进一步树立对外开放理念，完善对外开放机制，提升对外开放水平，推动城市群在更大程度、更广领域内融入全球产业链中，着力在全面参与国际化竞争中提升区域参与国际化和全球化分工能力，通过产业的国际化提升城市群内生式发展能力。

3. 协调经济与社会的关系

战略性区域发展过程不仅仅包括产业结构、收入分配等经济活动，也是社会结构剧烈变革的时期。因此，推动西南地区战略性区域的发展，必须妥善处理好经济与社会的关系。在坚持以经济建设推动城镇化的同时，更加注重社会的全面进步。充分发挥社会组织，尤其是社会基层组织的力量，调动广大人民群众的积极性，不断加强社会主义政治文明、精神文明、生态文明与和谐社会建设，推动经济社会协调发展。

执笔人：贾　　珅

参考文献

[1]　重庆市统计局，国家统计局重庆调查总队．重庆统计年鉴（2014）．北京：中国统计出版社，2014

[2]　贵州省统计局，国家统计局贵州调查总队．贵州统计年鉴（2014）．北京：中国统计出版社，2014

[3]　国家统计局．中国统计年鉴（2014）．北京：中国统计出版社，2014

[4]　国家统计局广西调查总队．广西调查年鉴（2014）．北京：中国统计出版社，2015

[5]　梁昊光．中国区域经济发展报告（2014~2015）．北京：社会科学文献出版社，2015

[6]　四川省统计局，国家统计局四川调查总队．四川统计年鉴（2014）．北京：中国统计出版社，2014

[7]　姚慧琴，徐璋勇．中国西部发展报告（2014）．北京：社会科学文献出版社，2014

[8]　云南省统计局．云南统计年鉴（2014）．北京：中国统计出版社，2014